Bernhard Taubenberger

Licht übers Land

Die bayerische Viererkoalition
1954-1957

2002
Buchendorfer Verlag

© Buchendorfer Verlag, München 2002
Alle Rechte vorbehalten

Umschlag: Reem Bedair, München
Satz + Repro: Satz & Bild München
Druck + Bindung: Gorenjski Tisk, Kranj

ISBN 3-934036-89-9

Inhalt

Vorwort

Die knapp drei Jahre, in denen Bayern von 1954 bis 1957 von der so genannten Viererkoalition regiert wurde und die CSU die ihr ungewohnte Rolle der Opposition wahrzunehmen hatte, sind wohl schon lange aus dem allgemeinen Bewusstsein geschwunden. Bestenfalls erinnert sich der eine oder andere noch dunkel daran, dass es da vor bald fünfzig Jahren in der bayerischen Politik einst etwas ganz und gar Ungewöhnliches gegeben hat. Etwas, was man sich heute kaum mehr vorstellen kann.

Und in der Tat – auch damals war es einigermaßen erstaunlich, dass so heterogene Parteien wie die Bayernpartei und der von Heimatvertriebenen gegründete BHE mit der FDP und der SPD gemeinsam die Staatsregierung bildeten und den Sozialdemokraten Wilhelm Hoegner zum Ministerpräsidenten wählten. Möglich geworden war das vor allem, weil die CSU, die bei der Landtagswahl 1954 gegenüber der von 1950 von 27,4 auf 38 Prozent zugenommen hatte, in einer Art Siegesrausch ihre potenziellen Koalitionspartner geradezu demütigend behandelte. Und weil Waldemar von Knoeringen als seinerzeitiger SPD-Landesvorsitzender die Chance, die sich dadurch bot, meisterhaft nutzte.

Die Bedeutung der Viererkoalition erschöpfte sich keineswegs in ihrem überraschenden Zustandekommen. Sie bewältigte ihre Aufgaben vielmehr in durchaus diskutabler Weise und leistete in der kurzen Amtszeit, die ihr vergönnt war, insbesondere einen beachtlichen Beitrag zur Modernisierung der bayerischen Bildungsstruktur. So ging von ihr der Anstoß zu der Reform der Lehrerbildung aus, die wenig später realisiert wurde. Auch legte sie als erste Regierung eines Bundeslandes einen Gesamtplan für den Ausbau des Bildungswesens vor. Ebenso rief sie die Akademie für Politische Bildung in Tutzing ins Leben. Schließlich zwang der durch sie herbeigeführte Machtverlust die CSU dazu, sich zu erneuern und zu einer überkonfessionellen Volkspartei zu werden.

Die vorliegende Arbeit schildert das damalige Geschehen in anschaulicher Weise. Sie beruht auf sorgfältigen Recherchen und lässt den beteiligten Personen Gerechtigkeit widerfahren. Manche Aspekte sind dabei auch für denjenigen neu, der, wie ich, die fraglichen Jahre als junger, in die Staatskanzlei abgeordneter Amtsrichter selbst miterlebt hat. Wer immer sich in Zukunft mit dem in Rede stehenden Abschnitt der bayerischen Nachkriegsgeschichte beschäftigen will, wird an dieser Arbeit nicht vorbeigehen können. Dafür gebührt dem Verfasser Dank.

München, im Herbst 2002   Dr. Hans-Jochen Vogel

Einleitung

»Der bayerische Humor jedenfalls ist auf seine Kosten gekommen.
Er bewährt sich darin, dass selbst die CSU-Wähler dazu neigen,
sich an dem Stück zu ergötzen, das nicht geschrieben zu haben
Ludwig Thoma den Genuss des Himmels vergällen muss.«[1]

Die solchermaßen von Winfried Martini mit feinsinniger Ironie glossierte
Bildung einer neuen bayerischen Regierung im Dezember 1954 wurde bundesweit und im europäischen Ausland als Sensation aufgenommen. SPD, Bayernpartei, GB/BHE und FDP hatten sich in einem spektakulären Schritt auf die
Bildung einer Koalition verständigt und dadurch die CSU, die noch wenige
Wochen zuvor triumphierend und als stärkste Partei aus der Landtagswahl hervorgegangen war, von der Macht verdrängt.

Die vorliegende Studie beschäftigt sich mit der Viererkoalition in Bayern. Sie
untersucht ihr Zustandekommen, analysiert ihre Regierungstätigkeit, erörtert
ihr Auseinanderbrechen und zeichnet ihre Folgewirkungen nach.

Eine detaillierte Schilderung der Entstehung der Koalition der vier unglei-
chen Partner bildet den Untersuchungsgegenstand in Kapitel I. Ausgehend von
einem kurz gehaltenen Rückblick auf die Große Koalition aus CSU, SPD und
BHE (1950-1954) wird zunächst der Landtagswahlkampf der bayerischen Parteien skizziert und dabei die Frage aufgeworfen, ob eine gegen die CSU gerichtete Allianz bereits vor dem Wahlentscheid am 28. November 1954 abzusehen
war. Anschließend werden die Etappen der Regierungsbildung bis zur Wahl des
Ministerpräsidenten und der Ernennung seines Kabinetts dargestellt und die
Frage nach dem gemeinsamen politischen Fundament der vier Bündnispartner
erörtert. Den Abschluss des Kapitels bildet ein Exkurs, in dem die durch den
Ausschluss von der Regierungsbildung angestoßene und für die weitere Entwicklung der Partei maßgebende organisatorische und programmatische Reform der CSU untersucht wird.

Kapitel II zieht anhand der im Koalitionsvertrag festgelegten bedeutendsten
Regierungsvorhaben eine Bilanz aus Erfolgen und Fehlschlägen der Viererkoalition. Dabei wird neben der Politik der Bayerischen Staatsregierung
im Bundesrat, der Spielbankenaffäre, der Landesplanungsgesetzgebung, der
Staatsvereinfachung sowie territorialen und staatspolitischen Fragen vor allem
die Bildungs- und Wissenschaftspolitik der unter kulturpolitischen Vorzeichen
geschmiedeten Allianz in den Mittelpunkt gestellt. Um den Rahmen der Arbeit
nicht zu sprengen, müssen detaillierte Untersuchungen zu bislang unerforsch-

9

ten Einzelaspekten der rund dreijährigen Regierungstätigkeit künftigen Studien vorbehalten bleiben.

Das vorzeitige Ende der Viererkoalition in der Folge der Bundestagswahl 1957 und die diesem Scheitern vorangegangenen Imponderabilien werden in Kapitel III untersucht. Dabei ist es unerlässlich, den Blick über die Grenzen Bayerns hinaus auf die Bundespolitik sowie die Entwicklung des deutschen Parteienspektrums und die mit ihr eng verknüpfte innere Verfasstheit der drei kleinen bayerischen Bündnisparteien zu richten. Das Kapitel endet mit der Wahl Hanns Seidels zum Regierungschef einer Koalition aus CSU, GB/BHE und FDP am 16. Oktober 1957.

Das Kapitel IV gibt einen Ausblick auf die politische Entwicklung nach 1957 und fasst die Ergebnisse der Studie zusammen. Hier soll die Viererkoalition in den historischen Bezugsrahmen der bayerischen Nachkriegsgeschichte eingeordnet und ihre Bedeutung für die strukturelle Ausbildung des gegenwärtigen bayerischen Parteienwesens einerseits und den Aufstieg Bayerns zu einem modernen Staatswesen andererseits einer eingehenden Bewertung unterzogen werden.

Schließlich wird die vorliegende Arbeit durch Kurzbiographien der Kabinettsmitglieder sowie der Vorsitzenden der Koalitionsfraktionen, die zugleich in wechselseitigem Turnus dem wichtigsten Gremium des Viererbundes, dem Koalitionsausschuss, vorstanden, ergänzt.

Unter dem von Waldemar von Knoeringen vorgegebenen Leitmotiv »Licht übers Land« – und damit dem Vorsatz einer Entkonfessionalisierung und Modernisierung von Staat und Gesellschaft in Bayern – schloss sich in der Viererkoalition die ein halbes Jahrzehnt vor ihrem Godesberger Reformparteitag stehende SPD mit der Heimatpartei BP, der Flüchtlingspartei GB/BHE und der mit einer starken nationalen Komponente ausgestatteten bayerischen FDP gegen eine CSU zusammen, die 1954 noch tief in dem konfessionell-traditionalistischen Schisma der BVP der Weimarer Republik gefangen war. Die vorliegende Studie wählt das Bündnis der vier Parteien zum Gegenstand ihrer Untersuchung, weil es einen ersten nachdrücklichen Fingerzeig für den sich abschwächenden und in den Gründerjahren der Bundesrepublik noch unüberwindbar geglaubten Antagonismus von bürgerlichen Parteien auf der einen und Sozialdemokratie auf der anderen Seite darstellt und damit am Anfang einer Entwicklung steht, die mit der Bildung der sozialliberalen Koalition und der Wahl Willy Brandts zum Bundeskanzler am 22. Oktober 1969 ihren Abschluss fand.

Forschungsstand

Die bayerische Nachkriegsgeschichte war seit den siebziger Jahren Gegenstand zahlreicher Forschungsvorhaben. Erst in jüngerer Zeit hat Maximilian Lanzinner die vielfältigen Einzelergebnisse für die Ära des Wiederaufbaus zu einer grundlegenden Darstellung zusammengeführt.[2]

Es fällt jedoch auf, wie wenig Aufmerksamkeit die Geschichtsschreibung bislang der Viererkoalition zuteil werden ließ. Zwar existieren Untersuchungen zu Teilaspekten, ein wissenschaftlich fundiertes Gesamtwerk indes fehlt.

Im Mittelpunkt der ausgezeichneten, auf ein solides Quellenfundament gestützten Darlegungen Heike Bretschneiders steht die Bildung der Viererkoalition.[3]

Eine stark geraffte Darstellung des Bündnisses und seiner Vorgeschichte gibt Volkmar Gabert.[4] Der ehemalige Landes- und Fraktionsvorsitzende der bayerischen SPD bleibt in seinen Ausführungen nicht in der subjektiven Erinnerung eines Zeitzeugen befangen, sondern stützt seine Skizze, in deren Zentrum er die Spielbankenaffäre und ihre Folgen für die politische Entwicklung Bayerns stellt, auf ausgesuchtes Quellenmaterial.

Mit der Rolle der FDP in der Viererkoalition schließlich befasst sich Peter David James.[5] An seiner Dissertation sind allerdings die unzureichende Quellenbasis und dadurch bedingte Fehlinterpretationen zu kritisieren.

Da es keine wissenschaftliche Studie zur Viererkoalition im Ganzen gibt, ist man neben Übersichtsdarstellungen der Nachkriegsgeschichte Bayerns in Handbüchern, als deren profundeste der Aufsatz von Ernst Deuerlein und Wolf Dieter Gruner im »Handbuch der bayerischen Geschichte« anzusehen ist[6], vor allem auf die Forschungsliteratur über die Parteien des Freistaates angewiesen.

Für die CSU ist hierbei zunächst auf die zahlreichen grundlegenden Veröffentlichungen Alf Mintzels hinzuweisen.[7] Das »besondere Konkurrenzverhältnis« zwischen CSU und BP, das während der Viererkoalition seine nachhaltige Ausprägung erhielt, untersucht Konstanze Wolf.[8]

Von Ilse Unger stammt das Standardwerk zur BP.[9] Eine in Washington entstandene Dissertation von Siegfried Adolf Vogt war dagegen aufgrund ihrer erheblichen methodischen Mängel gänzlich zu verwerfen.[10]

Sieht man von den eher schmalen Beiträgen Rainer Ostermanns[11] und Emil Werners[12] sowie einem aus Anlass ihres hundertjährigen Bestehens als Landespartei von Hartmut Mehringer herausgegebenen Sammelband[13] ab, erwies sich die Nachkriegsgeschichte der bayerischen SPD als terra incognita der Parteienforschung.

Franz Neumann verfasste die grundlegende Untersuchung zum BHE.[14]

Eine wertvolle Darstellung der bayerischen FDP nach 1945, deren Schwerpunkt auf der Bildungs- und Kulturpolitik liegt, gibt Fritz Glashauser.[15]

Darüber hinaus wurden für die vorliegende Arbeit auch Eigenpublikationen der Parteien herangezogen, sofern sie wissenschaftlichen Ansprüchen genügten.[16]

Beiträge der Biographik zu den Akteuren der Viererkoalition und der oppositionellen CSU stehen größtenteils noch aus. So liegen bislang nur Studien über Wilhelm Hoegner[17] und Hanns Seidel[18] vor. Die Biographie Karl-Ulrich Gelbergs über Hans Ehard[19] schließt 1954 mit dem Ausscheiden aus dem Regierungsamt, die Hartmut Mehringers über Waldemar von Knoeringen[20] mit der Gründung der Bundesrepublik. Für Joseph Baumgartner ist neben einem wahrhaften Panegyrikus Georg Lohmeiers[21] vor allem die Arbeit Regina Vossens[22] zu nennen.

Ein Stiefkind der Forschung ist die Bilanz der Viererkoalition. So ist ihre Regierungstätigkeit auf dem Gebiet der Finanz- und Wirtschaftspolitik, bei der Landesplanungsgesetzgebung, in der Landwirtschaft, im Justiz- und im Sozialwesen sowie bei der Staatsvereinfachung weitgehend unerforscht, ebenso ihr Eintreten gegen ein Aushöhlen des Föderalismus, das sich im Wirken Bayerns im Bundesrat, namentlich Wilhelm Hoegners als Vorsitzendem des Ausschusses für Fragen der europäischen Sicherheit, manifestierte. Lediglich für die Bildungs- und Wissenschaftspolitik, vor allem für die Auseinandersetzungen um die Konfessionalität des bayerischen Schulwesens[23], und die Pfalzpolitik[24] der Staatsregierungen nach 1945 kann auf wissenschaftliche Publikationen verwiesen werden. Schließlich hat Heinrich Senfft auf der Aktengrundlage des von der CSU 1970 gegen die Zeitschrift STERN angestrengten Prozesses eine Polemik zur Spielbankenaffäre und ihrer Bedeutung für den Niedergang der BP verfasst.[25]

Quellenlage und Quellenbasis

Die Quellenlage für eine Untersuchung der Viererkoalition ist durchaus günstig. Bei den zugänglichen Unterlagen handelt es sich im Wesentlichen um die Nachlässe der damals Handelnden sowie um umfangreiches Archivgut über den dritten Bayerischen Landtag, die in ihm vertretenen Parteien und die von ihm getragenen Regierungen.[26] Da der überwiegende Teil dieser Quellen in der Forschungsliteratur zur Nachkriegsgeschichte Bayerns bereits aufgearbeitet worden ist, wurde auf eine erneute Auswertung verzichtet.

Jedoch wurden unter dem besonderen Aspekt der Fragestellung die Sitzungsprotokolle der Koalitionsfraktionen[27], die Protokolle des Ständigen Koalitionsausschusses[28] und die des Bayerischen Ministerrats[29] einer eingehenden Betrachtung unterzogen. Die Quellenbasis der vorliegenden Arbeit wurde zudem durch die Akten der Landesverbände und der Landtagsfraktionen von SPD und BP erweitert. Die Handakten der Vorsitzenden bergen eine umfangreiche Sammlung von Werbematerialien aller bayerischen Parteien.[30]

Als Glücksfall für diese Studie erwies sich der Nachlass Emil Werners[31] im Seliger-Archiv des AdsD. Er enthält eine Vielzahl wertvoller Dokumente zur Viererkoalition, darunter eine Originalausfertigung der Koalitionsvereinbarung. Die Vehemenz der Auseinandersetzungen innerhalb der BP um das Ausscheiden aus der Regierung nach der Bundestagswahl 1957 wird durch einen Splitter aus dem Nachlass Joseph Baumgartners deutlich.[32] Darüber hinaus wurden für den Abschnitt der vorliegenden Untersuchung, der sich mit der Bundesratspolitik der Viererkoalition befasst, die Protokolle des Ausschusses für Fragen der europäischen Sicherheit ausgewertet.[33]

Die archivalische Überlieferung wird durch eine beschränkte Zahl von Memoiren ergänzt, als deren gehaltvollsten die Wilhelm Hoegners[34] genannt seien. Aber auch Walter Becher[35], Volkmar Gabert[36], Hildegard Hamm-Brücher[37] und Franz Josef Strauß[38] haben ihre Erinnerungen veröffentlicht.

Zu Einzelaspekten wurden die Drucksachen und Parlamentsberichte des Bayerischen Landtags und des Bundesrats herangezogen. Wertvolle Hinweise erbrachte zudem die von Karl Bosl herausgegebene Quellenedition zur Geschichte von Staat und Gesellschaft in Bayern[39], ferner Aufsatzsammlungen, Denkschriften, Gesetzesdokumentationen, Statistiken, Broschüren der Parteien und Publikationen der Bayerischen Staatsregierung.

Einblick in das Tagesgeschehen der fast dreijährigen Regierungszeit der Viererkoalition vermittelten Zeitungen und Zeitschriften. Neben den Zeitungsarchiven des Bayerischen Rundfunks und des Deutschen Bundestags sowie dem Privatarchiv Wilhelm Eberts wurden sorgfältig ausgewählte Periodika einer systematischen Auswertung unterzogen.[40]

Schließlich fanden die mündlichen und schriftlichen Mitteilungen von Zeitzeugen nur dann als Hintergrundinformation Eingang in die vorliegende Studie, wenn sie durch die Ergebnisse der Forschung abzudecken oder durch Quellenmaterial verifizierbar waren. Befragt wurden vorwiegend Personen, die sich noch nicht im Rahmen einer wissenschaftlichen Untersuchung zur Viererkoalition geäußert haben, deren damalige Stellung im öffentlichen Leben gleichwohl auf einen belangvollen Wert ihrer Aussagen schließen ließ.

Plenarsitzung des Bayerischen Landtags in der dritten Wahlperiode, undatiert.

I. Die Bildung der Viererkoalition

1. Die Landtagswahl 1954

a) Die Große Koalition (1950-1954)

Bei der Landtagswahl am 26. November 1950 erlitt die CSU mit nur 27,4 Prozent eine verheerende Niederlage. Hatte sie vier Jahre zuvor noch mit 52,3 Prozent 104 der 180 Landtagsmandate erhalten, fiel sie nunmehr auf 64 der 204 Abgeordnetensitze zurück. Dieses Debakel spiegelt zunächst die führungspolitische und organisatorische Krise wider, in der sich die Partei seit ihrer Gründung befand. Vor allem aber ist das erfolgreiche Abschneiden der BP, die erstmalig bei einer Landtagswahl antrat und dabei 17,9 Prozent und 39 Mandate errang, als Ursache für die erheblichen Verluste der CSU zu nennen.[1] Die SPD, auf die 28 Prozent und 63 Mandate entfielen, wurde infolge der Spaltung des bürgerlichen Lagers zum ersten Mal in ihrer Geschichte stärkste Partei Bayerns. Trotz eines Vorsprungs von 59.879 Stimmen erhielt sie einen Sitz weniger als die CSU, die von zwei im Wahlkreis Schwaben angefallenen Überhangmandaten profitierte. Der nach Aufhebung der Lizenzierungspflicht durch die Militärregierung am 17. September 1950 gegründete bayerische BHE[2] trat zusammen mit der Deutschen Gemeinschaft (DG)[3] des CSU-Renegaten August Haußleiter als Deutscher Gemeinschaftsblock der Heimatvertriebenen und Entrechteten (BHE-DG)[4] zur Wahl an und kam auf 12,3 Prozent und 26 Mandate. Er hatte weitgehend die Wähler der Wirtschaftlichen Aufbau-Vereinigung (WAV)[5] absorbiert, die mit 2,8 Prozent in der Bedeutungslosigkeit verschwand. Die FDP verbesserte sich von 5,6 auf 7,1 Prozent und erhielt zwölf Landtagssitze.[6]

Mit diesem Ergebnis wurde das politische Kräfteverhältnis in Bayern nachhaltig verschoben. Der Niedergang der CSU hatte einen vorläufigen Höhepunkt erreicht und der Partei die Grundlage für eine Fortsetzung der Alleinregierung, wie sie seit dem Ende der Koalition mit der SPD am 20. September 1947 bestanden hatte, entzogen.[7] Die Regierungsbildung erwies sich aufgrund der offen zu Tage tretenden Verwerfungen innerhalb der CSU als schwierig. Der Landesvorsitzende und bisherige Ministerpräsident Hans Ehard sprach sich für eine Koalition aus CSU und SPD aus, an der auch der politischen Eingliederung der Heimatvertriebenen wegen der BHE beteiligt werden sollte. Strikte Gegner eines solchen Bündnisses waren die BVP-Traditionalisten um Alois Hundhammer und Fritz Schäffer. Durch eine Koalition mit der BP hofften sie, die »Spaltung der ursprünglich einheitlichen christlichen Front«[8] überwinden zu können. Obgleich auch Konrad Adenauer, der »in der Bayernpartei nie etwas anderes sehen wollte als eine Spielart der CSU«[9], sich für eine bürgerliche Regierung nach Bonner Muster unter Einbeziehung der BP aussprach, gelang es Ehard, die Landtagsfraktion von seinem Kurs zu überzeugen.[10] Zusammen mit dem BHE und den Sozialdemokraten, die »aus ihrer freiwilligen, jedoch bitteren Rolle in der Opposition gelernt«[11] hatten, bildete er sein drittes Kabinett und wurde am 18. Dezember 1950 mit großer Mehrheit zum Ministerpräsidenten gewählt.

Der Bestand der Koalition, der von Presse und Rundfunk sogleich ein baldiges Ende vorausgesagt wurde, beruhte weitgehend auf den Persönlichkeiten Hans Ehards und Wilhelm Hoegners, die seit der gemeinsamen Arbeit in verschiedenen bayerischen Nachkriegsregierungen »ein gutes persönliches Verhältnis«[12] verband. Trotz ihres Einvernehmens war das Bündnis fortdauernden Belastungen ausgesetzt. Auseinandersetzungen zwischen Union und Sozialdemokratie fanden vor allem um die durch annähernd identische Gesetzentwürfe von SPD, BP und FDP und einen Gegenentwurf der CSU 1952 erneut aktuell gewordene Reform der Lehrerbildung statt. Der Zerfall der Koalition schien unausweichlich, als die CSU bei der Bundestagswahl am 6. September 1953 einen überwältigenden Sieg errang.[13] Die innerparteilichen Gegenspieler Ehards drängten nun auf eine beschleunigte Behandlung des Lehrerbildungsgesetzes und hofften, auf diese Weise das vorzeitige Ende der Regierung und Neuwahlen herbeiführen zu können.[14] Verhandlungen der Koalitionäre führten jedoch zu einem »kulturpolitischen Stillhalteabkommen«[15] und damit zu einer Stabilisierung der Koalition, die bis zum Ende der Legislaturperiode Bestand hatte.

b) Der Wahlkampf der bayerischen Parteien

Von der Wahl zum dritten Bayerischen Landtag am 28. November 1954 erwartete man allgemein, dass sie »keine große Änderung herbeiführen«[16] würde, nachdem selbst Innenminister Hoegner zu Beginn des Jahres prophezeit hatte: »Der kommende bayerische Ministerpräsident wird wieder Ehard heißen.«[17] Die Arbeit der Koalition und ihrer Protagonisten wurde in der Öffentlichkeit ebenso wie in der Presse überwiegend positiv beurteilt. Ein grundlegender Wechsel in der bayerischen Politik schien daher unwahrscheinlich.[18]

Die Frage nach einem Ende der Großen Koalition wurde in der CSU, die berechtigte Hoffnungen auf einen spürbaren Stimmenzuwachs hegte, kontrovers diskutiert. Ihr Wahlkampf wurde daher auch von den unterschiedlichen Auffassungen über die künftige Regierung überlagert. Während Hundhammer und sein Nachfolger im Fraktionsvorsitz, Prälat Georg Meixner, darauf verwiesen, dass »eine christliche Kulturpolitik mit der SPD nicht möglich«[19] sei, und

daher auf eine Festlegung zugunsten einer
bürgerlichen Regierung drängten, warnten
Ehard und seine Mitstreiter vor den möglichen Folgen der Überbetonung kulturpolitischer Ziele.[20] Den Höhepunkt des Wahlkampfs stellte die Landesversammlung am 9.
und 10. Oktober in Nürnberg dar. Zwar kritisierte der Parteivorsitzende die außenpolitische Haltung der SPD und ihres Bundesvor-
sitzenden Erich Ollenhauer, allzu scharfe
Angriffe gegen den Koalitionspartner aber
blieben aus.[21] Auch gegen die gemeinhin als
»Komponente der Schwäche«[22] des christlichen Lagers gebrandmarkte BP »fiel kaum
ein Wort«[23]. So mag es nicht weiter verwun-
dern, dass die Landesversammlung – ganz im
Sinne Ehards – ohne Koalitionsaussage endete.[24]

Die SPD führte ihren Wahlkampf mit dem
Ziel, an der künftigen Regierung beteiligt zu
sein. Obgleich es in der Partei Friktionen
wegen des mangelnden Durchsetzungsver-
mögens von Fraktion und Regierungsmitglie-
dern bei der Landesplanung und der Lehrerbildung gegeben hatte, waren Hoegner und
der Landes- und Fraktionsvorsitzende Waldemar von Knoeringen nicht abgeneigt, das
Bündnis mit der CSU nach der Wahl fortzusetzen, da die vierjährige Regierungsarbeit
der Großen Koalition im Großen und Ganzen positiv beurteilt wurde.[25] In den Mittelpunkt ihres Wahlkampfs stellte die SPD – wie
schon vier Jahre zuvor[26] – die Kulturpolitik.
In ihrem Wahlprogramm bekräftigte sie die
Forderung nach einer Ausbildung der Volksschullehrer an den drei Landesuniversitäten
und stellte dadurch unmissverständlich fest,
dass es eine Regierungsbildung mit der CSU

Oben: Plakat der CSU zur Landtagswahl 1954.
Unten: Plakat der SPD zur Landtagswahl 1954.

17

BEKENNTNIS ZUR HEIMAT

BAYERNPARTEI

Plakat der Bayernpartei zur Landtagswahl 1954.

nur bei deren Zustimmung zu einer Überwindung des konfessionellen bayerischen Schulwesens geben werde. Sollte diese sich dazu nicht bereit finden, deutete Knoeringen die Lösung der Lehrerbildung durch eine kleine Koalition unter der Führung seiner Partei an.[27] Ohnehin agitierte die SPD bemerkenswert zurückhaltend[28] gegen BP, GB/BHE und FDP, die ihrerseits allzu scharfe Töne gegen die Sozialdemokraten vermissen ließen.[29]

Bei der BP schloss die Verbitterung darüber, bei der Regierungsbildung 1950 von der christlichen Schwesterpartei zurückgewiesen worden zu sein, die Festlegung auf eine Koalition mit der CSU aus.[30] Zudem hatte die Abwerbungsstrategie der Union die in der Tradition des Bayerischen Bauernbunds (BBB)[31] stehende antiklerikale und liberale Gründergeneration der BP um Jakob Fischbacher und Ludwig Max Lallinger gestärkt und den einer gemeinsamen Front der christlichen Parteien zuneigenden Flügel entscheidend geschwächt.[32] Hatte die BP kaum ein Jahr zuvor den Bundestagswahlkampf noch mit der Parole »Die ganze Stoßkraft nach links!« bestritten, hielt sie sich nun in der Koalitionsfrage bedeckt und führte den Wahlkampf nach allen Seiten offen.[33] Das Ziel ihres Vorsitzenden Joseph Baumgartner, der nach seiner gescheiterten Kandidatur für das Amt des Generalsekretärs des BBV am 15. November 1953 wieder den Landesvorsitz der BP übernommen hatte[34], war demnach, als Koalitionspartner gleich welcher Partei an der nächsten Regierung beteiligt zu werden. So stand auch die Straubinger Landesversammlung am 3. Juli 1954 unter dem Motto »Keine bayerische Regierung mehr ohne Bayernpartei«. Baumgartner, der mit 288 von 291 Stimmen als Landesvorsitzender bestätigt wurde, und der zum zweiten Mann in der BP aufgerückte CSU-Apostat Carljörg Lacherbauer richteten heftige Attacken gegen die CSU und den GB/BHE.[35] Generell aber wurde während des gesamten Wahlkampfs nie die Grenze überschritten, deren Missachtung eine spätere Koalition mit den beiden Parteien unmöglich gemacht hätte. Auf der Landesversammlung verabschiedete die BP das »Straubinger Programm« als Grundlage späterer Koalitionsverhandlungen, in dem sie sich unter anderem auf eine hochschulmäßige Ausbildung der Lehrer festlegte.[36]

Nach vier Jahren in der Regierungsverantwortung empfand der GB/BHE seine Rolle
in der Großen Koalition als unbefriedigend.
Die Kritik richtete sich hauptsächlich gegen
den geringen Einfluss der Partei und wurde
an der Tatsache festgemacht, dass wesentliche Punkte der Koalitionsvereinbarung wie
etwa das Landesplanungsgesetz nicht hatten
verwirklicht werden können. Dennoch ließ
der GB/BHE, der die »Dogmenlosigkeit zum
Prinzip erhoben«[37] hatte und daher nur in der
Regierungsverantwortung seinen Aufgaben
als Interessenpartei der Flüchtlinge gerecht
werden konnte, an seiner grundsätzlichen
Koalitionsbereitschaft keine Zweifel.[38] Von
lokalen Abkommen mit der rechtsextremen
Deutschen Reichspartei (DRP)[39] erhoffte er
sich eine zusätzliche Ausweitung seiner Wählerbasis.[40]

Die FDP, die sich seit 1946 im Bayerischen
Landtag in der Opposition befand, strebte
nach einer Beteiligung an der künftigen Regierung. Umstritten war allerdings, ob man
bei der Wahl des Koalitionspartners mehr auf
die Übereinstimmung in außen- und wirt-
schaftspolitischen Fragen achten oder der
Kulturpolitik Vorrang einräumen sollte. In
bundespolitischen Fragen neigte die Partei zu
einer bürgerlichen Koalition mit der CSU, mit
der sie im zweiten Kabinett Adenauer Regierungsverantwortung trug. Durch die Arbeit
der Bildungspolitiker Hildegard Brücher und
Wilhelm Korff war jedoch die Kulturpolitik
in Fraktion und Landesverband zunehmend
zum beherrschenden Thema geworden. Die
FDP stellte daher ihren Wahlkampf, der mit
einem bis dahin nicht gekannten finanziellen
und organisatorischen Aufwand geführt wur-

Oben: Plakat des GB/BHE zur Landtagswahl 1954.
Unten: Plakat der FDP zur Landtagswahl 1954.

de, hauptsächlich auf die Bildungspolitik ab.[41] Eine Koalition mit der CSU wurde dadurch allerdings immer unwahrscheinlicher. Zugleich übten die Liberalen nur verhaltene Kritik an SPD, BP und GB/BHE. Der Landesvorsitzende der bayerischen FDP, Thomas Dehler, erweckte gar auf der nur wenige Wochen vor der Wahl stattfindenden Nürnberger Landesversammlung seiner Partei mit der Erklärung, eine Koalition mit der Sozialdemokratie sei unter Umständen denkbar, den Eindruck, »als ob die Befürworter eines solchen Bündnisses in der FDP an Boden gewonnen hätten«[42].

c) Ergebnis und Motive der Wahlentscheidung

Mit dem Ergebnis der Landtagswahl am 28. November 1954 begannen die »über viele Jahrzehnte hinweg stabilen politischen Strukturen des Landes [...] wieder deutlicher hervorzutreten«.[43]

Der Urnengang endete mit dem erwarteten Sieg der CSU, die sich gegenüber 1950 um 10,6 Prozentpunkte verbesserte und 38 Prozent erreichte. Die »desillusionierte«[44] SPD dagegen stagnierte bei 28,1 Prozent und nahm ebenso wie die FDP, die auf 7,2 Prozent kam, nur geringfügig um 0,1 Prozent zu. Die BP verlor 4,7 Prozent, schnitt aber mit 13,2 Prozent besser ab, als nach der verheerenden Niederlage bei der Bundestagswahl des Vorjahres allgemein erwartet worden war. Der GB/BHE verlor ein Sechstel seiner Wähler und erhielt 10,2 Prozent gegenüber 12,3 Prozent bei der Landtagswahl 1950. Ohne Chance auf einen Einzug in den dritten Bayerischen Landtag waren die weiteren, zumeist radikalen Parteien geblieben.[45]

Im neugewählten Parlament standen der CSU demnach 83 der 204 Mandate zu, während auf die SPD 61, die BP 28, den GB/BHE 19 und auf die FDP 13 Landtagssitze entfielen. Von den insgesamt 99 Direktmandaten konnte die CSU 68 gewinnen[46]; 29 entfielen auf die SPD, zwei auf die BP.[47]

Die CSU hatte mit ihrem guten Ergebnis dem nach 1946 einsetzenden Niedergang der Partei, der bei der Kommunalwahl 1952 mit 26,5 Prozent seinen Höhepunkt erreicht hatte[48], endgültig Einhalt geboten. Ihren Wahlerfolg verdankte sie dem Ansehen, das sowohl der Bundeskanzler als auch der Ministerpräsident in der Bevölkerung genossen, sowie einer aufgrund der politischen und wirtschaftlichen Entwicklung der Bundesrepublik positiven Gesamtstimmung, die sich zugunsten der Regierungspartei niederschlug.[49] Diese Faktoren hatten den Unionsparteien bereits bei der Bundestagswahl 1953 einen Triumph beschert. Dass die CSU dennoch rund zehn Prozentpunkte unter ihrem damals erreichten Ergebnis blieb, ist neben dem spezifischen Charakter der Landtagswahl zu Teilen auch der »Intransigenz ihrer kulturpolitischen Eiferer«[50] zuzuschreiben, die die umstrittene Kulturpolitik der Partei beständig in den Vordergrund des Wahlkampfs zu rücken versucht und damit die Partei um einen größeren Wahlerfolg gebracht hatten.[51]

Die SPD führte ihr erneut schlechtes Abschneiden hauptsächlich auf den »Bayernstreik« zurück.[52] Lohnkonflikte in der bayerischen Metallindustrie waren am 9. August 1954 in einen Streik gemündet, der rasch eskaliert war und den durch Innenminister Hoegner angeordneten Einsatz von Bereitschaftspolizei gegen streikende Arbeiter erfordert hatte. Der von den Arbeitgebern zu einer »Schicksalsfrage für das gesamte deutsche Unternehmertum«[53] hochstilisierte Arbeitskampf war schließlich am 1. September unter der maßgeblichen Mitwirkung Ehards beendet worden.[54] Ehard hatte allerdings nur ein Zusammenspiel bayerischer Metallindustrieller mit der Führung der CSU in die Rolle des Friedensstifters verholfen.[55] Verängstigte Bürger und verärgerte Arbeiter sorgten nun gleichermaßen dafür, dass die SPD »trotz ihrer insgesamt erfolgreichen Regierungsarbeit«[56] keine Stimmengewinne erzielen konnte. Zudem hatte aber auch die Kulturpolitik bei der Wahlentscheidung nicht die entscheidende Rolle gespielt, die die SPD sich von ihr erhofft hatte.[57]

Die BP, die sich bei der Bundestagswahl 1949 auf dem Zenit ihrer Popularität befunden hatte, erlebte nach dem Einzug in den Bayerischen Landtag 1950 ihren unaufhaltsamen Niedergang. Mit der Wahl vom 28. November 1954 war ihr Verfall »jedermann augenscheinlich«[58] geworden. In der öffentlichen Meinung wurde die BP ihrer partikularistischen Politik wegen überwiegend negativ beurteilt[59], zudem ging der Trend der Zeit zuungunsten der Regionalparteien und »entzog der BP den Boden für ihre bayerische Defensivpolitik«[60].

Ähnlich verhielt es sich mit dem GB/BHE, der mit seinem erfolgreichen Kampf um die wirtschaftliche und soziale Integration der Heimatvertriebenen stufenweise die gesellschaftlichen Grundlagen seiner Existenz als Interessenpartei vernichtete.[61] Angesichts der Tatsache aber, dass seit 1950 eine große Anzahl von Heimatvertriebenen aus Bayern in andere Bundesländer umgesiedelt worden war, konnte der GB/BHE mit seinem Ergebnis durchaus zufrieden sein.[62]

Die Liberalen hatten in Bayern seit jeher eine »recht schmale Tradition«[63]. Mit ihrem Ergebnis von 7,2 Prozent und 13 Mandaten war die FDP angesichts ihrer hochgesteckten Erwartungen nicht zufrieden, obschon festzuhalten bleibt, dass sie den bis heute größten Wahlerfolg ihrer Nachkriegsgeschichte erzielt hatte.[64]

2. Die Phase der inoffiziellen Kontakte

a) Die Siegesgewissen: Der Führungsanspruch der CSU[65]

Die CSU »trug nach der Wahl ihr Selbstbewusstsein ostentativ zur Schau«[66]. Vor allem die Gegner einer Koalition mit den Sozialdemokraten sahen ihren Kurs durch das Wahlergebnis bestätigt. Noch in der Wahlnacht verkündete Georg Meixner, seine Partei müsse nun die bisher so schmählich vernachlässigten höheren Ziele der Kulturpolitik rasch, kompromisslos und ohne falsche Rücksichten durchsetzen. Wer mit der CSU in eine Regierung eintreten wolle, »der möge sich zuerst ihrem unbedingten Führungsanspruch unterwerfen und dann seine eigenen Forderungen recht bescheiden halten«.[67] Auch Alois Hundhammer, Hanns Seidel und Fritz Schäffer sprachen sich unmittelbar nach dem Wahlausgang für eine bürgerliche Lösung der Koalitionsfrage aus.[68] Die Machtposition der Befürworter einer Regierung aus CSU, BP und GB/BHE war innerhalb der Partei so gestärkt, dass auch Ministerpräsident Ehard sich diesem Trend nicht entziehen konnte. Am Tag nach der Wahl erklärte er, es sei »nun die Zeit gekommen, in der man versuchen muss, mit der BP Verbindung aufzunehmen«[69]. Für eine Koalitionsbildung, so fügte er allerdings einschränkend hinzu, käme allenfalls »nur ein Teil der BP«[70] in Frage.[71]

Am 30. November empfing Ehard die Vorsitzenden der anderen Parteien zu ersten informativen Gesprächen. Der Vorsitzende der BP, Joseph Baumgartner, und der geschäftsführende Landesvorsitzende des GB/BHE, Willi Guthsmuths, zeigten dabei durchaus Interesse an einer Koalition mit der CSU.[72] Die Unterhändler der SPD, Wilhelm Hoegner und Waldemar von Knoeringen, gewannen hingegen aufgrund der Reserviertheit Ehards den Eindruck, die CSU habe kein Interesse an einer Fortsetzung der Koalition.[73] Der tags darauf stattfindende Meinungsaustausch Ehards mit Otto Bezold, dem Fraktionsvorsitzenden der FDP, endete aufgrund der unüberwindbaren Differenzen in der Kulturpolitik ergebnislos. Am 2. Dezember fand ein erneutes Gespräch zwischen CSU und BP[74] statt, bei dem die Beteiligten sich darauf einigten, vor Festlegungen irgendwelcher Art zunächst ihre Fraktionen zu konsultieren. Aufgrund fehlender Verhandlungsvollmachten war der in seiner Partei nicht mehr unumstrittene Ehard ohnehin nicht in der Lage, bindende Zusagen zu machen.[75]

Fraktionsvorstand und Landesgruppe der CSU berieten sich daraufhin am 3. Dezember und sprachen sich einhellig für eine Koalition mit BP und GB/BHE aus. Obwohl es bereits zu diesem Zeitpunkt Anzeichen für den Versuch einer Koalitionsbildung gegen sie gab[76], wartete die CSU noch einmal drei Tage, ehe sie sich in ihrer ersten Fraktionssitzung am 6. Dezember bei einer Gegenstimme für eine kleine Koalition aussprach und eine Verhandlungskommission[77] bildete, die an BP und GB/BHE eine Einladung zu offiziellen

Koalitionsverhandlungen richtete. Die Weichen für ein Bündnis gegen die CSU waren zu diesem Zeitpunkt jedoch bereits gestellt.

b) Die Beherzten: Die Initiative der SPD zur Regierungsbildung [78]

Der Landesvorstand der SPD trat am 29. November zusammen. Zwar gestand er der CSU zu, dass sie formal beauftragt sei, die Initiative zur Bildung der neuen bayerischen Regierung zu ergreifen, betonte jedoch gleichzeitig, dass der Ausgang der Wahl eine Regierungsbildung in verschiedene Richtungen zulasse. Die Landtagsfraktion forderte er auf, kein Bündnis einzugehen, das in der Kulturpolitik eine Preisgabe von Grundsätzen verlange. Nachdem Knoeringen, der ebenso wie Hoegner und große Teile der Partei ursprünglich bereit gewesen war, die Koalition mit der CSU fortzusetzen, bei dem bereits geschilderten Gespräch mit Ehard am 30. November den Eindruck gewonnen hatte, die CSU sei an einer Regierungsbeteiligung der SPD nicht interessiert, beschloss er, »ein Königreich zu verkaufen, das ich nicht besaß, und einfach mehr zu bieten als die CSU«[79]. Die zögernde Verhandlungsführung der CSU ausnutzend, suchte er »in einem kühn und blitzschnell geführten koalitionsstrategischen Gegenzug«[80] die kleinen Parteien durch personelle und programmatische Zugeständnisse für eine Koalition gegen die CSU zu gewinnen. Bestärkt wurde Knoeringen in diesem Entschluss durch seinen Vertrauten, den der SPD angehörenden Landtagskorrespondenten Johannes Pfefferkorn, und den Leiter der Schulpolitischen Hauptstelle des BLLV, Wilhelm Ebert. Dieser nahm im Auftrag Knoeringens Verbindung zu BP, GB/BHE und FDP auf und diente während der Verhandlungen um die Regierungsbildung als »Verbindungsorgan zwischen den Fraktionen«[81].

Noch am 30. November ließ Knoeringen der BP durch Ebert ein Koalitionsangebot unterbreiten. Darin wurde ihr die Verwirklichung der wesentlichen Forderungen ihres »Straubinger Programms« zugesichert, zudem sollte sie den Stellvertreter des Ministerpräsidenten sowie zwei Minister und zwei Staatssekretäre stellen. Am folgenden Tag bestätigte Knoeringen einem Abgesandten Baumgartners dieses Angebot. Zugleich versuchte er in einem Gespräch mit Bezold, die FDP für sein Vorhaben zu gewinnen. Am 2. Dezember schließlich trafen sich Hoegner, Knoeringen, Baumgartner und Bezold zu einem gemeinsamen Gespräch. Eine zweite Unterredung führte Knoeringen mit dem Vorsitzenden des Landesausschusses und mit dem amtierenden Vorsitzenden der Landtagsfraktion des GB/BHE, Wilfried Keller und Erich Simmel.

Obschon es in der SPD nicht nur Zustimmung zu dem Vorgehen Knoeringens gab[82], beschloss der Landesausschuss in seiner Sitzung am 5. Dezember, keine Koalition mit der CSU zu bilden und stattdessen den Versuch zu unternehmen, eine Koalition der vier anderen Parteien zustandezubringen, sollte die

CSU ihrerseits keine regierungsfähige Mehrheit finden. Dieser Entscheidung stimmte die Fraktion auf ihrer konstituierenden Sitzung am 6. Dezember einstimmig zu und erteilte Hoegner, Knoeringen und dem stellvertretenden Fraktionsvorsitzenden Franz Haas umfassende Verhandlungsvollmachten.[83] In der Nacht vom 6. auf den 7. Dezember gelang schließlich bei einem von Hoegner anschaulich in seinen Memoiren geschilderten Treffen der entscheidende Durchbruch zur Bildung einer Regierung unter Ausschluss der CSU:

»Am Abend des 6. Dezember 1954 gegen halb elf Uhr nachts wollte ich mich gerade zur Ruhe begeben, als mich Waldemar von Knoeringen anrief, er werde mich zu einer wichtigen Besprechung abholen. Wir fuhren dann mit seinem Wagen zu unserem Landessekretariat in der Landwehrstraße. Wir gingen wartend auf und ab, er unterrichtete mich rasch über den Zweck der nächtlichen Fahrt. Dann hielt ein Kraftwagen an der Straße an, eine dunkle Gestalt sah sich vorsichtig nach allen Seiten um und kam dann auf uns zu. Es war Dr. Lacherbauer, Bayernpartei. Nach einiger Zeit kam ein weiterer Kraftwagen, dem Dr. Baumgartner mit seiner Sekretärin entstieg. Wir begaben uns in das Landessekretariat.«[84]

Dort unterzeichneten Knoeringen und Baumgartner ein Abkommen[85], in dem sie einander versicherten, »mit allen Kräften an der Bildung einer neuen bayerischen Regierung unter ihrer eigenen Beteiligung und unter Hereinnahme des BHE zusammenzuwirken«[86] und zudem »mit der CSU keine Abmachung über die Bildung einer Regierung mit ihr zu treffen«[87]. Auch wurde in dem Abkommen bereits die Verteilung der Kabinettsposten auf SPD, BP, GB/BHE und FDP festgelegt.[88]

c) Die Umworbenen: Die BP in der Rolle des Königsmachers[89]

Die Verhandlungen auf Seiten der BP wurden in den ersten Tagen nach der Wahl ausschließlich vom Parteivorsitzenden geführt. Durch eine restriktive Informationspolitik sowie durch eine Verzögerung des Zusammentretens der Gremien der BP bis zum 6. Dezember suchte der in seiner Partei unangefochtene Baumgartner die Fäden fest in der Hand zu behalten und Einzelaktionen seiner Parteifreunde zu unterbinden. Nur auf diese Weise schien es ihm möglich, der BP eine Beteiligung an der künftigen Regierung zu sichern und, obwohl von CSU und SPD gleichermaßen umworben, »am Schluss nicht daneben zu sitzen«[90].

Große Bedeutung maß Baumgartner der Attraktivität des personellen Angebots seiner Verhandlungspartner bei. Bereits bei seinem ersten Gespräch mit Ehard am 30. November forderte er das Amt des stellvertretenden Ministerpräsidenten sowie zwei Ministerien und zwei Staatssekretärsposten für die BP. Diesem Ansinnen, dem Ehard aufgrund der fehlenden Verhandlungsvollmachten nicht stattgeben konnte, entsprach Knoeringen noch am selben und erneut am folgenden Tag.[91] Vor seiner erneuten Unterredung mit Ehard am 2. Dezember war Baumgartner mit dem CSU-Bundestagsabgeordneten

Michael Horlacher zusammengetroffen, der ihm mitgeteilt haben soll, die BP müsse zugunsten der CSU auf das Landwirtschaftsministerium verzichten.[92] In der Mittagszeit des 2. Dezember kam es dann zu dem bereits erwähnten Treffen zwischen Hoegner, Knoeringen, Baumgartner und Bezold im Innenministerium. Dennoch bekundete Baumgartner am 3. Dezember in einem Gespräch mit Guthsmuths seine generelle Bereitschaft, eine Koalition mit der CSU einzugehen.

Als erstes Gremium der BP trat am 6. Dezember der Landesausschuss zusammen. Vor dem Beginn der Sitzung fragte Baumgartner telefonisch bei Ehard an, ob bereits bindende Zusagen über die für seine Partei vorgesehenen Kabinettsposten gemacht werden könnten. Da dieser verneinte, sprach sich der Landesausschuss mit 13 zu zwei Stimmen für ein Regierungsbündnis mit der SPD aus.[93] In der Nacht vom 6. auf den 7. Dezember unterzeichneten Knoeringen und Baumgartner schließlich die Vereinbarung über die Bildung einer Koalition.

In dieser Situation konstituierte sich am 7. Dezember die Landtagsfraktion. Nach dem Bericht Baumgartners über den Stand der Koalitionsverhandlungen entbrannte eine heftige Auseinandersetzung, bei der die Befürworter eines Zusammengehens mit der CSU in der Minderheit blieben.[94] Zu groß war die Befürchtung, die BP werde in einer bürgerlichen Regierung von der CSU in »tödliche Umarmung«[95] genommen. In der Mittagspause traf Baumgartner mit Ehard und Hundhammer zusammen. Dabei wurde ihm mitgeteilt, dass die BP in einer Koalition mit der CSU weder den stellvertretenden Ministerpräsidenten, auf den Hundhammer größten Wert lege, noch den Landwirtschafts- oder Innenminister stellen könne.[96] Baumgartner wurde nur ein Ministerium für die BP angeboten. Zudem versicherten ihm Ehard und Hundhammer, sie würden sich dafür einsetzen, der BP drei Staatssekretärsposten zu überlassen. Die Fraktion, die dieses Angebot als beleidigend empfand, bestimmte eine Kommission[97], die in der Staatskanzlei vorstellig werden und ein neues Angebot der CSU einholen sollte. Doch auch die neue Offerte der CSU sah lediglich ein Ministerium sowie drei Staatssekretärsposten vor. Da die SPD auf einen Bescheid der BP drängte, beschloss die Fraktion mit 19 gegen fünf Stimmen[98], »abschließende Verhandlungen mit den drei anderen Parteien zum Zwecke einer Koalitionsbildung zu führen und am Schluss die Ratifikation vorzunehmen«[99]. Baumgartner schloss die Sitzung mit dem Versprechen, »die Bayernpartei wieder dahin zu bringen, wo sie zur stärksten Partei wird«[100].

d) Die Taktierenden:
Koalitionspolitische Erwägungen des GB/BHE[101]

Willi Guthsmuths, der als geschäftsführender Landesvorsitzender die Verhandlungsführung des GB/BHE zunächst innegehabt hatte, hatte in seinen ersten Gesprächen mit Ehard und Baumgartner keinen Zweifel daran gelassen, dass er für eine Koalition seiner Partei mit der CSU und der BP eintrat. Bei der ersten Fraktionssitzung am 6. Dezember war jedoch deutlich geworden, dass von einem einheitlichen Meinungsbild keine Rede sein konnte. Einige Abgeordnete lehnten die Fortsetzung des Bündnisses mit der CSU rundweg ab. In der Großen Koalition, so die vielfach vorgebrachte Kritik, sei der GB/BHE nur »das fünfte Rad am Wagen gewesen«[102]; zudem wäre es »lohnend, den politischen Katholizismus einmal auszuschalten«[103]. Andere wiederum wollten die Koalitionsbildung so lange wie möglich hinauszögern, um weitere Zugeständnisse zu erhalten. Aus Sicht der SPD charakterisierte Knoeringen die drei Gruppen innerhalb des GB/BHE treffend mit »positiv Keller, opportunistisch Stain, gegnerisch Guthsmuths«[104].

Darüber hinaus wurde die Diskussion des GB/BHE von den latenten Spannungen innerhalb der Bundestagsfraktion der Partei überlagert. Eine einflussreiche Gruppe von Abgeordneten, darunter der bereits am 1. Dezember in München erschienene Wilfried Keller, kritisierte den außen- und sozialpolitischen Kurs der Bundesregierung, an der der GB/BHE beteiligt war. Dieser Gruppe stand der sogenannte »Ministerflügel« um die Bundesminister Waldemar Kraft und Theodor Oberländer, der zugleich Bundes- und bayerischer Landesvorsitzender des GB/BHE war, gegenüber. Oberländer verfolgte den Plan, sich durch eine Koalition mit der CSU das Entgegenkommen Adenauers in der Sozial- und in der Vertriebenenpolitik zu sichern.

Erst in der Fraktionssitzung am 7. Dezember entwickelte sich eine deutliche Tendenz, das Angebot von SPD und BP zur Regierungsbildung anzunehmen. Keller hielt ebenso wie zahlreiche andere Abgeordnete eine Koalition mit der SPD für »die beste Lösung«[105], da man in dieser Konstellation »ein echter Partner«[106] sei. Allerdings vermied die Fraktion eine Festlegung und benannte stattdessen Guthsmuths, Keller, Simmel und ihren neuen Vorsitzenden Walter Stain als Mitglieder einer Verhandlungskommission für das noch am selben Tag stattfindende Gespräch aller vier Parteien.[107]

e) Die Zögernden: Die FDP im Widerstreit ihrer Prioritäten[108]

Die FDP hatte sich bereits im Wahlkampf zu keiner einheitlichen Haltung in der Frage der künftigen Regierungskoalition entschließen können. Daran änderte sich auch nichts, als Ehard der FDP trotz deren vorsichtig bekundeter genereller Koalitionsbereitschaft bereits am 1. Dezember zu verstehen gab, dass die CSU an einer Koalition mit ihr nicht interessiert sei. An den darauffolgenden Beratungen der FDP war maßgeblich auch Thomas Dehler beteiligt, der neben dem Vorsitz der Bundestagsfraktion und der Bundespartei auch den der bayerischen FDP innehatte. Obgleich er einem möglichen Koalitionspartner BP skeptisch gegenüberstand[109] und die enge Verbindung zwischen Gewerkschaften und Sozialdemokratie stets kritisiert hatte, befürwortete er eine Allianz mit der SPD, in der er bereits früh »viele anständige und sympathische Menschen«[110] ausgemacht hatte. Allerdings scheint es, dass Dehler seinen bayerischen Parteifreunden weitgehend freie Hand ließ. Ähnlich wie in der Bundestagsfraktion des GB/BHE gab es auch in der Regierungspartei FDP eine starke Gruppe, die Adenauers Außenpolitik kritisch gegenüberstand. An ihrer Spitze stand Dehler, der nach seinem Ausscheiden aus der Bundesregierung 1953 den Vorsitz von Partei und Fraktion »mit dem ausdrücklichen Auftrag übernommen hatte, die Partei gegenüber der CDU zu profilieren«[111] und aus ihrer einseitigen Bindung an die Union zu lösen. Der bayerische Bundestagsabgeordnete und Stellvertreter Dehlers im Fraktionsvorsitz, Hans Wellhausen, unterstützte hingegen vorbehaltlos den Kurs Adenauers und trat daher auch in den Verhandlungen für eine bürgerliche Regierung in Bayern ein.[112]

Auf der gemeinsamen Sitzung von Landtagsfraktion und Landesausschuss vom 5. September kam die FDP überein, ein modernes Lehrerbildungsgesetz nach dem Entwurf der Arbeitsgemeinschaft bayerischer Lehrer- und Erzieherverbände[113] zur Grundlage ihrer Koalitionsverhandlungen zu machen. Eine Verhandlungskommission, in die neben Bezold Hildegard Brücher und Albrecht Haas gewählt wurden, erhielt den Auftrag, Verhandlungen nach allen Seiten zu führen.[114] Während Brücher ohnehin bereits im Wahlkampf »geradezu messianisch«[115] für eine Koalition mit der SPD eingetreten war und auch Bezold einer solchen Verbindung nicht ablehnend gegenüberstand, begegnete Haas dem Gedanken einer Viererkoalition mit Skepsis. Proteste und Warnungen von Seiten der bayerischen Wirtschaft bestärkten ihn in dieser Ansicht.[116]

3. Der Abschluss der Regierungsbildung

a) Die offiziellen Koalitionsverhandlungen[117]

Die in dem Abkommen vom 6./7. Dezember getroffene Festlegung der BP auf ein Bündnis mit der SPD stellt eine gewisse Zäsur im Prozess der Koalitionsbildung dar. Der CSU verblieb nach dieser Entscheidung nur noch die Möglichkeit einer Koalition mit dem GB/BHE und der ungeliebten FDP. SPD und BP hingegen hatten es in der Hand, ihre Allianz durch die Hereinnahme von GB/BHE und FDP zu einer tragfähigen Regierungsmehrheit auszubauen.

Noch am Abend des 7. Dezember traten die Verhandlungskommissionen der vier Parteien zu einer ersten gemeinsamen Besprechung zusammen.[118] Während Knoeringen und Baumgartner weitere Verhandlungen mit der CSU kategorisch ausschlossen, erklärte Bezold, die FDP habe sich noch nicht festgelegt. Da die CSU allerdings Besprechungen mit ihr abgelehnt habe, hoffte er, durch seine Partei mögen »Beschlüsse gefasst werden, die gleichlautend sind«[119]. Simmel verwies für den GB/BHE auf die für den folgenden Tag anberaumte Sitzung der Parteigremien, zeigte aber ebenso wie Guthsmuths und Keller durchaus Interesse an einer Koalition der vier Verhandlungspartner.[120] In einem Überblick über die politischen Aufgaben der künftigen Koalition nannte Knoeringen daraufhin die Kulturpolitik, die Landesplanung, die Verwaltungsvereinfachung und die Vermeidung der Benachteiligung Bayerns in Bonn als Schwerpunkte. Den außenpolitischen Dissens zwischen der SPD und den bürgerlichen Parteien suchte er mit dem Angebot zu relativieren, das Abstimmungsverhalten Bayerns im Bundesrat künftig nicht mehr durch den Ministerpräsidenten, sondern durch Mehrheitsentscheid im Kabinett festlegen zu lassen, und fügte hinzu, dass diese Regelung bereits die Billigung Ollenhauers gefunden habe.[121] Schließlich legte er den Anwesenden einen Plan über die Verteilung der Kabinettsposten vor[122], der allerdings bezüglich der von der SPD vorgesehenen Vergabe des Wirtschaftsministeriums an den Bundestagsabgeordneten Georg Kurlbaum[123] Bedenken hervorrief.[124] Emphatisch plädierte Knoeringen für die Bildung einer Regierung, die »ein Beispiel von Toleranz, echter Verständigung und Aussprache über sachliche Dinge«[125] sein sollte. Die SPD werde ihrerseits unter Beweis stellen, dass sie »keine Partei der Gottesleugner und der Feinde der Religion«[126] sei. Es komme darauf an, so Knoeringen, dass die von ihm gewollte Koalition »das Land mitreißt«[127].

Bei der gemeinsamen Sitzung von Landesausschuss und Landtagsfraktion des GB/BHE am 8. Dezember wurden zwar Vorbehalte gegen den als Ministerpräsidenten in Aussicht genommenen bisherigen Innenminister Hoegner, nicht jedoch gegen eine Koalition unter Führung der Sozialdemokraten als solche laut.[128] Beide Gremien sprachen sich nach eingehender Diskussion für einen Antrag Georg Bauers aus, »mit den Fraktionen der SPD, der BP und der FDP in Verbindung zu treten mit dem Ziel der Bildung einer Regierungskoalition«[129]. Ein »wichtiger Baustein«[130], wenn nicht gar ausschlaggebend für die Entscheidung war das Angebot der SPD, dem GB/BHE das Arbeitsministerium zu überlassen und diesem alle für die Belange der Vertriebenen relevanten Zuständigkeiten zu übertragen.[131] Als schließlich am Abend des 8. Dezember die vier Parteien in einem erneuten Koalitionsgespräch bereits ein gemeinsames Programm diskutierten, hatte sich lediglich die FDP noch nicht endgültig entschieden.

Die Diskussion in ihrer Landtagsfraktion dauerte mit unverminderter Heftigkeit fort, nachdem auf Vermittlung der bayerischen Wirtschaftslobby ein

Koalitionsgespräch zwischen CSU und FDP zustandegekommen war, bei dem sich Ehard in kulturpolitischen Fragen kompromissbereit gezeigt hatte. Erneut war der Ministerpräsident aber nicht willens, bindende Zusagen zu machen.[132] Angesichts der Unentschlossenheit der FDP drängte vor allem Hoegner auf die Bildung einer Koalition aus SPD, BP und GB/BHE, die über 108 der 204 Mandate verfügt hätte.[133] Gleichzeitig aber setzte die SPD ihre Bemühungen um die FDP fort, indem sie durch Ebert ihre Bereitschaft signalisieren ließ, zugunsten der Liberalen auf das Wirtschaftsministerium zu verzichten. Da zudem nach der Entscheidung des GB/BHE vom Vortag das Zustandekommen einer bürgerlichen Regierung kaum mehr für möglich gehalten wurde, sprach sich die FDP am Nachmittag des 9. Dezember für eine Koalition mit SPD, BP und GB/BHE aus.

Doch auch im GB/BHE hatte die Auseinandersetzung um die Regierungsbildung trotz der Entscheidung des Vortages angehalten. Ohne von den Gremien der Partei legitimiert worden zu sein, hatte sich Oberländer zusammen mit Guthsmuths zu einem Gespräch bei Ehard eingefunden.[134] In einer darauffolgenden gemeinsamen Sitzung von Landtagsfraktion und Landesausschuss versuchte Oberländer vergebens, seine bayerischen Parteifreunde doch noch für eine Koalition mit der CSU zu gewinnen.[135] Nachdem Baumgartner, Bezold und Brücher in der Sitzung des GB/BHE erschienen waren und ihre Bereitschaft zu einer Koalition der vier Parteien bekundet hatten[136], unterzeichneten die Mitglieder der Verhandlungskommissionen von GB/BHE und FDP die von Knoeringen für die SPD und von Baumgartner für die BP bereits unterschriebene Vereinbarung über die Bildung einer neuen Regierung.[137] Damit war der Grundstein für die Viererkoalition gelegt.

b) Koalitionsvertrag und Geheimes Zusatzprotokoll

Bereits am darauffolgenden 10. Dezember unterzeichneten die Verhandlungsführer einen zehn Punkte umfassenden Koalitionsvertrag als Fundament für die Zusammenarbeit in der künftigen Regierung.[138] In der Präambel verständigten sich die vier Parteien auf »eine fortschrittliche, tolerante, soziale und volksverbundene Politik nach den Grundsätzen der christlich-abendländischen Kultur«. Die an erster Stelle genannten staatspolitischen Forderungen beinhalteten ein Bekenntnis zu den Grundsätzen des Föderalismus und waren ein Ausfluss der Furcht vor allem von SPD und BP vor einer »Verschiebung der Zuständigkeiten zwischen Bund und Ländern zuungunsten der Länder« und damit einer »Benachteiligung Bayerns«. Wohl als Ergebnis der heftigen Auseinandersetzungen um den Aufbau des Schulwesens nach 1945 stand die Kulturpolitik an herausragender Stelle. Als vorrangige Maßnahme nannte die Koalition die Reform der Lehrerbildung auf nichtkonfessioneller Grundlage, sicherte zugleich aber eine »tolerante und loyale Durchführung der Verfas-

Zwischen den Landesvorsitzenden

der   Sozialdemokratischen Partei Deutschlands, Landesverband
                              Bayern,

der   Bayernpartei

und der

      Freien Demokratischen Partei

vertreten durch die Herren: *H. v. Knoeringen*

~~Jean Stock~~, M. d. L.   *F. J. Baumgartner*

~~Dr. Lechermaier~~, M. d. L.

Otto Bezold, M. d. L.

ist heute folgende

        V e r e i n b a r u n g
        ================================

getroffen worden:

I.

Die Vertragspartner versprechen einander mit allen Kräften an der
Bildung einer neuen Bayerischen Regierung unter ihrer eigenen Beteiligung und unter Hereinnahme des BHE. zusammenzuwirken.

Die Bildung des Kabinetts soll erfolgen aufgrund einer dieser Vereinbarung anliegenden Liste, wobei sich die Beteiligten darüber
einig sind, dass Veränderungen zulässig sein sollen, soweit nur
dadurch die Hereinnahme des BHE. ermöglicht werden kann.

II.

Die Beteiligten versprechen einander, mit der CSU keine Abmachung
über die Bildung einer Regierung mit ihr zu treffen.

III.

Sie versprechen einander, über alle wichtigen Tatsachen, die der
Förderung des Zweckes dieses Vertrages dienen, sich Kenntnis zu
geben.

Für die SPD :

H. v. Knoeringen

Für die BP :

F. J. Baumgartner

Für die FDP :

München, Dezember 1954

30

Die Zusammensetzung des Kabinetts wird in folgender Weise
verabredet:

Ministerpräsident   SPD
Stellvertreter   BP

SPD   2 weitere Minister und 3 Staatssekretäre

BP   2 weite Minister und 2 Staatssekretäre

BHE   1 Minister und zwei Staatssekretäre

FDP   1 Minister und 1 Staatssekretär

Der Staatsminister für Unterricht und Kultus und sein Staatssekretär werden einvernehmlich auf Vorschlag der BP bestellt.

*Vereinbarung zwischen SPD und Bayernpartei über die Bildung einer gemeinsamen Regierung
vom 6./7. Dezember 1954.*

Vereinbarung.
=================================

I.

Die unterzeichneten Fraktionen der

        SPD

        BP

und des   Gesamtdeutschen Blocks-BHE *und der FDP*
versprechen einander, mit allen Kräften zu versuchen, eine neue
Bayerische Regierung unter Beteiligung ihrer eigenen Fraktionen
~~und der Fraktion der   FDP~~
zustande zu bringen.

II.

Die unterzeichneten Fraktionen verpflichten sich, alle dem
obigen Ziele widersprechenden Schritte zu unterlassen.

III.

Sie versprechen sich gegenseitig, einander über alle wichtigen
Tatsachen, die der Förderung des Vertragszweckes dienen oder ihn
gefährden, zu unterrichten.

Für die SPD :

Für die BP:

Für den Gesamtdeutschen Block-BHE:

Für die FDP

München, den 9. Dezember 1954

Vereinbarung zwischen SPD, Bayernpartei, GB/BHE und FDP über die Bildung einer gemeinsamen Regierung vom 9. Dezember 1954.

Archivesemplar *Rückgabe an*
Kamil; Rino Knoering

K o a l i t i o n s v e r e i n b a r u n g

Die bayerischen Landtagsfraktionen der Sozialdemokratischen
Partei Deutschlands, der Bayern-Partei, des Gesamtdeutschen
Blocks-BHE und der Freien Demokratischen Partei haben sich
auf folgende Richtlinien für die Zusammenarbeit in einer
Regierungskoalition geeinigt:

I. Grundsätzliches:

Die Regierung stellt sich zur Aufgabe, eine fortschrittliche,
tolerante, soziale und volksverbundene Politik nach den
Grundsätzen der christlich-abendländischen Kultur durchzuführen.

Sparsamkeit auf allen Gebieten und eine saubere Verwaltung
betrachtet sie als unbedingte Voraussetzung für ihre Arbeit.

II. Staatspolitische Forderungen:

1. Festhalten am bundesstaatlichen Charakter der Bundesrepublik.
2. Keine Verschiebung der Zuständigkeiten zwischen Bund
   und Ländern zu Ungunsten der Länder.
3. Verhinderung jeder Benachteiligung Bayerns durch den
   Bund.

III. Kulturpolitik:

1. Tolerante und loyale Durchführung der Verfassungsbestimmungen über Schule und Erziehung. Keine Benachteiligung der verfassungsmässigen Schulformen.
2. Loyale Durchführung des Konkordates und der Kirchenverträge.
3. Lehrerbildung an Universitäten oder gleichwertigen
   wissenschaftlichen Hochschulen auf der Grundlage des
   Vorschlags der Arbeitsgemeinschaft der Bayerischen
   Lehrer-und Erzieherverbände.
4. Verbesserung des Schulorganisationsgesetzes. Möglichste Vermeidung von Zwergschulen.
5. Beschleunigte Inangriffnahme der Schulreform.

6. Ausbau der staatsbürgerlichen und demokratischen
   Erziehung an allen Unterrichtsanstalten, Pflege des
   Heimatgedankens und des Kulturgutes der abgetrennten
   Ostgebiete.
7. Möglichste Angleichung der Typen der höheren Lehranstalten im ganzen Bundesgebiet.
8. Nachdrückliche Förderung der Erwachsenenbildung.
9. Schaffung eines Landesschulbeirates.
10. Neufassung des Rundfunkgesetzes.

IV. **Sozialpolitik** :

1. Zusammenfassung aller wesentlichen sozialpolitischen
   Aufgaben, die dem Staate Bayern zufallen, möglichst
   in einem Ministerium.
2. Verbesserung der Lebenshaltung der sozial schwachen
   Schichten unseres Volkes.
3. Fortführung des sozialen Wohnungsbaues unter besonderer Berücksichtigung der geringen Einkommen und
   der Kinderreichen, sowie Förderung eigentumsschaf-
   fender Wohnungsbaumassnahmen.
4. Innerbayerische Umsiedlung der Heimatvertriebenen
   an geeignete Arbeitsplätze durch Sonderbauprogramme
   unter Berücksichtigung aller Berufsgruppen.
5. Alsbaldige Auflösung der noch bestehenden Flüchtlings-
   lager.
6. Fortsetzung eines gerechten Flüchtlingsausgleiches
   zwischen den Ländern.
7. Gerechte Berücksichtigung aller Kriegssachgeschä-
   digten, Ausgebombten und Evakuierten.
8. Ausbau der Gewerbeaufsicht und des Arbeitsschutzes,
   insbesondere des gewerblichen Jugendschutzes.
9. Aufrechterhaltung der Sondervergünstigungen für
   Kriegsopfer in Bayern und Verstärkung der finanziellen Mittel in der sozialen Fürsorge.
10. Jugendpflege, insbesondere vorbeugende Massnahmen.
11. Erweiterung der Massnahmen in der Gesundheitsfürsorge,
    darunter u.a. Verbesserung des schulärztlichen und
    schulzahnärztlichen Dienstes.

V. Wirtschaft:

1. Aufrechterhaltung des Privateigentums und der Privatwirtschaft. Keine unnötige Einmischung der öffentlichen Hand in die private Wirtschaft.

2. Fortsetzung der Industrialisierung Bayerns unter besonderer Berücksichtigung der notleidenden Gebiete. Beschleunigte Durchführung des Grenzhilfeprogramms.

3. Stärkere Förderung des Handwerks und des gewerblichen Mittelstandes, sowie des Fremdenverkehrs.

4. Vereinfachung der Kreditverfahren.

5. Weiterer Ausbau der bayerischen Wasserkräfte.

6. Ausbau der Strassen, Förderung der Binnenschiffahrt.

7. Erschliessung der Bodenschätze.

8. Aufstellung von klaren Richtlinien zur Raumordnung und engste Zusammenarbeit des Wirtschafts-,Finanz-und Arbeitsministeriums zur Durchführung der Landesentwicklung.

VI. Landwirtschaft:

1. Förderung der Landwirtschaft als wichtige Grundlage der Volkswirtschaft.

2. Durchführung geeigneter Massnahmen zur Bekämpfung der Landflucht.

3. Staatliche Hilfsmassnahmen zur Sesshaftmachung des bäuerlichen Nachwuchses und der vertriebenen Landwirte.

4. Förderung der genossenschaftlichen Selbsthilfe bei der Technisierung der Landwirtschaft.

5. Beschleunigte Fortführung der Flurbereinigung.

6. Weiterer Ausbau der Fachschulbildung in der Landwirtschaft.

7. Neuordnung der "Bayerischen Landessiedlung GmbH".

VII. Verwaltung:

1. Vereinfachung der Verwaltung. Verlagerung von Zuständigkeiten auf die mittleren und unteren Behörden. Bildung von betriebseigenen Sparausschüssen bei den Behörden.

2. Sichtung und Sammlung der Rechtsvorschriften.

VIII. Finanzpolitik:

1. Größte Anstrengung zur Beseitigung der Fehlbeträge im Staatshaushalt und zur rechtzeitigen Vorlage der Haushaltspläne.

2. Sparsame Ausgabenwirtschaft.

3. Abbau überflüssiger Staatsaufgaben.

4. Gewissenhafte Prüfung der Einwendungen und Vorschläge des Obersten Rechnungshofes. Stärkung seiner Unabhängigkeit.

5. Schwerpunktmässiger Einsatz der zur Verfügung stehenden Investitionsmittel entsprechend der Landesentwicklung.

IX. Koalitionspolitik:

Bildung eines ständigen Koalitionsausschusses mit Sekretariat zur Behandlung aller innenpolitischen Fragen.

X. Bundespolitik:

Der Mehrheitsbeschluß des Kabinetts bestimmt die Haltung der Bayerischen Staatsregierung im Bundesrat.

München, den 1o. 12. 1954

Koalitionsvereinbarung zwischen SPD, Bayernpartei, GB/BHE und FDP vom 10. Dezember 1954.

Zusatzprotokoll zur Koalitionsvereinbarung

vom Freitag, den 10.Dezember 1954 in München

Maximilianeum, Saal I

1. Die Bayernpartei erklärt, daß sie nicht daran denkt, einen wilden Bajuwarismus zu betreiben.

2. Die Fraktionen sind sich darüber einig, daß im Rundfunkrat alle Fraktionen des Landtags vertreten sein müssen.

3. Fragen der Bodenreform.

4. Vorschaltgesetz zur Flurbereinigung.

5. Frage der Aufteilung nichtrentierender Staatsgüter.

6. Landesentwicklung bleibt der weiteren Beratung vorbehalten.

7. Aufstellung eines mehrjährigen Planes für den Wiederaufbau staatlicher Hochbauten (Rangfolge).

8. Errichtung eines besonderes Amtes in der Staatskanzlei zur Behandlung von Bundesangelegenheiten.

9. Keine neuen Universitäten (einmütig).

10. Schulreform. Höheres Schulwesen (FDP).

11. Änderung des Schulaufsichtsgesetzes.

12. Förderung der slawischen Sprachen.

13. Sofortige Abänderung des Rundfunkgesetzes.

14. Volksbüchereigesetz.

15. Bindend: Vorläufige Erhaltung der Flüchtlingsämter mit dem Ziele der allmählichen Überleitung in die Ausgleichsverwaltung.

16. Änderung des 12.Bürgschaftsgesetzes.

17. Überprüfung der Erbteilungsfrage in Bayern.

18. Einrichtung der Regierung von Niederbayern aus zusätzlichen Quellen (Staatsbank).

19. Einschränkung der Dienstreisen.

20. Möglichste Zusammenarbeit im Geiste der Koalitionspolitik auch in den Gemeinderäten, Kreis-und Bezirkstagen.

Für die SPD: *[Unterschrift]*

" " BP *[Unterschrift]*

Für den gesamt. Block/BHE *[Unterschrift]*

Für die FDP *[Unterschrift]*

Zusatzprotokoll zur Koalitionsvereinbarung zwischen SPD, Bayernpartei, GB/BHE und FDP vom 10. Dezember 1954.

Verkündigung der Viererkoalition vor der Presse am 10. Dezember 1954. Von links: Carljörg Lacherbauer, Max Klotz (beide Bayernpartei), Otto Bezold, Albrecht Haas (beide FDP), Waldemar von Knoeringen (SPD), Joseph Baumgartner (Bayernpartei), Hildegard Brücher (FDP).

sungsbestimmungen über Schule und Erziehung« sowie eine »loyale Durchführung des Konkordats und der Kirchenverträge« zu. Diese Beteuerung diente vor allem der Beruhigung der Öffentlichkeit, ebenso die für den Bereich der Wirtschaftspolitik gemachte Zusage der »Aufrechterhaltung des Privateigentums und der Privatwirtschaft« und des Verzichts auf »unnötige Einmischung der öffentlichen Hand in die private Wirtschaft«. Breiten Raum nahmen zudem die Vorhaben in der Sozialpolitik, in der Agrarpolitik und in der Finanzpolitik ein. Auch die Verwaltungsvereinfachung wurde als Ziel der künftigen Regierung festgelegt. Schließlich fanden noch die Bildung eines Koalitionsausschusses »zur Behandlung aller innenpolitischen Fragen« und zur Umsetzung der Regierungspolitik auf parlamentarischer Ebene[139] sowie das Prinzip des Mehrheitsbeschlusses des Kabinetts für die Haltung der Bayerischen Staatsregierung im Bundesrat Eingang in den Koalitionsvertrag.

In einem vertraulichen Zusatzprotokoll zum Koalitionsvertrag legten die vier Partner die Regelung verschiedener Einzelfragen und Sonderwünsche der beteiligten Parteien fest.[140] Die BP musste erklären, »dass sie nicht daran denkt, einen wilden Bajuwarismus zu betreiben«. Negativen Erfahrungen der drei kleinen Parteien über die als unausgewogen empfundene Darstellung ihrer Politik im Bayerischen Rundfunk (BR) entsprang die Übereinkunft, »dass im Rundfunkrat alle Fraktionen des Landtags vertreten sein müssen« und deshalb eine »sofortige Abänderung des Rundfunkgesetzes« zu erfolgen habe. Neben strittigen Fragen wie etwa der Landesplanung oder der Reform des höheren Schulwesens, die zugunsten einer raschen Einigung der vier Parteien zunächst ausgeklammert blieben, wurde schließlich die »möglichste Zusammenarbeit im Geiste der Koalitionspolitik auch in den Gemeinderäten, Kreis- und Bezirkstagen« vereinbart.

c) Vergebliche Störversuche der CSU

Die Tragfähigkeit des politischen Fundaments der Koalition wurde bereits kurz nach Unterzeichnung der Verträge einigen Belastungsproben unterzogen. Die CSU ergriff die verspätete Initiative, indem sie durch personelle und programmatische Zugeständnisse die Viererkoalition noch aufzubrechen versuchte.[141]

So unterbreitete im Auftrag Ehards der Leiter der Staatskanzlei, Ministerialrat Karl Schwend, am Nachmittag des 9. Dezember Knoeringen über dessen Vertrauensmann Pfefferkorn den Vorschlag, CSU und SPD sollten erneut in Verhandlungen eintreten, und deutete eine rasche Einigung in kulturpolitischen Fragen an. Unmittelbar nachdem die Verhandlungsführer des GB/BHE den Koalitionsvertrag unterzeichnet hatten, bot ein Mittelsmann der CSU dem GB/BHE zwei Ministerposten und weitgehendes Entgegenkommen in der Lehrerbildungsfrage an. Ähnliche Offerten wiederholte die CSU noch am selben Tag sowie am 14. Dezember, dem Tag der Wahl des Ministerpräsidenten, gegenüber Guthsmuths. Schließlich trafen sich am 12. Dezember Dehler und Wellhausen mit Franz Josef Strauß, der der FDP für den Fall ihres Ausscheidens aus der Koalition anbot, den Entwurf der Arbeitsgemeinschaft bayerischer Lehrer- und Erzieherverbände als Grundlage für die Verhandlungen über ein Lehrerbildungsgesetz zu akzeptieren. Der Sinneswandel und die anschließenden Bemühungen der CSU hatten allerdings zu spät eingesetzt und verliefen ergebnislos.

4. Die Konstituierung der neuen Regierung

a) Die Wahl des Ministerpräsidenten

Nachdem die Versuche der CSU, die Viererkoalition in letzter Minute noch zu verhindern, fehlgeschlagen waren, wurde die Regierungsbildung mit der Wahl des Ministerpräsidenten und der Bestätigung seiner Kabinettsliste abgeschlossen. Landesausschuss und Landtagsfraktion der SPD waren am 10. Dezember zu einer gemeinsamen Sitzung zusammengetreten und hatten einstimmig den

Koalitionsvertrag gebilligt und sich ebenso einvernehmlich auf Wilhelm Hoegner als Kandidaten für das Amt des Ministerpräsidenten verständigt.[142] Hoegner schreibt dazu in seinen Memoiren:

»Ich wehrte mich gegen die Übernahme dieses Amtes und schlug vor, es einem jüngeren, nämlich Waldemar von Knoeringen, zu übertragen. Aber dieser weigerte sich wie immer, ein Staatsamt zu übernehmen. So musste ich in den sauren Apfel beißen.«[143]

Zweifelsohne mag Hoegner vor der Schwere der bevorstehenden Aufgabe, vier Parteien mit einer schmalen gemeinsamen Basis zum Erfolg zu führen, bange gewesen sein. Ein Biss in den sauren Apfel aber war seine Entscheidung, das Amt zu übernehmen, keineswegs. Im Gegenteil: Es bereitete ihm »politische Freude, für die SPD als Ministerpräsident tätig sein zu können«[144]. Am 14. Dezember wurde Hoegner, von Waldemar von Knoeringen für die vier Koalitionsparteien vorgeschlagen, mit 112 der 197 abgegebenen Stimmen zum Ministerpräsidenten gewählt. Auf seinen von der CSU nominierten Gegenkandidaten Hanns Seidel entfielen 82 Stimmen, drei Stimmzettel waren leer.[145]

»Nach der Vereidigung Hoegners durch Ehard drückte der alte dem neuen Ministerpräsidenten die Hand. Abgewandt von den Mikrophonen wünschte Ehard seinem langjährigen Stellvertreter Hoegner Glück und Erfolg als Regierungschef. Niemand im Plenarsaal konnte diese Worte ganz verstehen, aber alle sahen die Rührung der beiden Männer. Es war wie eine Wachablösung.«[146]

Ehard war bereits am Vortag seinem Parteifreund Alois Hundhammer im Amt des Landtagspräsidenten nachgefolgt. Die Wahl, bei der 157 von 170 gültigen Stimmen auf Ehard entfallen waren[147], hatte sich als die »erste Kraftprobe zwischen der bisherigen Regierungspartei und der Viererkoalition«[148] erwiesen. Im Vorfeld der konstituierenden Sitzung des Landtags nämlich hatten die Koalitionsparteien keinen Zweifel daran gelassen, dass eine Wiederwahl Hundhammers an ihrem Widerstand scheitern würde.[149] Hoegner hatte daraufhin Ehard dazu bewogen, sich als Kandidat zur Verfügung zu stellen.[150] Der ehemalige Regierungschef, als Landtagspräsident »kein Advokat der lärmenden Auseinandersetzung, sondern ein Mann der richterlichen Abwägung«[151], brachte nach allgemeiner Ansicht ideale Voraussetzungen für sein neues Amt mit und führte es in der Folge »souverän und unparteiisch«[152]. Zu seinen Stellvertretern waren mit 152 von 164 gültigen Stimmen der Oberbürgermeister von Kulmbach, der Sozialdemokrat Georg Hagen, als erster und mit 112 von 154 gültigen Stimmen der der BP zugehörige Abgeordnete Georg Bantele als zweiter Vizepräsident gewählt worden.[153] Bantele hatte sich zuvor in seiner Fraktion deutlich gegen Jakob Fischbacher durchsetzen können, der bereits von 1950 bis 1953 das Amt des zweiten Vizepräsidenten innegehabt hatte.[154]

b) Das Kabinett

Nach der Wahl des Ministerpräsidenten billigte der Landtag mit den Stimmen der Koalitionsfraktionen die von Ministerpräsident Hoegner vorgelegte Kabinettsliste.[155]

Zum Staatsminister des Innern ernannte Hoegner den Vorsitzenden des Landesausschusses und Finanzbevollmächtigten der BP, August Geislhöringer, der von seiner Fraktion einstimmig nominiert worden war.[156] Die SPD, in deren Reihen Bedenken gegen eine Berufung des als gewerkschaftskritisch geltenden Geislhöringer laut geworden waren[157], stellte mit dem ehemaligen Landrat von Pfaffenhofen, Ernst Vetter, den Staatssekretär. Als Leiter der Kommunalabteilung im Innenministerium und enger Mitarbeiter Hoegners in der vorangegangenen Legislaturperiode[158] war Vetter, der dem Landtag nicht angehörte, »einer der Mitbegründer des neuen bayerischen Gemeinderechts«[159] gewesen.

Die Leitung des Staatsministeriums der Justiz übertrug der Ministerpräsident seinem Parteifreund Fritz Koch. Koch, der kein Landtagsmandat ausübte, hatte sich bereits als Justizstaatssekretär im dritten Kabinett Ehard »einen ausgezeichneten Namen«[160] gemacht und war vereinzelt sogar als Anwärter auf die Ministerpräsidentschaft gehandelt worden. Im Vorsitz der 1952 gegründeten Arbeitsgemeinschaft sozialdemokratischer Akademiker übte er zudem einen erheblichen ideologischen Einfluss auf die bayerische SPD aus.[161] Als Staatssekretär wurde Koch der Münchner Rechtsanwalt Kurt Eilles zur Seite gestellt. Eilles, Mitglied der BP und juristischer Berater ihrer Landesleitung, war erst am Tag seiner Ernennung bei fünf Gegenstimmen und vier Enthaltungen von der Fraktion der BP, der er nicht angehörte, nominiert worden.[162]

Schwierigkeiten hatte die Berufung eines Staatsministers für Unterricht und Kultus bereitet, der parteilos sein und einvernehmlich auf Vorschlag der BP ernannt werden sollte. Zahlreiche Namen wie die der Universitätsprofessoren Dempf[163], Gerlach[164], Schenk Graf Stauffenberg und Wilpert[165] waren den Koalitionsparteien unterbreitet und öffentlich diskutiert worden. Schließlich hatte Wilhelm Ebert den Vorsitzenden des Bayerischen Philologenverbands (BPV) und nachmaligen Doyen der bayerischen Historiographie, Karl Bosl, empfohlen.[166] Bosl scheiterte jedoch am Widerstand der BP, vor allem Baum-

---

Abbildungen auf S. 43

Oben: Vereidigung des Kabinetts Hoegner am 14. Dezember 1954 im Bayerischen Landtag. Von links: Fritz Koch, Friedrich Zietsch (beide SPD), August Geislhöringer, Kurt Eilles (beide Bayernpartei), August Rucker, Hans Meinzolt (beide parteilos), Otto Bezold (FDP), Joseph Panholzer, Joseph Baumgartner (beide Bayernpartei).

Unten: Kabinett Hoegner. Sitzend von links: Walter Stain (GB/BHE), Otto Bezold (FDP), August Rucker (parteilos), Fritz Koch, Wilhelm Hoegner, Friedrich Zietsch (alle SPD), August Geislhöringer, Joseph Baumgartner (beide Bayernpartei). Stehend von links: Karl Weishäupl (SPD), Willi Guthsmuths (GB/BHE), Hans Meinzolt (parteilos), Kurt Eilles (Bayernpartei), Albrecht Haas (FDP), Joseph Panholzer (Bayernpartei), Ernst Vetter (SPD), Erich Simmel (GB/BHE).

gartners und Lacherbauers, die befürchteten, er könne als Inhaber eines Konkordatslehrstuhls gegenüber der katholischen Kirche nicht entschlossen genug auftreten.[167] So fiel die Wahl letztlich auf den Rektor der Technischen Hochschule München, August Rucker, der allerdings pikanterweise bis kurz vor seiner Vereidigung Mitglied der CSU gewesen war.[168] Zum Staatssekretär ernannte Hoegner den Staatsrat im Kultusministerium und Präsidenten der Landessynode der Evangelisch-Lutherischen Landeskirche Bayern, Hans Meinzolt. Meinzolt, der bereits im ersten Kabinett Hoegner den Posten des Staatssekretärs innegehabt hatte, löste den Sozialdemokraten Eduard Brenner ab. Dieser hatte Knoeringen zuvor noch eindringlich vor einer Entpolitisierung des Kultusressorts gewarnt, die seiner Ansicht nach mit der Berufung zweier Parteiloser einhergehen würde.[169]

Als erklärter Gegner einer zentralistischen Finanzverwaltung verblieb der Sozialdemokrat Friedrich Zietsch trotz der Kritik von Fraktionskollegen an seiner Amtsführung[170] an der Spitze des Staatsministeriums für Finanzen, das er als Nachfolger Rudolf Zorns seit dem 19. Juni 1951 leitete. Für das Amt des Staatssekretärs hatte sich die Fraktion der BP bei einer Gegenstimme und zwei Enthaltungen[171] auf den Rechtsanwalt und Generalbevollmächtigten der Benediktinerabtei Ettal, Joseph Panholzer, verständigt. Der überzeugte Anhänger einer konstitutionellen bayerischen Monarchie hatte sich in Weilheim für die BP erfolglos um ein Landtagsmandat beworben.

In das Amt des Staatsministers für Wirtschaft und Verkehr berief der Ministerpräsident Otto Bezold. Bezold, ein weltläufiger Liberaler, »der nach den Erkenntnissen seiner profunden Bildung lebte«[172], gehörte dem Bayerischen Landtag seit 1946 an und war im Oktober 1949 Fritz Linnert im Fraktionsvorsitz der FDP nachgefolgt. Staatssekretär in Bezolds Ministerium blieb der geschäftsführende Landesvorsitzende des GB/BHE, Willi Guthsmuths, der diese Aufgabe bereits im dritten Kabinett Ehard innegehabt hatte und dessen erneute Berufung unstrittig gewesen war.[173]

Ohne Debatte war auch Joseph Baumgartner von der Fraktion der BP für das Staatsministerium für Ernährung, Landwirtschaft und Forsten nominiert worden, das er zuvor bereits in drei Nachkriegsregierungen geleitet hatte.[174] Da ihm auch das prestigeträchtige Amt des stellvertretenden Ministerpräsidenten übertragen worden war, befand sich der Vorsitzende der BP »am Ziel seiner Wünsche«[175]. Als Staatssekretär akzeptierte Baumgartner darüber sogar ein Mitglied des GB/BHE, Erich Simmel. Dieser hatte sein Amt als Fraktionsvorsitzender, das er als Nachfolger Johann Strosches seit dem 6. September 1953 ausgeübt hatte, in der konstituierenden Sitzung an Walter Stain verloren[176] und sollte nun »mit der Tatkraft eines preußischen Landnotars«[177] die im Koalitionsvertrag vereinbarte Eingliederung der vertriebenen Landwirte durchsetzen.

Staatsminister für Arbeit und soziale Fürsorge wurde der bisherige Staatssekretär für das Flüchtlingswesen, Walter Stain, der sich in der Fraktion des

GB/BHE gegen den vom sozialdemokratischen Koalitionspartner favorisierten Wilfried Keller durchgesetzt hatte.[178] Mit dem Landesgeschäftsführer des Verbandes der Kriegsopfer (VdK), Karl Weishäupl, stellte die SPD den Staatssekretär im Arbeitsministerium. Weishäupl war allerdings erst nominiert worden, nachdem das zunächst in Aussicht genommene und von den Gewerkschaften favorisierte Landesvorstandsmitglied des DGB, Max Wönner, von BP, GB/BHE und FDP abgelehnt worden war.[179]

Eine enge und vertrauensvolle Zusammenarbeit entwickelte sich in den Regierungsjahren der Viererkoalition zwischen dem Ministerpräsidenten und Albrecht Haas, den Hoegner zum Staatssekretär ernannt und mit der Leitung der Staatskanzlei beauftragt hatte. In der vorangegangenen Legislaturperiode war Haas stellvertretender Fraktionsvorsitzender der FDP gewesen.[180]

c) Bewertungen und Reaktionen: Die Frage nach dem politischen Fundament der Koalition

Die Reaktion der CSU auf die Bildung der Viererkoalition schwankte »von ungläubigem Staunen bis zur bitteren Enttäuschung«[181]. Sie sprach von »unerhörter Missachtung des Wählerwillens«, »Vergewaltigung des Entscheides des bayerischen Volkes« und »Verfälschung des Wahlergebnisses«[182]. Nur »der Hass gegen die Christlich-Soziale Union und ihre weltanschaulichen Ziele«[183], so der Tenor ihrer Verlautbarungen, »Neid, Missgunst und Ablehnung des Christentums«[184] hätten die vier Parteien zusammengeführt. Auch Helmut Ibach verstieg sich in seinem Kommentar »Bayern im Dehlerium. Die Ko-Existenzialisten greifen nach der Macht« im Rheinischen Merkur zu einer ähnlich undifferenzierten Analyse der Regierungsbildung:

»Nach einem Wahlsieg der für das Land spezifischen Parteien – die CSU und die Bayernpartei errangen mit 83 und 28 Mandaten klar die Mehrheit der 204 Landtagssitze – kam es zu einer Regierungskoalition, die alles bayerische Herkommen verhöhnt. Mit SPD, Bayernpartei, BHE und FDP fanden sich Klassenkämpferei und Kapitalismus, Jakobinertum und Pseudokonservatismus, Zentralismus und Bavarizismus, Fremdenfeindschaft und Berufsflüchtlingstum zu einer parteipolitischen Komplizenschaft zusammen, die man nur noch mit Hass gegen die nunmehr isolierte ›Union‹ erklären kann.«[185]

Bundeswirtschaftsminister Ludwig Erhard geißelte die Koalition als »an widernatürliche Unzucht grenzend«[186]. Der Vorsitzende der Arbeitgeberverbände in Bayern, Otto Meyer, glaubte in ihr einen kurzlebigen »Karnevalsscherz«[187] zu erkennen. Einen Vergleich der bayerischen Regierungsbildung mit der Machtergreifung von 1933 zog gar der Vizepräsident des Deutschen Bundestags, Richard Jaeger (CSU).[188] Der Regensburger Tagesanzeiger glaubte, im Kabinett Hoegner eine »volksfremde Staatsstreichregierung«[189] zu erkennen, und das Passauer Bistumsblatt sah in ihm »geradezu eine kalte Revolution der Gewählten gegen die Wähler«[190] und seufzte: »Gottes Vorsehung hat es zu unserer Prüfung und Bewährung zugelassen«[191]. Selbstkritische Stimmen wie die des ehemaligen Staatssekretärs im Innenministerium, Paul Nerreter[192], oder des Vorsitzenden der CSU-Landesgruppe im Deutschen Bundestag, Franz Josef Strauß[193], bildeten hingegen die Ausnahme.

So polemisch und verzerrend die Kommentare der CSU und der ihr nahestehenden Medien auch gewesen sein mochten, sie trafen bezüglich zweier Grundfaktoren der Bildung der Viererkoalition zu. So hatten SPD, BP, GB/BHE und FDP keinen Zweifel daran gelassen, dass der »vom hohen Ross der Überlegenheit aus«[194] proklamierte unbedingte Machtanspruch der CSU den Anstoß für ihren »Sklavenaufstand«[195] gegeben hatte. Ihren Protagonisten waren »die Hybris der CSU, die sich in alle Lebensbereiche ergoss, die völlige Gleichsetzung des bayerischen Staates mit der Partei und der Hochmut, mit dem man die eigenen Ziele zu Staatszielen umdefinierte, unerträglich geworden«[196]. Dies galt insbesondere für die BP, für die die Geringschätzung, mit der die CSU sie als ihren natürlichen Koalitionspartner behandelte, ein besonderes Ärgernis war.[197] Diesen Eindruck gab auch Carl Nützel unter der Überschrift »Schlaf der Gerechten« im MÜNCHNER MERKUR wieder:

»Verantwortliche Männer der Union legten seit der Wahl teilweise eine Arroganz und Unbelehrbarkeit an den Tag, die einfach nicht mehr zu begreifen ist. [...] Wenn man schon Dogmen in der Politik verteidigen oder verwirklichen will, muss man zumindest die politische Macht dazu haben. Aber die CSU ließ ohne Bedenken einen Grundsatz der politischen Dramaturgie außer Acht: die Beherrschung.«[198]

Und auch Paul Sethe fällte in der FRANKFURTER ALLGEMEINEN ZEITUNG ein vernichtendes Verdikt über die Verhandlungsstrategie der CSU:

»Auf jeden Fall bleiben die Münchner Vorgänge ein eindrucksvolles Beispiel für die Weisheit der uralten politischen Erfahrung, dass der Sieger seine Macht nicht missbrauchen soll, dass es gerade dem Starken gut ansteht, Entgegenkommen und Versöhnlichkeit zu zeigen.«[199]

Während die Viererkoalition also zunächst »auf der gemeinsamen Ablehnung des als überheblich empfundenen Machtanspruchs der CSU«[200] fußte, bildete die kulturpolitische Frontstellung – die »Abwehr wirklichkeitsfremder, insbesondere kulturreaktionärer Bestrebungen«[201] – eine weitere Klammer und überdeckte vorerst die Schmalheit des gemeinsamen ideologischen Fundaments der Regierungsparteien. Dies galt insbesondere für die FDP sowie die SPD und ihren Vorsitzenden Knoeringen, traf aber auch für den liberalen Flügel der BP[202] und den in der »Tradition des österreichisch-sudetenländischen Schulwesens«[203] stehenden GB/BHE zu. In der Unvereinbarkeit der kulturpolitischen Standpunkte von Koalitionsparteien und CSU sah demnach auch Winfried Martini in der ZEIT die Beweggründe für die Regierungsbildung:

»So haben sich im kulturpolitischen Bereich aus selbstverständlichen Gegensätzen nahezu totale Feindschaften entwickeln können. Sie erst bieten den Schlüssel zu der Entwicklung der letzten beiden Wochen.«[204]

Die für diese Entwicklung Hauptverantwortlichen waren, so Hans Henrich in seinem Kommentar »Politik der Stärke – danebengelungen« in der FRANKFURTER RUNDSCHAU, namentlich auszumachen:

»Gemäßigte und kluge Politiker, wie der langjährige Ministerpräsident Dr. Ehard oder Wirtschaftsminister Dr. Seidel, konnten das nach kulturpolitischen Taten lechzende Ungestüm der Hundhammer und Meixner nicht im Zaume halten.«[205]

Auch Herwig Weber ließ in der FRANKFURTER ALLGEMEINEN ZEITUNG unter der Überschrift »Die unheilige Allianz« keinen Zweifel an der Verantwortung Hundhammers für den Regierungswechsel: »Er hat dieses Ende gewiss nicht gewollt. Aber es war sein Werk.«[206] Und die Baseler NATIONALZEITUNG kam zu dem Schluss, »dass die Vorgänge in Bayern dem reaktionären Klerikalismus, für den der Name Hundhammer ein Symbol geworden ist, eine arge Niederlage bereitet haben«[207].

Dabei wurde die Viererkoalition »nicht nur als bayerisches Spezifikum verstanden und kommentiert«[208], sondern es wurde ihr eine Modellfunktion für künftige Länderregierungen und die Bundespolitik beigemessen.[209] So schrieb die Zürcher Tageszeitung DIE TAT unter der Überschrift »Das bayerische Erdbeben« am 13. Dezember 1954:

»Damit ist aber in die bisher starre, zwischen Bürgerblock und sozialistischer Opposition festgekeilte westdeutsche Politik ein Element der Bewegung hineingekommen, das man auch in Bonn verspüren wird. Wenn gestern zum erstenmal der freidemokratische Parteivorsitzende Dehler im Gegensatz zu seinen früheren Erklärungen damit drohte, dass seine Partei die Bundesregierung wegen der Meinungsverschiedenheiten über die Saar verlassen könnte, dann geht man wohl nicht fehl, wenn man in dieser schärferen Oppositionsstellung der bisherigen Regierungspartei schon eine Fernwirkung des bayerischen Bebens zu erkennen glaubt.«[210]

Und auch der RHEINISCHE MERKUR warnte: »Die sensationelle Regierungsbildung in Bayern ist ein Alarmsignal für die Bundesregierung.«[211] Statt der von ihr angesichts anstehender wichtiger außenpolitischer Entscheidungen erhofften Zweidrittelmehrheit unionsgeführter Länder waren infolge des Regierungswechsels in Bayern und durch den gleichzeitigen Verbleib der SPD in der Regierungsverantwortung für Hessen im Bundesrat Mehrheitsverhältnisse entstanden, die künftige Entscheidungen nicht mehr ohne weiteres im voraus kalkulierbar machten.[212]

Die Viererkoalition war unwidersprochen ein »kurios-widersprüchlicher Pakt«[213] und in den Augen vieler Beobachter der bayerischen Regierungsbildung eine Revolution in gesetzmäßiger Form. Die nicht zuletzt auch in der Forschung vielfach vorgebrachte Erklärung, die Einigung der vier Parteien sei durch die Ablehnung des hochfahrenden Machtanspruchs der CSU und durch das gemeinsame Eintreten für eine undogmatische Kulturpolitik gleichsam im Affekt zustandegekommen, greift allerdings zu kurz. Eine derartige Sichtweise lässt außer Acht, dass die zwischen der SPD und ihren bürgerlichen Koalitionspartnern strittigen Punkte – vor allem im Bereich der Außen- und der Wirtschaftspolitik – auf Länderebene keine herausragende Rolle spielten und darüber hinaus durch Konzessionen der SPD und entsprechende Vereinbarungen im Koalitionsvertrag ausgeräumt werden konnten. In der Vertretung föderalistischer Positionen gab es zwischen SPD und BP keine fundamentalen Unterschiede, und der Ministerpräsident selbst galt Regierungsparteien und Opposition gleichermaßen als Garant einer bayerisch-föderalistischen Politik[214], wie auch Paul Sethe in der FRANKFURTER ALLGEMEINEN ZEITUNG nach Abschluss der Koalitionsverhandlungen launig kommentierte:

»Den zukünftigen Ministerpräsidenten Hoegner kennt man schon von 1946 her als entschlossenen Föderalisten. Seine Handlungen machten damals den Eindruck, als seien die Vorfahren Hoegners auf einer weißblauen Schabracke in den vergangenen Jahrhunderten neben ihren Kurfürsten geritten, tapfer das Schwert für die bayerische Eigenstaatlichkeit schwingend.«[215]

Der Integrationsfähigkeit des Ministerpräsidenten kam ohne Zweifel eine wichtige Funktion zu[216], obgleich die Annahme, »dass nur die Person Hoegners das bunte Quartett zusammenhalten konnte«[217], weit überzogen sein dürfte. Darüber hinaus war natürlich das Zusammenspannen der bayerischen Heimat- und Traditionspartei BP mit der Vertriebenenpartei GB/BHE eine »Kuriosität«[218]. Allerdings sah man sich trotz gelegentlicher Friktionen nach vier Jahren gemeinsamer Landtagszugehörigkeit, in denen sich gegenseitiger Respekt bis hin zu freundschaftlichen Verhältnissen entwickelt hatte[219], wechselseitig nicht mehr als Erzfeind. Überhaupt scheinen die persönlichen Beziehungen zwischen den Abgeordneten der Koalitionsparteien, ohne dass man sie überbewerten wollte, dem Gelingen der Regierungsbildung nicht abträglich gewesen zu sein. In der politischen Einschätzung der Vertreibung hatte es zwischen den Vertriebenenpolitikern von SPD und GB/BHE seit jeher kaum Differenzen gegeben[220], und auch die »nicht mit bayerischem Stammesstolz belastet[e]«[221] FDP verfügte über gemeinsame Ansatzpunkte mit dem GB/BHE, die in den Folgejahren bei der Diskussion über die Bildung einer »dritten Kraft« noch deutlicher zutage treten sollten. Trotz alledem: Das die Parteien der Viererkoalition verbindende politische Fundament war von Anfang an schmal, und es sollte schon bald schweren Belastungen ausgesetzt werden.

Bayerische Wähler

habt Ihr das gewollt?

Unter den Augen Kurt Schumachers
wurde die widernatürliche Koalition SPD, BP, BHE, FDP geschlossen:
Von links nach rechts: Walter Stain (BHE), Dr. Baumgartner (BP), v. Knoeringen (SPD), Bezold (FDP)

72 Prozent der bayerischen Wähler haben sich am 28. November 1954 für die nichtsozialistischen Parteien und für eine nichtsozialistische Staatsführung entschieden. Mit 3 690 000 Stimmen und 83 Mandaten ist die CSU als weitaus stärkste Partei aus den Wahlen hervorgegangen; sie hatte die SPD, die 1950 die CSU an Stimmen überholt und an Mandaten erreicht hatte, mit 2 720 000 Stimmen und 61 Mandaten weit hinter sich gelassen. Die Bayernpartei erhielt 1 280 000 Stimmen und 28 Mandate. CSU und BP hatten also mit 111 von 204 Mandaten die absolute Mehrheit. Der Weg zur Koalition zwischen CSU und BP stand offen.

Die CSU hat aus diesem eindeutig bekundeten Wählerwillen die Folgerungen gezogen. Ihre Landtagsfraktion hat einmütig beschlossen, was die Wähler aus allen Landesteilen stürmisch forderten, eine sozialistenfreie Regierung zu bilden. Und nun geschah d a s U n g l a u b l i c h e : Die B a y e r n p a r t e i hat dies vereitelt, sie hat sich für eine Koalition m i t d e r S P D entschieden. Sie hat Bayern an die sozialistische Führung ausgeliefert.

Schon nach der Landtagswahl 1950 hat die CSU-Fraktion mit großer Mehrheit beschlossen, eine Koalition mit Bayernpartei und BHE einzugehen. Dr. Baumgartner, der Führer der Bayernpartei, hat sich damals durch seine Beleidigung aller Heimatvertriebenen im Deutschen Bundestag (so Bundestagspräsident Dr. Ehlers) unmöglich gemacht. Trotzdem hat die Bayernpartei die CSU vier Jahre lang wegen der dann notwendig gewordenen Koalition mit der SPD beschimpft und verlästert, hat immer wieder diese Koalition als widernatürliche Ehe, als Todsünde gegen Bayern bezeichnet.

1954 war durch den Wahlausgang die Möglichkeit gegeben, diese Koalition zu lösen und wieder geschah d a s U n e r h ö r t e : abermals hat die Bayernpartei es verhindert; sie hat die angebotene Hand der CSU zurückgestoßen und sich den Sozialisten an den Hals geworfen. Nur geschah es diesmal in einer besonders hinterhältigen Weise.

Baumgartner leugnete Absprache mit der SPD

Als die Bayernpartei am Dienstag, dem 7. Dezember, die ersten Verhandlungen mit der CSU begann — erst an diesem Tage um 10 Uhr konstituierte sich ihre Fraktion — hatte Dr. Baumgartner bereits in der Nacht vorher den Pakt mit der SPD abgeschlossen. Um 14 Uhr baten die beauftragten Unterhändler der CSU Dr. Baumgartner zu sich, um den Beginn der offiziellen Verhandlungen zu vereinbaren. Dr. Baumgartner hatte den t r a u r i g e n M u t , seine in der Nacht mit der SPD getroffene Vereinbarung einfach zu leugnen. „So viel Lüge, Täuschung und Betrug, wie ich in diesen Tagen erlebte, habe ich nie für möglich gehalten" — so sagte ein Mann der jetzigen Koalition.

Flugblatt der CSU vom Dezember 1954.

49

5. Exkurs: Die Parteireform der CSU[222]

Der Mitte der fünfziger Jahre einsetzende Aufstieg der CSU aus der Krise zur absoluten Mehrheit der Landtagsmandate ab 1962 und der Wählerstimmen ab 1966 hat vielfältige Ursachen. Zu nennen ist vor allem die Beteiligung der Partei an den entscheidenden Weichenstellungen in Bonn und in München nach Kriegsende, ebenso das gegen den Willen Adenauers von der CSU herbeigeführte Ausschalten der BP zunächst von der Regierungsbildung 1949[223], später dann als relevanter Faktor für die bayerische Politik schlechthin. Der wohl entscheidende Grund lag aber in der organisatorischen und programmatischen Modernisierung der Partei in der Zeit der Viererkoalition, die gleichzeitig auch ein Ende der innerparteilichen Konflikte mit sich brachte, die die Partei seit ihrer Gründung gelähmt hatten.[224]

In der CSU wurde die Bildung der Viererkoalition als »größte politische Niederlage in der bisherigen Geschichte der Partei«[225] aufgenommen und wesentlich der als ungeschickt empfundenen Verhandlungsführung Hans Ehards angelastet.[226] Diese allgemeine, gegen ihn gerichtete Stimmung – und weniger die offiziell als Beweggrund vorgegebene Unvereinbarkeit des Parteivorsitzes mit dem Amt des Landtagspräsidenten – war es, die Ehard resignieren ließ und ihn dazu bewog, in der Sitzung des Landesausschusses am 18. Dezember 1954 seinen Rücktritt als Vorsitzender der CSU bekanntzugeben.[227]

Über seine Nachfolge, für die Fritz Schäffer, Hanns Seidel und Franz Josef Strauß als Kandidaten genannt wurden, wurde auf einer für den 22. Januar 1955 nach München einberufenen außerordentlichen Landesversammlung entschieden. Nachdem ein vom Landesvorstand bereits akzeptierter Vorschlag Hundhammers, ein Viererdirektorium unter dem Vorsitz Schäffers und mit Eberhard, Seidel und Strauß als stellvertreten Vorsitzenden mit der Führung der Partei zu beauftragen, am Einspruch der Delegierten gescheitert war, zog Schäffer seine Kandidatur zurück. Bei der Wahl des Parteivorsitzenden obsiegte schließlich Seidel mit 380 Stimmen über Strauß, für den 329 Delegierte[228] votierten.[229]

Der Franke Seidel, »ein Mann mit hervorragender volkswirtschaftlicher und sozialwissenschaftlicher Ausbildung, der jeder großen Aktiengesellschaft als Jurist zur Zierde gereichen würde«[230], wie DER SPIEGEL wohlmeinend feststellte, war zuvor bereits zum Sprecher der Landtagsfraktion gewählt worden und damit neben Georg Meixner zum wichtigsten Mann in der Fraktion aufgestiegen.[231] Das Amt eines Sprechers war allerdings eher aus der Verlegenheit heraus geboren worden, da man in der Fraktion befürchtet hatte, der als Vorsitzender nicht zur Disposition stehende Meixner könnte allzu große Rücksichten auf seine Stellung als Prälat nehmen müssen und daher nicht mit der für einen Oppositionsführer gebotenen Härte gegen die Regierung vorgehen.[232]

Die Viererkoalition wurde zu einem zwangsläufigen »Wendepunkt in der Geschichte der CSU«[233]. Durch den Verlust der Regierungsmacht sah die Partei sich des Zugriffs auf den Staatsapparat und damit ihres organisatorischen Rückgrats beraubt. Unter dem neuen Parteivorsitzenden Hanns Seidel begann nun – gegen zum Teil »wütende Widerstände«[234] des traditionalistischen, konservativ-christlichen Flügels – »ein mehr oder weniger planmäßig aus dem Generalsekretariat der CSU heraus gesteuerter Umwandlungsprozess zu einer Massenpartei modernen Typs«[235]. Damit einher ging die Zurückdrängung des erzkonservativen, prononciert katholischen Parteiflügels, von dem in den Augen der Reformer nach wie vor die große Gefahr einer Einengung des überkonfessionellen Charakters der CSU und damit eines Rückfalls in die Tradition der BVP der Weimarer Republik ausging.[236]

Ein wichtiges Moment für die weitere Entwicklung der Partei war der Sieg der Reformer bei der Wahl der sieben weiteren Mitglieder des Geschäftsführenden Landesvorstands[237] am 4. Juli 1955. Dieser war bislang nach einem sorgfältig austarierten Interessenproporz besetzt worden.[238] Während Alfons Kreußel, Georg Meixner und Emil Muhler die Wiederwahl glückte und auch Hans Ehard auf Vorschlag Seidels in die engere Parteiführung zurückkehrte, scheiterten die bisherigen Mitglieder Michael Horlacher und Alois Hundhammer. Statt ihrer wurden neben der Vorsitzenden der Frauenarbeitsgemeinschaft, Zita Zehner, mit Franz Sackmann und Gerhard Wacher zwei Politiker gewählt, die den Reformkurs Seidels nachhaltig unterstützten. Gleichzeitig bedeutete die Niederlage Hundhammers und Horlachers »eine Ablösung der noch in den Traditionen der BVP verhafteten, konservativen Politikergarde«[239] und offenbarte die raumgreifende »stillschweigende Tendenz, die Exponenten einer betont konservativen Kulturpolitik zurückzudrängen«[240].

Die Schwächung der BVP-Traditionalisten im Geschäftsführenden Landesvorstand bereitete zugleich eine wesentliche organisationspolitische Entscheidung vor: Die Parteiführung kam überein, zum Zwecke der Reorganisation der Partei den in der Satzung vorgesehenen Posten eines Generalsekretärs zu besetzen. Diesem sollte beim Neuaufbau der Partei eine Schlüsselstellung zukommen, da er – im Gegensatz zum Landesgeschäftsführer – kein Verwaltungsangestellter war, sondern ein politisches Amt ausübte. Für den Posten des Generalsekretärs wurde von Seidel Friedrich Zimmermann in Aussicht genommen. Zimmermann, ein Freund und Vertrauter von Strauß[241], war 1952 für kurze Zeit als persönlicher Referent Josef Müllers im Justizministerium tätig gewesen und fungierte bereits seit dem 8. Januar 1955 als Hauptgeschäftsführer[242] der CSU. Bei der Sitzung des Landesvorstands am 22. Juni 1956 setzten sich die Reformer um Seidel mit ihrem Personalvorschlag gegen den Widerstand der Bezirksvorsitzenden durch, die durch einen Generalsekretär Einmischung in ihre Kompetenzen befürchteten. Zudem war deutliche Kritik an Zimmermanns Verhalten im Dritten Reich und an der Tatsache laut geworden, dass dieser eine evangelische, zudem geschiedene Frau geheiratet hatte.[243] Zimmermann, dessen Aufbauarbeit die CSU »einen bewundernswert schlagkräftigen und modernen organisatorischen Unterbau«[244] verdankt, »eine Organisation, ohne die die späteren riesigen Erfolge undenkbar gewesen wären«[245], wurde am 21. Dezember 1956 in das Amt des Generalsekretärs der CSU berufen.

Ansätze einer effektiven Organisationsstruktur hatte es bereits in der Gründungsphase der CSU gegeben. Sie waren jedoch infolge der innerparteilichen Auseinandersetzungen, nicht zuletzt aber durch die Vernichtung der finanziellen Basis durch die Währungsreform zerstört worden. Unter dem Vorsitz Ehards hatten dann erneut die »alten Vorstellungen der konservativen Kreise innerhalb der CSU von einer locker strukturierten Honoratiorenpartei nach dem Vorbild der ehemaligen BVP«[246] Oberhand gewonnen. Der Ministerpräsident hatte die CSU aus der Staatskanzlei heraus gesteuert und, möchte man einem Ondit des SPIEGEL glauben, in den mehr als fünf Jahren, in denen er als ihr Vorsitzender amtierte, die Parteizentrale nicht betreten.[247]

Zug für Zug verwirklichte Zimmermann nun sein Konzept einer modernen Parteiverwaltung, das er nach seiner Ernennung zum Hauptgeschäftsführer erarbeitet und am 4. Juli 1955 dem Landesvorstand vorgetragen hatte, und führte die CSU damit aus ihrem desolaten organisatorischen Zustand. Dieses Programm, das von der Überlegung ausging, die Partei sei »so zu erhalten und auszubauen, dass ihr Anteil am politischen Leben und Erfolg nicht durch die Wankelmütigkeit der öffentlichen Meinung gefährdet werden kann«[248], sah eine verstärkte Grundsatzdiskussion der politischen Ziele der CSU, eine verbesserte publizistische und propagandistische Darstellung der Partei in der Öffentlichkeit, den Ausbau der innerparteilichen Kommunikation und die Schulung der Mitglieder als Träger des Gedankenguts der Union, ferner die Heranbildung des Nachwuchses sowie die Gewinnung neuer Mitglieder und Wähler »als Kernstück der Organisationspolitik aller Generalsekretäre«[249] seit 1956 vor.

Die Verwirklichung dieser ehrgeizigen Ziele konnte nicht mit ehrenamtlich tätigen Mitgliedern, sondern nur durch einen hauptamtlichen Parteiapparat bewerkstelligt werden. Nach einer Personalerhöhung in der Landesgeschäftsstelle billigte der Geschäftsführende Landesvorstand am 13. Mai 1955 den Plan Zimmermanns, ein Netz von 47 Bundeswahlkreisgeschäftsstellen aufzubauen, die eine wesentlich straffere Organisation der Partei ermöglichen sollten.

Zudem fand eine Neugestaltung der Pressearbeit statt. Das traditionell gespannte Verhältnis der CSU zur Presse suchte Zimmermann durch die Berufung des Journalisten Hans Wüst zum Pressereferenten zu entkrampfen. Wüst übernahm zudem als Chefredakteur die redaktionelle Verantwortung für den am 3. Juni 1950 unter der Herausgeberschaft von Franz Josef Strauß und des damaligen Staatssekretärs im Verkehrsministerium, Lorenz Sedlmayr, erstmals erschienenen BAYERNKURIER, der beim Amtsantritt Seidels mit einer Auflage von nur 5.600 Exemplaren ein Schattendasein führte. Seidel wurde allerdings erst im Januar 1957 Mitherausgeber und gewann dadurch Einfluss auf das Blatt, dessen Auflage rasch erhöht werden konnte.

Die Reform der Partei während der Regierungszeit der Viererkoalition wurde mit der Neuformulierung des Grundsatzprogramms, das noch von 1946 stammte[250], abgeschlossen. Bereits am 13. Mai 1955 hatte Seidel im Geschäftsführenden Landesvorstand ein neues Programm angeregt. Alfons Kreußel, Emil Muhler und Heinz Lechmann erarbeiteten in der Folge einen Entwurf, der in der Landesversammlung vom 1. Juni 1957 in München im außenpolitischen Teil auf Anregung von Strauß geändert und anschließend ohne Gegenstimme und bei einigen Enthaltungen verabschiedet wurde. An der Formulierung des Grundsatzprogramms, das eine Abschwächung der Beto-nung des konfessionellen Standpunktes der CSU enthielt, zeigte sich deutlich der zunehmende Einfluss des liberalen Flügels um den Parteivorsitzenden Seidel und seine Stellvertreter Eberhard und Strauß.[251]

Mit dem neuen Grundsatzprogramm und den Maßnahmen im Bereich der Organisation der Partei war die Reform der CSU vor der Bundestagswahl 1957 zu einem vorläufigen Abschluss geführt worden. Erst infolge dieses Umwandlungsprozesses wandelte sich die CSU von »einer verstaubten Kirchenpartei zu einer modernen Volkspartei«[252] und konnte in der Folge eine dominierende politische Stellung in Bayern erringen, die bei der Landtagswahl 1974 mit 62,1 Prozent der Stimmen[253] ihren Höhepunkt erreichte und mit Einschränkungen bis heute gesichert werden konnte. Die Reformen während der Regierungszeit der Viererkoalition legten das Fundament für diesen Erfolg. Die Jahre in der Opposition waren somit für die CSU »höchst heilsam«[254].

II. Erfolge und Fehlschläge: Die Regierungspolitik der Viererkoalition

Die gemeinsamen politischen Ziele der Viererkoalition hatten die beteiligten Parteien am 10. Dezember 1954 in dem bereits skizzierten Koalitionsvertrag formuliert. In seiner ersten Regierungserklärung vor dem Bayerischen Landtag am 11. Januar 1955 präzisierte Ministerpräsident Wilhelm Hoegner das daraus resultierende Arbeitsprogramm seiner Staatsregierung.[1] Unter dem Gelächter der Opposition kündigte er an, die Koalition werde »über die heißen Eisen gehen, ohne sich die Fußsohlen zu verbrennen«[2].

An erster Stelle nannte der Ministerpräsident die Kulturpolitik sowie die Förderung von Forschung und Lehre und bekundete seine Hoffnung, dass durch die Viererkoalition nun »jene dringenden politischen Fragen einer Lösung näher gebracht werden, die in den letzten Jahren wegen unüberbrückbarer Meinungsverschiedenheiten innerhalb der damaligen Koalition zurückgestellt werden mussten«[3]. Die »Erziehung zum verantwortlichen Individuum im sozialen Leben«[4] als Voraussetzung für die Verwirklichung des in der Bayerischen Verfassung festgelegten Sozialstaatsprinzips[5] könne nur durch eine hochschulmäßige Ausbildung aller Lehrer, also auch der an den Volksschulen unterrichtenden, bewerkstelligt werden. Zugleich bekräftigte Hoegner den Willen der Koalition, »die Verfassungsbestimmungen über Bildung und Schule sowie die Vorschriften des Konkordats und der Kirchenverträge loyal durchzuführen«[6].

Als weiterer Schwerpunkt der künftigen Regierungsarbeit nannte der Ministerpräsident die Verwaltungsvereinfachung. Auch in der »Förderung des Wohnungsbaus schlechthin und des sozialen Wohnungsbaus im besonderen«[7] sah er eine vordringliche Aufgabe. Tragender Grundsatz der Wirtschaftspolitik, in deren Mittelpunkt »die stärkste Förderung des gewerblichen Mittelstandes«[8] stehen sollte, werde »die Erhaltung des Privateigentums und der Privatwirtschaft im Rahmen der Verfassungsbestimmungen«[9] sein. Hoegner führte aus, dass durch eine »vorausschauende Planung und Raumordnung«[10] die strukturellen Bedingungen sowohl der Wirtschaft als auch der Landwirtschaft wesentlich verbessert werden sollten. Nach seinem Bekenntnis zu einer fortschrittlichen Sozialpolitik, »die in Einklang stehen soll mit dem wachsenden Wirtschaftsertrag«[11], kam er auf die Finanzlage des Freistaats zu sprechen, für deren Entwicklung die finanziellen Beziehungen zwischen Bund und Ländern »von entscheidender Bedeutung«[12] seien. Der Ministerpräsident kündigte an, seine Regierung werde sich jeder Aushöhlung der föderalistischen Gliederung der Bundesrepublik widersetzen und sei entschlossen, »die Rechte Bayerns mit allem Nachdruck zu wahren«[13].

1. Die Bildungs- und Wissenschaftspolitik

a) Die Reform der Lehrerbildung

Das konfessionelle bayerische Volksschulwesen hatte in zwei Jahrhunderten bereits zahlreiche Reformvorhaben unbeschadet überstanden, als das Kabi-nett Hoegner am 14. Dezember 1954 seine Regierungstätigkeit mit dem Vor-satz aufnahm, den erratischen Block der Lehrerbildung von der Straße der baye-rischen Politik zu wälzen und in einem ersten Reformschritt die Lehrerbildung zu entkonfessionalisieren.[14]

Die Frage der Lehrerbildung wurde als Kernstück der Schulreform angese-hen; nach Auffassung der Katholischen Kirche stellte sie »die zentralste und entscheidendste des Schulwesens«[15] dar. Die Ausbildung der Volksschullehrer hatte in Bayern nach 1945 nahtlos an das vor 1933 praktizierte Modell ange-knüpft und erfolgte zunächst an 14 staatlichen und elf privaten Lehrerbildungs-anstalten, die auf dem siebten Volksschuljahr aufbauten und ihre Absolventen nach sechs Jahren ins Berufsleben entließen.[16] Die amerikanische Militärregie-rung hatte die Lehrerbildungsseminare jedoch am 25. Juni 1947 verboten, um die Staatsregierung vor vollendete Tatsachen zu stellen und so zu einer be-schleunigten Akademisierung der Lehrerbildung zu drängen.[17] Diese aber war der Verzögerungstaktik des Kultusministeriums zum Opfer gefallen, und so besuchten künftige Volksschullehrer seit 1948 eine Oberschule in Kurzform mit sieben Jahren Schulzeit, die auf dem sechsten Volksschuljahr aufbaute und gleichberechtigt neben die neunklassigen höheren Lehranstalten trat. An das Deutsche Gymnasium, so die seit 1954 gebräuchliche offizielle Bezeichnung, schlossen zunächst dreisemestrige, ab 1952 viersemestrige pädagogische Lehr-gänge an, in denen nach Bekenntnissen getrennt ausgebildet wurde. Die Aufsicht über die Institute für Lehrerbildung, wie die Lehrgänge seit 1954 offi-ziell genannt wurden, oblag den Oberstudiendirektoren der Deutschen Gym-nasien. Sie waren demnach keine selbstverwalteten Einrichtungen, sondern lediglich Anhängsel einer höheren Schule.

Bei allen bayerischen Parteien herrschte Einigkeit darüber, dass es sich bei den Instituten für Lehrerbildung nur um eine Übergangsregelung handeln konnte. CSU, SPD und BHE hatten daher eine grundlegende Reform der Leh-rerbildung bereits in ihrem Koalitionsvertrag von 1950 festgelegt.[18] Konkrete Vorschläge zu einer Neuordnung aber, wie sie in den 1952 vorgelegten Gesetz-entwürfen von CSU, SPD, BP und FDP unterbreitet worden waren, hatten auf-grund koalitionspolitischer Erwägungen nicht realisiert werden können. Be-reits damals hatte sich eine weitgehende Übereinstimmung der Regierungspar-teien SPD und BHE mit den Oppositionsparteien BP und FDP in schulpoliti-schen Fragen und damit eine Fronde der vier Parteien gegen den kulturpoliti-schen Rigorismus der CSU abgezeichnet.[19]

BLLV-Präsident Wilhelm Ebert (Mitte) mit Waldemar von Knoeringen, undatiert.

Zu Beginn der dritten Wahlperiode des Bayerischen Landtags stand die Reform des konfessionellen Volksschulwesens demnach noch immer auf der politischen Agenda des Freistaats. Für die unter kulturpolitischen Vorzeichen geschmiedete Viererkoalition war die Neugestaltung der Lehrerbildung eine Prestigefrage, deren Lösung sie zunächst mit großem Elan vorantrieb.[20]

Auf der Grundlage eines Entwurfs der – maßgeblich durch den BLLV beeinflussten – Arbeitsgemeinschaft bayerischer Lehrer- und Erzieherverbände vom 11. November 1951 einigten sich die Koalitionsparteien rasch auf einen Gesetzesantrag, der »ein sichtbares Zeichen für den neuen Geist der Koalition«[21] sein sollte. Der dem Landtag am 28. Januar 1955 zugeleitete Entwurf sah ein sechssemestriges wissenschaftliches Studium an simultanen Pädagogischen Hochschulen vor. Das Einschwenken auf die bis dahin nur von der CSU befürworteten pädagogischen Sonderhochschulen war auf eine Stellungnahme der bayerischen Universitäten zurückzuführen, die 1953 die Übernahme der Lehrerausbildung kategorisch abgelehnt hatten. Den einschlägigen Bestimmungen der Bayerischen Verfassung[22] sowie denen des Konkordats[23] und des Vertrags mit der Evangelisch-Lutherischen Landeskirche[24] suchte der Entwurf mit der Einrichtung konfessionell gebundener Lehrstühle für Religionslehre, Religionspädagogik und – durch einen Abänderungsantrag vom 16. Mai 1955 nachträglich hinzugefügt – konfessionelle Wertlehre Rechnung zu tragen.

Der Initiativantrag wurde in der achten Plenarsitzung am 16. Februar 1955 in erster Lesung beraten.[25] Seine Vorstellung wurde von heftiger Kritik der Opposition, von Vertretern der Amtskirche und katholischer Elternverbände begleitet. Ein Beispiel für die sich abzeichnende kulturkämpferische Stimmung war die unverhältnismäßige Kritik des Passauer Bischofs Simon Konrad Landersdorfer, der vor einer »Gefahr wie einst in den Tagen des unseligen Dritten Reiches«[26] warnte. Nach geringfügigen Abänderungen billigte der Landtag mit den Stimmen der Koalitionsfraktionen den Entwurf am 14. Juli 1955 in zweiter Lesung.[27]

Während die darauffolgenden Verhandlungen mit dem Landeskirchenrat der Evangelisch-Lutherischen Kirche, die auf Seiten der Staatsregierung vor allem von Fritz Koch und Hans Meinzolt geführt wurden, im Februar 1956 erfolgreich abgeschlossen werden konnten[28], zeigte sich in den Verhandlungen mit der Katholischen Kirche, dass »mit dem Heiligen Stuhl in der Schulfrage nicht gut Kirschen essen war«[29].

Kern der Auseinandersetzungen waren die divergierenden Ansichten von Staatsregierung und Heiligem Stuhl über die Auslegung von Artikel 5 des Konkordats[30] und damit über die Frage, ob die Lehrerbildung simultan erfolgen könne oder konfessionell getrennt vonstatten gehen müsse.[31] Die für den Fall einer Neuordnung der Lehrerbildung zugesicherten »istituti«[32] – der deutsche Vertragstext sprach von »Einrichtungen«[33] – waren nach kurialer Auffassung und der der CSU selbständige Anstalten für katholische Lehramtsstudenten.[34] Die Viererkoalition aber sah keinen Zwang zu vollkonfessionalisierten Ausbildungsstätten und vertrat die Ansicht, dass ihr Entwurf den Bestimmungen des Konkordats in vollem Umfang Rechnung trage, und verwies auf eine Erklärung der Regierung Held von 1925, derzufolge die deutsche Textfassung des Konkordats bei Auslegungsstreitigkeiten maßgebend sei.[35]

Die Katholische Kirche erteilte der Bayerischen Staatsregierung daraufhin eine unmissverständliche Kampfansage. Bereits am 8. Januar 1955 hatte der Vorsitzende der Bayerischen Bischofskonferenz, Joseph Kardinal Wendel[36], Hoegner mitgeteilt, dass er sich aufgrund einer Rundfunkrede Baumgartners zur Kulturpolitik außerstande sehe, am Neujahrsempfang des Ministerpräsidenten teilzunehmen. Dieser diplomatischen Ohrfeige folgte am 7. Februar 1955 eine Note des Apostolischen Nuntius in Deutschland, Erzbischof Aloysius Muench, in der die Staatsregierung darauf hingewiesen wurde, dass der Entwurf der Koalitionsparteien nicht mit dem Konkordat in Einklang stehe.

Auf diese nach Ansicht des Koalitionsausschusses »bedenkliche Einmischung in innere Verhältnisse«[37] reagierte die Staatsregierung in ihrer Note vom 9. Februar 1955 nur ausweichend. Eine abschließende Meinung über den Gesetzentwurf werde sie sich erst dann bilden können, wenn nach erfolgter zweiter Lesung des Entwurfs ein endgültiger Willensentscheid des Landtags vorliege. Zweifellos war durch den Notenwechsel jedoch die Taktik der Koalition

Alois Hundhammer als Schatten über Bayern und Symbol für die konfessionell geprägte Bildungspolitik der CSU auf einem Plakat der SPD zur Landtagswahl 1954.

durchkreuzt, durch die Vorlage eines Initiativantrags die Staatsregierung bis zur Verabschiedung des Entwurfs von Stellungnahmen gegenüber den Kirchen zu entbinden.

Der Auffassung der Staatsregierung widersprach die Apostolische Nuntiatur in ihrer Note vom 8. März 1955. Ein formeller Protest und die Forderung nach einer Korrektur des Gesetzes seien nur durch eine rechtzeitige Darlegung der Position des Heiligen Stuhls zu vermeiden. Von der Staatsregierung glaube man erwarten zu können, »dass diese den Landtag bereits im Stadium der Entstehung des Gesetzes auf die Rechtslage hinweist, nachdem der zur Behandlung stehende Gesetzentwurf erkennen lässt, dass die Antragsteller den Entwurf nicht mit dem Konkordat in Einklang gebracht haben«[38].

Die Antwortnote der Staatsregierung vom 11. März 1955 wies den Standpunkt der Apostolischen Nuntiatur erwartungsgemäß zurück. Mit der Weitergabe der beiden Noten an den Landtag »glaubt die Bayerische Staatsregierung im gegenwärtigen Zeitpunkt des Gesetzgebungsverfahrens alles getan zu haben, wozu sie nach Wortlaut und Sinn des Konkordats verpflichtet erscheint«[39].

Der Konflikt zwischen Katholischer Kirche und Bayerischer Staatsregierung erfuhr eine zusätzliche Verschärfung, als die Bayerische Bischofskonferenz auf ihrer Freisinger Tagung am 30. und 31. März 1955 eine Stellungnahme zur Diskussion um das Lehrerbildungsgesetz verabschiedete, in der sie davor warnte, dass »durch eine Fortsetzung des beschrittenen Weges auch in Bayern die Katholiken mit ihren Bischöfen schließlich zwangsläufig in einen Notstand versetzt würden«[40]. Der Ministerrat wies in einer Erklärung Inhalt und Wortwahl der bischöflichen Stellungnahme entschieden zurück.[41]

Das am 14. Juli 1955 beschlossene Gesetz übermittelte die Staatsregierung der Apostolischen Nuntiatur mit Note vom 26. Juli 1955 zur Stellungnahme. Diese führte in ihrer Antwortnote vom 20. Oktober 1955 aus, »dass der gegenwärtige Text so weit vom Wortlaut und Sinn der Vereinbarungen abweicht, dass er keine Grundlage für eventuelle Verhandlungen bieten kann«[42]. Mit der unbeantwortet gebliebenen Note vom 25. Oktober 1955, in dem die Staatsregierung die Apostolische Nuntiatur bat, ihre Rechtsauffassung im Einzelnen darzulegen, schloss der Notenwechsel ohne konkrete Ergebnisse.

Auch Vermittlungsversuche auf unterer diplomatischer Ebene schlugen fehl. Ein in Rom unternommener Vorstoß des Staatsrechtlers Hans Nawiasky, den die Staatsregierung für etwaig notwendig werdende Verhandlungen mit dem Heiligen Stuhl gewinnen hatte können, scheiterte ebenso wie die Bemühungen Joseph Baumgartners, auf dessen Initiative hin der ehemalige Sekretär Kardinal Faulhabers, Pfarrer Johannes Waxenberger, im Sommer 1956 in Castel Gandolfo beim deutschen Sekretär von Papst Pius XII., dem Jesuitenpater Robert Leiber, vorgesprochen hatte.[43]

Angesichts der starren Haltung der Katholischen Kirche, die sich nicht einmal zu der im Konkordat bei Auslegungsstreitigkeiten vorgesehenen freundschaftlichen Verständigung bereit finden wollte, weigerte sich Hoegner, das Gesetz zu unterzeichnen.[44] Auch die BP wollte es auf einen offenen Konflikt mit der Kirche nicht ankommen lassen.[45] Eine dritte Lesung hatte nach Hoegners Ansicht »unter den gegebenen Verhältnissen keinen Sinn«[46]:

»Ich kannte als bayerischer Politiker die Macht der Katholischen Kirche zu gut, um mich auf einen offenen Kampf mit ihr einzulassen. [...] So setzte ich den Heißspornen meinen entschiedenen Widerstand entgegen und erklärte, dass ich kein Gesetz unterschreiben würde, solange die Rechtsfrage nicht geklärt sei. Man gab mir widerstrebend nach, zumal es sich wohl auch die Bayernpartei auf dem flachen Lande nicht leisten konnte, den Vorwurf der Kirchenfeindlichkeit auf sich zu nehmen. So zerrann dieses mit so großen Hoffnungen begonnene Werk im Sande.«[47]

Damit war das wichtigste Gesetzgebungsvorhaben der Viererkoalition fehlgeschlagen und zugleich der CSU »ein außergewöhnlicher strategischer Erfolg«[48] beschieden. Nach dem Scheitern der Neugestaltung der Lehrerbildung drängte Kultusminister August Rucker auf die Verwirklichung möglicher Reformmaßnahmen. Zum 1. September 1956 wurde daher die Zahl der Institute für Lehrerbildung um elf auf 14 verringert. Eine vorläufige Institutsordnung und eine vorläufige Satzung für die Studierenden leiteten zeitgleich ihre Verselbständigung ein, die am 1. April 1957 abgeschlossen werden konnte. Zudem kam es zu einer partiellen Verbesserung der Lehrerbesoldung, die in den fünfziger Jahren einer der Hauptgründe für den Mangel an Volksschullehrern gewesen war.[49] Der kleinen Reform zum Trotz »blieben die Institute für Lehrerbildung eine die Nachwuchskrise begünstigende Notlösung und Bayern im Vergleich zu den übrigen Bundesländern das Schlusslicht in der Lehrerbildung«[50].

Der Viererkoalition war es nicht gelungen, die mit großem Engagement vorangetriebene Reform der Lehrerbildung zu einem Abschluss zu führen. Allerdings lastete der Reformdruck schwer auf der am 16. Oktober 1957 aus CSU, GB/BHE und FDP gebildeten Regierung Seidel, zumal die beiden Koalitionspartner der CSU nicht bereit waren, ihre Reformpläne ad acta zu legen, und mit Vehemenz auf eine Neugestaltung der Lehrerbildung drängten.

»Zermürbt von der jahrelangen fruchtlosen Auseinandersetzung«[51], billigte der Landtag schließlich am 2. Juni 1958 bei nur zwei Stimmenthaltungen eine von Hanns Seidel vorgelegte »geschickte, noch konservative Lösung«[52], die eine sechssemestrige Ausbildung an Pädagogischen Hochschulen mit Bekenntnischarakter vorsah. Konfessionsgebundene Lehrveranstaltungen waren nur in weltanschaulichen Grundsatzfächern vorgeschrieben. Eine Änderung des Konkordats sicherte den Kirchen ihren Einfluss auf die Lehrerbildung.[53]

Wilhelm Hoegner, nunmehr Oppositionsführer, kommentierte vor der Landeskonferenz der SPD in Hof am 21. Juni 1958:

»Wenn ich mir aber jetzt das Lehrerbildungsgesetz ansehe, das in den wichtigsten Bestimmungen besonders über die Universitätsbildung maßgebend durch uns Sozialdemokraten gestaltet wurde, wenn es auch nicht als sozialdemokratische Lösung angesehen werden kann, muss ich unwillkürlich sagen: ›Das hätte die Katholische Kirche auch von meiner Regierung haben können.‹ Dass man meiner Regierung verweigert hat, was man jetzt der Regierung Seidel zugesteht, erinnert an das alte römische Wort: ›Quod licet iovi, non licet bovi.‹«[54]

Eine gegen die Stimmen von SPD und FDP beschlossene vollständige Eingliederung der Pädagogischen Hochschulen in die Landesuniversitäten und in die Gesamthochschule Bamberg erfolgte erst 1972.[55] Der Weg für eine vollständige Simultanisierung der Lehrerbildung war zuvor durch einen von CSU, SPD und FDP gemeinsam getragenen Volksentscheid über die Einführung der Christlichen Gemeinschaftsschule in Bayern geebnet worden[56], dem die Wähler am 7. Juli 1968 mit 78,4 Prozent ihre Zustimmung erteilt hatten.[57]

b) Die Bayerische Landeszentrale für Heimatdienst

Noch in der Regierungszeit der Großen Koalition hatten sich die Ministerpräsidenten der Länder am 6. Februar 1954 auf die Errichtung von Landeszentralen für Heimatdienst nach dem Vorbild der bereits seit 1951 bestehenden Bundeszentrale verständigt. Die Bayerische Landeszentrale für Heimatdienst wurde am 11. November 1955 gegründet und der direkten Aufsicht der Staatskanzlei und damit des Ministerpräsidenten unterstellt.[58] Ihre Aufgabe sollte darin bestehen, »auf überparteilicher Grundlage das Gedankengut der freiheitlichdemokratischen Staatsordnung im Bewusstsein der Bevölkerung zu fördern und zu festigen«[59].

Während die Errichtung der Landeszentrale die ungeteilte Zustimmung aller im Landtag vertretenen Parteien fand, kam es über die Person ihres Leiters, Thomas Ellwein[60], zu heftigen Auseinandersetzungen.[61] Mit einer Streitschrift, die sich kritisch mit dem Einfluss des Klerikalismus auf die deutsche Politik beschäftigte, hatte Ellwein das Misstrauen der Opposition erregt. Diese hatte ihm zudem nicht verziehen, dass er bei den Verhandlungen über die Bildung der Viererkoalition im Auftrag des BLLV als Vermittler tätig gewesen und als Befürworter einer Ausschaltung der CSU von der Regierungsbildung hervorgetreten war.[62]

c) Die Akademie für Politische Bildung

Die Akademie für Politische Bildung – »ein Lieblingskind Waldemar von Knoeringens und seiner Kombattantin Hamm-Brücher«[63] – war die wesentlichste kulturpolitische Errungenschaft der Viererkoalition. Ziel dieser in Tutzing am Starnberger See beheimateten »Tagungs- und Begegnungsstätte für den Staatsbürger«[64] sollten die Förderung und Vertiefung staatsbürgerlicher Bildung auf überparteilicher Grundlage sein. Gründungsdirektor Felix Messerschmid hatte ihr darüber hinaus den »pontifikalen Auftrag«[65] zugeordnet, »eine Brücke zu schlagen zwischen Wissenschaft, zumal gesellschaftlich und politisch unmittelbar relevanter Wissenschaft, und Bildung und Erziehung, zumal Bildung und Erziehung nicht einer Elite, sondern [...] aller Bürger«[66].

In einer Regierungserklärung vor dem Bayerischen Landtag kündigte Ministerpräsident Hoegner am 17. Januar 1956 die Erarbeitung eines Gesetzes zur Errichtung einer Akademie für Politische Bildung an und verwies auf die Bedeutsamkeit des Projekts für die Verwurzelung des demokratischen Staatsgedankens: »Politische Erkenntnis kann nur durch politische Bildung gewonnen werden. Die Bildung eines politischen Bewusstseins der breiten Volksschichten ist eine Schicksalsfrage unserer Demokratie«[67]. Seine Hoffnung, die oppositionelle CSU zur Mitarbeit bewegen zu können, zerschlug sich bereits bei der ersten Lesung des Gesetzentwurfs am 24. April 1956. Nachdem Hildegard Brücher namens der Koalitionsfraktionen den aus der Feder Hans-Jochen Vogels[68] stammenden Entwurf vorgestellt hatte[69], konzedierte zwar der Sprecher der Opposition, Hanns Seidel, »dass die Grundidee, die dem Gesetzesantrag der Regierungsparteien zugrunde liegt, Zustimmung und Billigung verdient«[70], kritisierte aber zugleich aus finanziellen und organisatorischen Erwägungen heraus die Konzeption des Projekts. Die Meinungsverschiedenheiten entzündeten sich im Wesentlichen an der Frage, ob die von der Regierung geplante zentrale Akademie besser als Träger der politischen Bildung geeignet sei als der von der CSU favorisierte Zusammenschluss der freien, bereits bestehenden Bildungsträger.[71] Darüber entbrannte im Ausschuss für Kulturpolitische Angelegenheiten[72] und im Plenum des Landtags eine leidenschaftlich geführte Debatte, an deren Ende die CSU dem Gesetz ihre Zustimmung verweigerte.

Der schließlich mit den Stimmen der Koalitionsfraktionen in dritter Lesung am 30. Januar 1957 verabschiedete Entwurf sicherte der Akademie die Rechtsform einer Anstalt des öffentlichen Rechts und Selbstverwaltung zu und stellte ihr die zur Erfüllung ihrer Aufgaben notwendigen Haushaltmittel zur Verfügung. Der Grundsatz ihrer Überparteilichkeit fand im Vetorecht des Oppositionsführers bei der Berufung der Kuratoriumsmitglieder seinen nachhaltigsten Ausdruck.[73] Nachdem verschiedenen Einwänden des Senats durch den Landtag nur zum Teil Rechnung getragen worden war[74], trat das Gesetz am 27. Mai 1957 endgültig in Kraft. Die Akademie für Politische Bildung nahm im

Oktober 1958 ihre Arbeit auf und wurde am 21. Februar 1959 von Minister-präsident Seidel feierlich eröffnet.[75]

d) Moderne Bedarfsplanung: Der »Ruckerplan«

Dem weitgefächerten Feld der bildungs- und wissenschaftspolitischen Bemü-hungen der Viererkoalition ist der »Bedarfsplan für die Förderung der wissen-schaftlichen Forschung und Lehre und des wissenschaftlichen und technischen Nachwuchses und dessen vorbereitende Ausbildungsstufen in Bayern«, der nach Kultusminister August Rucker benannte »Ruckerplan»[76], zuzuordnen.

Dieser bundesweit erste Bedarfsplan zur Förderung der wissenschaftlichen Forschung und Lehre sowie des Schulwesens geht auf eine von Waldemar von Knoeringen angeregte Interpellation der SPD-Landtagsfraktion vom 28. Feb-ruar 1956 zurück, in der die Staatsregierung nach Maßnahmen zur Besei-tigung des Mangels an technischem Nachwuchs befragt wurde.[77] In der Be-gründung der Interpellation[78] stellte Knoeringen die Problematik in den Kon-text des Ringens zwischen Ost und West und führte aus, »dass es sich bei der Frage des technischen Nachwuchses um eine Angelegenheit von höchster poli-tischer Bedeutung handelt und dass von ihrer Lösung das politische Schicksal der westlichen Welt wesentlich mitbestimmt werden wird«[79]. Die Interpellation fand die Zustimmung aller Parteien, denn auch Prälat Meixner sah in der Frage des technischen Nachwuchses »ein lebenswichtiges Anliegen unseres ganzen Volkes, man kann sogar sagen, der ganzen westlichen noch freien Welt«[80]. Nach umfassender Aussprache wurde die Interpellation am 26. April 1956 zur weite-ren Beratung an die Ausschüsse für Wirtschaft und Verkehr sowie für Kultur-politische Angelegenheiten überwiesen[81], zudem im Plenum selbst wiederholt diskutiert, so etwa anlässlich einer Haushaltsrede Ruckers am 5. Juli 1956.[82]

Schließlich legte die Staatsregierung am 8. November 1956 den auf einen Zeitraum von zehn Jahren bemessenen »Ruckerplan« vor, als dessen Schwer-punkte die Förderung der Wissenschaft und der technischen Ausbildung sowie die der Schulen als vorbereitender Ausbildungsstufen genannt und dessen Ge-samtkosten auf 2,9 Milliarden Mark beziffert wurden[83] – bei einem jährlichen Haushaltsvolumen des Freistaats Bayern von rund drei Milliarden Mark. Finanzminister Friedrich Zietsch verband seine Skepsis über die Finanzier-barkeit mit einer Philippika über die Regelung des Finanzausgleichs zwischen Bund und Ländern, die seiner Auffassung nach geändert werden müsse, woll-ten die Bundesländer in der Lage sein, ihren kulturhoheitlichen Pflichten künf-tig nachzukommen.[84] Er griff damit Bedenken der CSU auf, die vor einem »Zahlenspiel der Phantasie«[85] warnte und gleichwohl die Diskussion in dem von ihr beantragten Ausschuss für die Ausarbeitung von Vorschlägen zur För-derung der Technik[86] fortsetzen wollte, dessen Einrichtung der Landtag am 6. Dezember 1956 bei nur einer Gegenstimme beschlossen hatte.[87]

Der »Ruckerplan«, gleichsam der »Königsgedanke der Koalition«[88], ordnete den Ländern die bildungspolitische Initiative zu und »nahm in kleiner Münze die Bildungsreformen der sechziger Jahre vorweg«[89]. Obgleich er aufgrund fehlender Haushaltmittel nur in Ansätzen verwirklicht werden konnte, machte er bundesweit Schule: Am 30. Januar 1957 konnte Rucker dem Landtag mitteilen, dass die Ständige Konferenz der Kultusminister auf sein Einwirken hin am 2. Dezember 1956 die Erstellung von Bedarfsplänen in allen Bundesländern beschlossen habe.[90]

e) Der Wissenschaftsrat

Der »Ruckerplan« brachte Bewegung in die Bildungspolitik der Länder und führte schließlich zu dem von Knoeringen bereits bei der Begründung der Interpellation zum technischen Nachwuchs angeregten Verwaltungsabkommen zwischen Bund und Ländern über die Bildung einer deutschen Kommission zur Förderung der Wissenschaften und damit zur Einrichtung des Wissen-schafts-rates.[91]

Das Kernproblem moderner Bildungsplanung aus Sicht der Länder war der erhebliche Finanzierungsbedarf, der nur durch Mittel aus dem Bundeshaushalt sichergestellt werden konnte. Wollten die Bundesländer diese in Anspruch nehmen, begaben sie sich bayerischen Befürchtungen zufolge in die Gefahr, einer Aushöhlung der Kulturhoheit der Länder durch bildungszentralistische Tendenzen Vorschub zu leisten. Zur Auflösung dieses Gegensatzes schlug Wilhelm Hoegner in einem Schreiben an die Ministerpräsidenten vom 16. April 1956 »eine Reihe von Maßnahmen zur Förderung des technischen Nachwuchses vor, die besonders auf den planmäßigen Ausbau der Ingenieurschulen und eine Verstärkung der dafür notwendigen Haushaltmittel abzielten«[92]. Einen entsprechenden Antrag Hoegners verabschiedete die in Bad Pyrmont tagende Ministerpräsidentenkonferenz am 3. Mai 1956.[93]

Durch diesen Zwischenerfolg bestärkt, wandte Hoegner sich am 3. Dezember 1956 erneut an seine Kollegen in den Ländern und unterbreitete ihnen den Vorschlag, auf die Tagesordnung der nächsten Konferenz neben die Frage des technischen Nachwuchses auch die der Finanzierung der wissenschaftlichen Forschung durch Bundesmittel zu setzen. Seinem Schreiben fügte er den Entwurf eines Verwaltungsabkommens zwischen Bund und Ländern über die Bildung einer deutschen Kommission zur Förderung der Wissenschaften bei. Dieser Entwurf, der unter maßgeblicher Mitwirkung Waldemar von Knoeringens in der Georg-von-Vollmar-Schule der SPD in Kochel entstanden war[94], wurde am 28. Februar 1957 von der Ministerpräsidentenkonferenz in Wiesbaden angenommen und von Konrad Adenauer und den Vertretern der Länder am 5. September 1957 unterzeichnet.[95] In seiner Ansprache, in der er auf die Initiative Bayerns und namentlich Hoegners verwies[96], ordnete der Bundes-

Unterzeichnung des von Wilhelm Hoegner initiierten Verwaltungsabkommens der Länder zur Förderung der Wissenschaft und zur Gründung eines Wissenschaftsrates am 5. September 1957 in Bonn.

kanzler dem Wissenschaftsrat die Aufgabe zu, »einen Gesamtüberblick über die wissenschaftliche Arbeit in der Bundesrepublik zu geben und den Regierungen von Bund und Ländern Vorschläge für die Förderung der Wissenschaft [zu] unterbreiten«[97].

Mit der Einrichtung des Wissenschaftsrates war es gelungen, den »provinzialistischen Länderegoismus zu durchstoßen«[98]. Er sollte demnach »ein Instrument des kooperativen Föderalismus und zugleich eines der Politikberatung«[99] sein und darüber hinaus zum »Symbol der Möglichkeiten«[100] für die Zusammenarbeit von Bund und Ländern werden. Hoegner kommentierte in der Retrospektive seiner Memoiren zufrieden: »Bayern war in Deutschland wieder einmal vorangegangen.«[101]

f) Max-Planck-Institute und zivile Atomforschung

Das Fundament des Wissenschaftsstandorts Bayern wurde in der Regierungszeit der Viererkoalition gelegt. Gerade die Entwicklung des Münchner Raumes zum bevorzugten Standort der Max-Planck-Gesellschaft (MPG) nahm unter Ministerpräsident Hoegner ihren Ausgang und fand unter seinen Nachfolgern ihre Fortsetzung. Das Max-Planck-Institut für Psychiatrie war bereits seit 1917 in München beheimatet. Ihm folgten die Institute für Physik und Astrophysik (1955), für Biochemie (1956), für Eiweiß- und Lederforschung (1957), für Verhaltensphysiologie (1958), für Zellchemie (1958), für Plasma-Physik (1960), für extraterrestrische Physik (1963) und zur Erforschung der Lebensbedingungen der wissenschaftlich-technischen Welt (1968), die in München oder nahe der Landeshauptstadt in Garching und Starnberg siedelten. In den Instituten wirkten Wissenschaftler von Weltruf wie Adolf Butenandt, Jürgen Habermas, Werner Heisenberg, Erich von Holst, Konrad Lorenz, Reimar Lüst, Feodor Lynen oder Carl Friedrich von Weizsäcker. Zudem bezog Butenandt, nachdem er 1961 zum Präsidenten der MPG gewählt worden war, sein Büro in der Münchner Residenz und verlegte bis 1968 alle Abteilungen der Generalverwaltung von Göttingen nach München.

Bereits 1953 hatte der damalige Wirtschaftsminister Hanns Seidel dem Ministerrat von einem Plan der Atomkommission berichtet, unter der Leitung von Heisenberg nahe München einen Kernreaktor zu bauen und das Max-Planck-Institut für Physik und Astrophysik von Göttingen nach München zu verlegen.[103] Wilhelm Hoegner, der in der friedlichen Nutzung der Kernenergie eine probate Möglichkeit für eine Beschleunigung der Industrialisierung Bayerns sah, griff diese Anregung kurze Zeit nach dem Regierungswechsel erneut auf und führte am 11. Juli 1955 im Ministerrat den Beschluss über die Gründung einer Bayerischen Atomkommission für die friedliche Nutzung der Atomenergie unter seinem Vorsitz herbei.[104] Zuvor hatte der Ministerrat bereits neun Millionen Mark für den Ankauf eines Reaktors bewilligt.[105]

Nachdem Bundeskanzler Adenauer am 15. August 1955 in einem Schreiben an die Bayerische Staatsregierung die Errichtung des Reaktors und die Verlegung des Max-Planck-Instituts in Aussicht gestellt hatte, suchte Hoegner Heisenberg persönlich in seinem Urlaubsort am Walchensee auf, um ihn für eine Fortsetzung seiner Forschungen in Bayern zu gewinnen.[106] Heisenberg, beeindruckt vom Interesse des Ministerpräsidenten, sicherte seine Unterstützung zu.[107] Daraufhin beschloss der Senat des Max-Planck-Instituts für Physik und Astrophysik am 11. Oktober 1955 seine Verlegung nach München.[108]

Für die Errichtung des Reaktors hatte der zum Bundesminister für Atomfragen avancierte Franz Josef Strauß Hoegner finanzielle Hilfen des Bundes in Aussicht gestellt.[109] In der Sitzung der Atomkommission am 6. Juni 1956 wies Strauß auf die Möglichkeit hin, einen Lehrreaktor in den USA anzukaufen.[110]

Wilhelm Hoegner am 9. September 1957 mit dem ersten aus den USA eingetroffenen Uranstab für den Lehrreaktor Garching.

»In diesem Augenblick greift Hoegner zum allzeit paraten Notizbuch, schmunzelt, macht ein paar Notizen und ist bald wieder ganz Ohr. Ende des Referats. Gedämpfter Beifall, wie er in einem so erlauchten Kreis üblich ist. Schon wird ein Fenster geöffnet und der Verkehrslärm dringt von der Prinzregentenstraße in den Ministerratssaal.

Ein Wink des Ministerpräsidenten. Das Fenster wird geschlossen. Die meisten Kommissionsmitglieder stoppen die Unterhaltung und blicken zu Dr. Hoegner, der nach vorn zum Rednerpult gegangen ist und – mit dem Zeigefinger deutend – halblaut zu zählen beginnt. Bei ›neun‹ hört er auf. ›Meine Herren‹, ist nun seine Stimme zu vernehmen, ›meine Herren, darf ich einen Augenblick um Gehör bitten. Ich habe soeben festgestellt, dass mehr als die Hälfte der Kabinettsmitglieder anwesend ist. Damit ist der Ministerrat beschlussfähig.‹ Kleine Pause. ›Hiermit eröffne ich eine außerordentliche Sitzung des Ministerrates. Einziger Tagesordnungspunkt: Ankauf des Lehrreaktors. Ist jemand dagegen? Dies ist nicht der Fall. Ich danke Ihnen für den Beschluss. Die außerordentliche Sitzung des Ministerrats ist geschlossen.‹

Einige Sekunden ist Stille im Raum. Vor allem die Männer der Wirtschaft sind verblüfft, dass auch eine Staatsbehörde so schnell Entschlüsse fassen kann. Dann aber brandet lauter Beifall auf.«[111]

In einer Weise, die Zeugnis ablegt für das »resolute Eintreten der Regierung Hoegner zugunsten der Atomforschung«[112], beschloss das Kabinett somit am 6. Juni 1956 den Ankauf eines Swimmingpool-Reaktors für das Institut von Professor Heinz Maier-Leibnitz an der Technischen Hochschule München und beauftragte Maier-Leibnitz, zusammen mit Rucker und Strauß die Kaufverhandlungen in den Vereinigten Staaten zu führen.[113]

Die Inbetriebnahme des Reaktors drohte kurz vor seiner Fertigstellung zu scheitern, als der Deutsche Bundestag nach heftigen Diskussionen über die atomare Bewaffnung der Bundeswehr am 3. Juli 1957 das von der Bundesregierung vorgelegte »Gesetz zur Regelung der friedlichen Kernenergienutzung« verwarf. Als »Notmaßnahme für Garching«[114] verabschiedete der Ministerrat daraufhin am 4. Juli 1957 das »Gesetz zur vorläufigen Regelung der Errichtung und des Betriebs von Kernreaktoren«[115], das der Landtag fünf Tage später um den Zusatz »und der Anwendung radioaktiver Isotope« ergänzte und ohne Gegenstimme annahm.[116] Die »lex Garching« setzte die Bestimmungen des Gesetzes Nr. 22 der Alliierten Hohen Kommission außer Kraft und blieb bis zum 7. Dezember 1959 geltendes Recht.[117] Die damit sichergestellte Inbetriebnahme des vom späteren bayerischen Kultusminister Hans Zehetmair als »Leuchtturm der Technologieentwicklung in Bayern«[118] apostrophierten Reaktors läutete das Atomzeitalter in Bayern ein und markiert zugleich den Beginn der Atomforschung in der Bundesrepublik.

g) Exkurs: Der »Montagskreis« um Waldemar von Knoeringen

Die maßgeblichen kulturpolitischen Impulse auf die Regierungsarbeit gingen zweifellos von Waldemar von Knoeringen aus. In der Viererkoalition sah er vor allem anderen »eine Handhabe zur Erreichung wichtiger kulturpolitischer Ziele«[119]. Innerhalb der SPD hatte er seit seiner 1947 erfolgten Wahl zum Landesvorsitzenden beständig den Wandel der Partei »von der intellektuell ignoranten Kleine-Leute-Partei zum Magneten für Schriftsteller und Künstler«[120] vorangetrieben.[121] Mittels einer sozialdemokratisch geführten Staatsregierung wollte Knoeringen seine bildungspolitische Konzeption realisieren, »Licht übers Land« bringen und damit langfristig einen Prozess politischer Umorientierung in Gang setzen.

Waldemar von Knoeringen hatte »die seltene Gabe, in allen politischen Lagern junge Nachwuchspolitiker zu entdecken, sie zusammenzubringen, zu begeistern und an die Arbeit zu bringen«[122]. Der daraus entstandene »Montagskreis« – Hildegard Hamm-Brücher spricht in ihren Memoiren von einem »Talentschuppen«[123] – traf sich jeden Montag auf »neutralem Boden« in der Geschäftsstelle des BLLV am Münchner Bavariaring. Ihm gehörten vornehmlich Politiker aus den Reihen oder dem Umfeld der Sozialdemokratie an: Knoeringen als »Lehrmeister, Inspirator und Koordinator«[124], zudem der Journalist

Johannes Pfefferkorn, der Landtagsabgeordnete und spätere Oberbürgermeister der Stadt Regensburg, Rudolf Schlichtinger, und der mit der Bereinigung des bayerischen Landesrechts betraute Hans-Jochen Vogel. Aber auch Wilhelm Ebert, als Vorsitzender des BLLV Hausherr und Gastgeber der Runde, die FDP-Politikerin Hildegard Brücher, der Leiter der Landeszentrale für Heimatdienst, Thomas Ellwein, sowie der nachmalige Kanzler der Ludwig-Maximilians-Universität München und Generalsekretär des Wissenschaftsrates, Karl-Gotthart Hasemann, gehörten dem »Montagskreis« an.[125] »In vergnüglichen abendlichen Runden«[126] debattierte man bei »Bier und Käsegebäck«[127] über die Grundsatzfragen der Demokratie und entwarf »Konzepte zur politischen Bildung, zur Demokratisierung von Schule und Gesellschaft, zur Überwindung der technisch-naturwissenschaftlichen Defizite«[128].

2. Territoriale und staatspolitische Fragen

a) Die Rückkehr Lindaus[129]

Mit der Proklamation Nr. 2 hatte die amerikanische Militärregierung am 19. September 1945 in ihrer Besatzungszone die Länder Bayern, Groß-Hessen und Württemberg-Baden geschaffen. Bayern war durch sie als »ganz Bayern, wie es 1933 bestand, ausschließlich des Kreises Lindau«[130] definiert worden. Die Bodenseestadt Lindau und ihr Umland waren unter formeller Aufrechterhaltung der Zugehörigkeit zum Freistaat der französischen Besatzungszone angegliedert worden, da nur so die gewünschte Landverbindung mit der französischen Besatzungszone in Österreich herzustellen gewesen war. Der Bayerische Kreis Lindau erhielt einen Sonderstatus: An seiner Spitze stand ein Kreispräsident, der die Staatsgewalt ausübte und de facto über die Befugnisse eines Ministerpräsidenten verfügte.

Nachdem Lindau zwischen 1945 und 1949 durch zahlreiche organisatorische und verwaltungstechnische Verbindungen innerhalb der französischen Besatzungszone mit Württemberg-Hohenzollern verknüpft worden war, vollzog sich nach der Gründung der Bundesrepublik die schrittweise Reintegration nach Bayern. Sie war nicht nur das Anliegen der bayerischen Gouvernementalen Ehard und Hoegner, die Lindau seit 1946 wiederholt besucht und dadurch seine Zugehörigkeit zum Freistaat dokumentiert hatten, sondern entsprach auch dem Willen der Bevölkerung. Gerade der seit 1946 amtierende Kreispräsident Anton Zwisler, im Volksmund aufgrund seiner starken politischen Stellung »König Anton I.« genannt, hatte »an der Rückkehr dieses schönen Zugangs Bayerns zum ›Schwäbischen Meer‹ ein großes Verdienst«[131].

Doch erst die wiedergewonnene Souveränität der Bundesrepublik durch die Aufhebung des Besatzungsstatuts am 5. Mai 1955 schuf die Voraussetzungen für eine endgültige Rückkehr Lindaus. Am 12. Juli 1955 beschloss der Landtag einstimmig das Inkrafttreten des »Gesetzes über den Bayerischen Kreis Lindau« und damit die volle Wiedereingliederung des Gebiets nach Bayern zum 1. September 1955.[132]

b) Die Pfalzfrage[133]

Während Bayern durch die Rückkehr Lindaus seinen rechtsrheinischen Besitzstand behaupten konnte, scheiterte der Versuch, die linksrheinische Pfalz zurückzugewinnen.[134] Die Bindungen zwischen Bayern und der Pfalz waren allerdings durch die Veränderungen, denen die pfälzische Verwaltungsstruktur in der Zeit des Nationalsozialismus unterworfen gewesen war, bereits wesentlich gelockert, als die Pfalz 1945 der französischen Besatzungszone zugeschlagen und mit Verordnung Nr. 57 des Militärgouverneurs Pierre Koenig vom 30. August 1946 dem neugegründeten Staat Rheinland-Pfalz angegliedert wurde.

Jede bayerische Regierung nach 1945 suchte deklamatorisch und durch konkretes Handeln, so etwa mit Nahrungsmittelhilfen während der Ernährungskrise des Jahres 1946, die Verbindungen zur Pfalz wachzuhalten.[135] Waren diese anfänglichen Bemühungen noch durch die Zurückhaltung geprägt, die die Staatsregierung sich aufgrund ihrer starken Abhängigkeit von der amerikanischen Besatzungsmacht auferlegen musste, so leitete Ministerpräsident Hans Ehard mit einer Rede vor dem Bayerischen Landtag am 30. Juli 1948 die Wende ein und eröffnete den propagandistischen Kampf um die Pfalz.[136] Am 10. März 1950 beschloss der Landtag einstimmig die Einsetzung eines Ausschusses Bayern-Pfalz unter dem Vorsitz von Wilhelm Hoegner. Höhepunkte seiner Aktivitäten waren die alljährlich stattfindenden Pfalzfahrten, bei denen es sich um »publizistisch groß in Szene gesetzte Informationsreisen, Besichtigungen, Heimatabende, Gespräche«[137] mit dem Ziel handelte, in der Pfalz eine positive Grundstimmung für eine Rückkehr zu Bayern herbeizuführen. Die Fahrten, an denen sich auch der Bayerische Senat beteiligte, wurden von der rheinland-pfälzischen Landesregierung unter Ministerpräsident Peter Altmeier (CDU) als Provokation aufgefasst und mündeten 1953 in einen scharfen Briefwechsel zwischen Altmeier und Landtagspräsident Hundhammer, dessen Ton die SÜDDEUTSCHE ZEITUNG an »eine außenpolitische Note, mit der eine Regierung einem angriffslustigen Nachbarstaat unmittelbar vor Kriegsausbruch noch einmal diplomatisch begegnet«[138], erinnerte. Der Ausschuss Bayern-Pfalz bestand bis 1959, seine Aufgaben übernahm nach seiner Auflösung der Ältestenrat.[139]

Hauptträger der Agitation für eine Wiedervereinigung mit Bayern waren die parteiübergreifenden Pfalzverbände, deren Aktivitäten aus der Bayerischen Staatskanzlei heraus gesteuert und anfänglich auch finanziell gefördert wurden.

Bereits 1948 hatte sich ein Vorläufiger Ausschuss zur Vertretung Bayerischer Interessen in der Pfalz konstituiert. Ihm folgte 1949 der Bund Bayern und Pfalz mit Sitz in Ludwigshafen, dem zunächst der CDU-Landtagsabgeordnete Max Schuler und später der SPD-Bundestagsabgeordnete Max Seither vorstand und dessen Verwaltungskosten – bis 1956 immerhin rund 600.000 Mark – im Wesentlichen vom Freistaat Bayern getragen wurden.[140] Publizistisches Sprachrohr der Bewegung war die STIMME DER PFALZ mit einer Auflage von 15.000 Exemplaren. Auf bayerischer Seite erwuchs aus dem Ausschuss Bayern-Pfalz, der sich am 3. November 1948 »als Gegenstück zu dem in Ludwigshafen bereits bestehenden Vorläufigen Ausschuss«[141] konstituiert hatte, der Landesverband der Pfälzer im rechtsrheinischen Bayern unter dem ehemaligen Regierungspräsidenten von Speyer, Ludwig Osthelder. Am 21. März 1950 wurde schließlich der Bund der Pfalzfreunde in Bayern gegründet, dessen Vorsitz der damalige Landtagspräsident Georg Stang übernahm und in dem 1954 106 bayerische Landkreise und 1.000 Städte und Gemeinden als korporative Mitglieder vertreten waren. Die bayerischen Pfalzaktivisten rekrutierten sich vorwiegend aus der älteren Beamtenschaft, die jüngere Generation hingegen fühlte sich von den historischen Reminiszenzen kaum mehr angesprochen.

Erst mit der Erlangung der Souveränität der Bundesrepublik am 5. Mai 1955 fielen die Barrieren, die einem Volksbegehren über die Zugehörigkeit der Pfalz gemäß Artikel 29 des Grundgesetzes entgegengestanden waren.[142] Im Vorgriff auf sein Inkrafttreten hatte die Bundesregierung bereits am 15. Januar 1952 einen Sachverständigenausschuss berufen, der die territoriale Neugliederung des Bundesgebiets durch ein Gutachten vorbereiten sollte. Der 40 Persönlichkeiten aus Politik und Wissenschaft umfassende Ausschuss stand unter dem Vorsitz des ehemaligen Reichskanzlers Hans Luther, der bereits 1928 an der Spitze des Bundes zur Erneuerung des Reiches für eine territoriale Reichsreform eingetreten war.[143] Nachdem der Ausschuss sich vor Ort in Bayern und Rheinland-Pfalz kundig gemacht und von beiden Länderregierungen umfangreiche Dokumentationen[144] erhalten hatte, legte er 1955 ein ausführliches Gutachten vor, in dem er zu dem Ergebnis kam, dass die Richtbegriffe des Art. 29 GG »in der Mehrzahl weder eindeutig für die Aufrechterhaltung noch gegen die Existenz des Landes Rheinland-Pfalz«[145] sprächen. Der Ausschuss gab sieben Lösungsvorschläge für die Zukunft des Landes vor, darunter die Angliederung der Pfalz an Bayern. Obwohl er »zahlreiche Beziehungen zwischen Bayern und der Pfalz, die sich aus der staatlichen Zusammengehörigkeit in den rund 150 Jahren bis 1945 ergeben haben, namentlich solche landsmannschaftlicher und kultureller Art«[146] konstatierte, kam er in seiner Gesamtbewertung zu dem Ergebnis, die Bindungen seien »nicht so stark, dass diese es von sich aus, also aus Art. 29, rechtfertigen würden, die Pfalz aus ihrer eigentlichen Umwelt, dem mittelwestdeutschen Raum, herauszulösen«[147].

Am 10. Mai gab Ministerpräsident Hoegner im Landtag eine Erklärung ab, in der er den Rechtsanspruch Bayerns auf die Rückkehr der Pfalz erneuerte und Bundesregierung, Bundestag und Bundesrat aufforderte, durch den Erlass eines Bundesgesetzes über Volksbegehren und Volksentscheid gemäß Art. 29 Abs. 6 GG die rechtlichen Grundlagen für die Durchführung eines Volksbegehrens in der Pfalz zu schaffen.[148] Nachdem der Bundesgesetzgeber dem nachgekommen war, stellte der Bund Bayern und Pfalz am 26. Januar 1956 beim Bundesinnenministerium den Antrag auf Zulassung eines Volksbegehrens, das die Wiedervereinigung der Pfalz mit Bayern zum Ziel hatte. Neben den Befürwortern eines Anschlusses der Pfalz an Bayern hatte jedoch auch der 1949 gegründete Verein Kurpfalz ein Volksbegehren beantragt. Die Gruppe um den Mannheimer Oberbürgermeister Helmut Heimerich und den Bundestagsabgeordneten Friedrich Wilhelm Wagner (beide SPD) sprach sich für die Wiederherstellung der territorialen Einheit der Pfalz links und rechts des Rhein aus und erstrebte den Anschluss an Baden-Württemberg. Darüber hinaus gefährdeten drei weitere Volksbegehren in den Regierungsbezirken Montabaur und Rheinhessen sowie Koblenz und Trier die territoriale Integrität und damit die Zukunft des Landes Rheinland-Pfalz.

Die unter dem Wahlspruch »Bayern ruft die Pfalz« stehende bayerische Propaganda für das Volksbegehren »lebte überwiegend von historischen und weißblauen patriotischen Bezügen«[149]. Konkrete Zusagen für eine weitgehende Selbständigkeit der Pfalz innerhalb des bayerischen Staatsverbands machte Ministerpräsident Hoegner am 31. Januar 1956 in einer Erklärung vor dem Bayerischen Landtag.[150] Sein einmütig gebilligtes und mit dem Ausruf »Bayern hat die Pfalz nie vergessen!« beschlossenes »Pfalzmanifest« sah ein Sonderministerium für die Pfalz, die Ernennung des Regierungspräsidenten auf Vorschlag des pfälzischen Bezirkstags, den Fortbestand der Behörden- und Gerichtsorganisation sowie der pfälzischen Sondereinrichtungen und die Übernahme aller Staatsdiener, die besondere Berücksichtigung der Pfalz bei der Vergabe staatlicher Aufträge und Leistungen, die Verwendung der in der Pfalz anfallenden Landessteuern ausschließlich für die Pfalz und ferner den Fortbestand der kulturellen Einrichtungen und der kulturpolitischen Bestimmungen vor.[151]

Zwischen dem 9. und dem 22. April 1956 trugen sich 58.212 Personen (7,6 Prozent) in die Listen für Bayern ein. Für den Anschluss an Baden-Württemberg votierten 71.428 Wahlberechtigte (9,3 Prozent).[152] Da allerdings ein Quorum von zehn Prozent für die Zulassung eines Volksentscheids notwendig gewesen wäre, scheiterten beide Begehren. Die STIMME DER PFALZ konnte nur noch das »staatspolitische Versagen«[153] der Pfälzer konstatieren, und DER SPIEGEL höhnte: »Die bayerische Blamage in der Pfalz konnte nicht kompletter ausfallen.«[154] Während die Staatsregierung und die bayerischen Parteien das Ergebnis bedauernd zur Kenntnis nahmen, erhob der Bund Bayern und Pfalz aufgrund der erschwerten Bedingungen, unter denen das Volksbegehren in vielen Orten der Pfalz durchgeführt werden musste, Einspruch beim Deutschen Bundestag. Dieser wies die Eingabe am 29. August 1957 zurück, und auch eine Beschwerde beim Bundesverfassungsgericht wurde 1960 abgewiesen.

Die Ursachen für das Scheitern sind vielfältig. Von der Opposition wurde sogleich darauf verwiesen, dass die Viererkoalition die Verantwortung am mangelnden Engagement des Klerus in der Pfalz und damit am Fehlschlagen des Volksbegehrens trage.[155] Diesen Vorwurf wies Hoegner mit aller Entschiedenheit in einer Erklärung zum Ausgang des Volksbegehrens zurück.[156] Obgleich die kirchlichen Kreise sich spürbar zurückhielten, dürfte dieser Grund keineswegs ausschlaggebend gewesen sein, zumal in der Pfalzfrage parteiübergreifende Einmütigkeit in der bayerischen Politik bestanden hatte. Wesentlich war wohl, »dass sich die bayerisch-patriotischen Emotionen der Pfälzer besonders seit 1949 verflüchtigt hatten«[157]. Zudem hatten sich die beiden großen Parteien in der Pfalz, CDU und SPD, nicht auf eine klare Position festlegen können. Während die CDU ihren Anhängern die Entscheidung freistellte, forderte die SPD ihre Wähler auf, eines der beiden Volksbegehren zu unterstützen. Pfälzer Sozialdemokraten wie Franz Bögler, der zusammen mit Hoegner und Panholzer im Schweizer Exil am 26. April 1945 im sogenannten »Zürcher Dokument« die Wiederherstellung Bayerns einschließlich der Rheinpfalz vereinbart hatte[158], hatten sich seit der Gründung von Rheinland-Pfalz für eine Auflösung des Landes ausgesprochen.[159] Das Fehlen eines territorialen Zusammenhangs, die wirtschaftliche Zuordnung der Pfalz zu den sie umgebenden Gebieten, die nach 1918 fehlende Klammer des gemeinsamen Königshauses, der in der französischen Besatzungszeit bis 1930 und durch die nationalsozialistische Herrschaft einsetzende Entfremdungsprozess, die Konsolidierung des Landes Rheinland-Pfalz, die Konkurrenz zweier Volksbegehren in der Pfalz und nicht zuletzt der Anbeginn des Massenkonsumzeitalters durch das »Wirtschaftswunder« standen einem bayerischen Heimatgefühl entgegen und brachten das Volksbegehren zu Fall. Die überwiegende Zahl der Pfälzer urteilte nach Nützlichkeitserwägungen, die 1956 nicht für Bayern sprachen. Dass die Entscheidung gegen Bayern fiel, »hat natürlich nicht zum Prestige der Regierung beigetragen«[160].

Die jahrhundertealten Bande zwischen Bayern und der Pfalz waren mit dem Scheitern des Volksbegehrens endgültig zerschnitten. Doch auch heute noch finden sich Relikte der Gemeinsamkeit: Der pfälzische Löwe steht weiterhin im bayerischen Staatswappen, wenn auch nun als alleiniges Symbol der Oberpfalz. Die Zugehörigkeit des Suffraganbistums Speyer zum Erzbistum Bamberg und damit zur Bayerischen Bischofskonferenz besteht fort. Auch die 1852 von König Maximilian II. ins Leben gerufene Stiftung Maximilianeum gewährt noch heute Stipendien für hochbegabte pfälzische Studenten. Die Erlöse der Pfälzer Weinstube in der Münchner Residenz bilden nach wie vor die finanzielle Basis der Pfalzverbände.[161] Der Präsident des Bayerischen Landtags ist bis heute Vorsitzender des Bundes der Pfalzfreunde in Bayern. Und in der Bayerischen Staatskanzlei ist ein Pfalzreferent ausgewiesen, der »die Unterstützung der Kontaktpflege zwischen Bayern und der Pfalz und das Lebendighalten einer über 600jährigen dynastischen und einer 130jährigen staatlichen Gemeinsamkeit«[162] als seinen Aufgabenbereich umschreibt.

c) Die bayerisch-österreichische Salinenkonvention[163]

Eine Gefährdung bayerischen Besitzes im Ausland ließ der Abschluss des Staatsvertrags zwischen den vier Siegermächten und der Republik Österreich am 15. Mai 1955 virulent werden. Das Königreich Bayern und die österreichische Monarchie hatten 1829 eine Konvention abgeschlossen, in der Österreich die Forstämter Leogang, Sankt Martin und Unken mit einer Gesamtfläche von 18.398 Hektar an Bayern abgetreten und im Gegenzug das Recht erhalten hatte, am Dürnberg unter bayerischem Boden Salz zu fördern. Von diesem Recht hatte Österreich nach 1945 regen Gebrauch gemacht, wohingegen die Verbindung zwischen Bayern und seinen Forstämtern abgerissen war. Die Bestimmungen des Staatsvertrags schienen es Österreich nun zu ermöglichen, die Saalforsten als deutsches Eigentum entschädigungslos zu enteignen. Noch vor dessen Inkrafttreten am 27. Juli 1955 sah Ministerpräsident Hoegner sich daher veranlasst, »Verhandlungen auf diesem sehr kitzligen Gebiet«[164] mit Österreich aufzunehmen:

»So fuhr ich einige Tage vor Pfingsten 1955 nach Wien und konnte meine alten Parteifreunde, den damaligen Vizekanzler Schärf sowie Innenminister Helmer und den Bundespräsidenten General Körner, davon überzeugen, dass es sich bei diesen Saalforsten nicht um deutsches Eigentum im Sinne des österreichisch-russischen Vertrags, sondern gemäß der bayerisch-österreichischen Konvention von 1829 um einen völkerrechtlichen Vertrag mit gegenseitigen Rechten und Pflichten handelte.«[165]

Nachdem die österreichische Regierung sich Hoegners Rechtsauffassung angeschlossen und bereit erklärt hatte, die bestehende Situation als weitergeltend anzuerkennen, wurde die erneuerte Salinenkonvention am 25. März 1957 von Hoegner und dem österreichischen Außenminister Leopold Figl (ÖVP) in der Bayerischen Staatskanzlei unterzeichnet. Die Bekanntmachung über das Inkrafttreten und den Wortlaut des Abkommens im Bayerischen Gesetz- und Verordnungsblatt verzögerte sich allerdings bis zum 29. Juli 1958, da zunächst Bedenken der Bundesbürokratie bezüglich einer eventuellen Zustimmungspflicht des Bundes ausgeräumt werden mussten.

d) Die bayerische Staatsangehörigkeit

Kaum mehr als eine Arabeske war die von der BP entfachte Diskussion über ein bayerisches Staatsangehörigkeitsgesetz. Ein erster Entwurf aus der Hand des damaligen Justizministers Hoegner war 1947 am Veto der Besatzungsmacht gescheitert, da diese die endgültige Regelung der Staatsangehörigkeit einer künftigen deutschen Regierung vorbehalten wollte. Am 3. April 1952 hatte der Landtag dann auf Antrag der BP, die die Forderung nach einem Staatsangehörigkeitsgesetz in ihr Programm aufgenommen hatte[166], bei nur vier Gegenstimmen die Staatsregierung aufgefordert, in Vollzug der entsprechenden Verfassungsbestimmung[167] einen Gesetzentwurf vorzulegen. Das Kabinett Ehard kam diesem Ansinnen des Parlaments jedoch nicht nach, so dass die Frage der bayerischen Staatsbürgerschaft zum Zeitpunkt des Amtsantritts der Viererkoalition ihrer Lösung harrte.[168]

Es war erneut die BP, die einen »Antrag auf Vorlage des Entwurfs eines Bayerischen Staatsangehörigkeitsgesetzes« ihres Abgeordneten Hans Utz einbrachte. Der Ausschuss für Verfassungsfragen und Rechtsfragen nahm ihn bei vier Stimmenthaltungen am 20. Juni 1956 an.[169] Als der Antrag am 19. Juli 1956 erstmals im Landtag behandelt wurde, hatte sich allerdings bereits Widerstand gegen seine Verabschiedung angekündigt.[170] Die Gegner eines bayerischen Staatsangehörigkeitsgesetzes, die in den Reihen der Koalitionspartner der BP ebenso zu finden waren wie bei der CSU, konzedierten zwar die Verfassungsmäßigkeit einer bayerischen Staatsbürgerschaft[171], zogen aber ihre Zweckmäßigkeit in Zweifel. Für den GB/BHE äußerte Herbert Schier zudem die Befürchtung, die Heimatvertriebenen könnten als bayerische Staatsbürger ihre Verhandlungsposition beim Abschluss eines künftigen Friedensvertrages schwächen. Die Frage einer bayerischen Staatsbürgerschaft könne daher erst nach dem Abschluss eines Friedensvertrags geregelt werden. Als der Landtag mit der deutlichen Mehrheit von 110 gegen 59 Stimmen die Rücküberweisung an die Ausschüsse für Verfassungsfragen und Rechtsfragen sowie zur Einbringung von Vorschlägen für die Verwaltungsvereinfachung beschloss, zog Utz seinen Antrag mit dem Hinweis zurück, dass der am 3. April 1952 verabschiedete Antrag noch immer gültig sei und die Staatsregierung verpflichte, ein Staatsangehörigkeitsgesetz in Vorlage zu bringen.[172]

Obwohl die Fraktion der BP ihre Absicht bekundete, das Staatsangehörigkeitsgesetz auch gegen den Willen der Koalitionspartner durchzusetzen[173], verlief das Vorhaben im Sande. Auch spätere Versuche, unter Hinweis auf den Landtagsbeschluss vom 3. April 1952 den Erlass eines bayerischen Staatsangehörigkeitsgesetzes zu bewirken, scheiterten.[174]

3. Die Staatsvereinfachung

Die Staatsvereinfachung war in Bayern bereits in den Jahren 1925 bis 1932 Gegenstand planmäßiger Regierungsarbeit gewesen.[175] An diese Tradition anknüpfend hatte der Landtag 1953 einen Ausschuss zur Einbringung von Vorschlägen über die Verwaltungsvereinfachung eingesetzt, von dem zunächst jedoch kaum Anregungen ausgegangen waren. Weitreichende Vorschläge unterbreitete hingegen eine auf Initiative Waldemar von Knoeringens eingesetzte Expertengruppe unter Staatsrat a.D. Ottmar Kollmann, die im April 1955 und im Mai 1957 ein zweiteiliges Gutachten vorlegte. Ausgehend von dem Leitmotiv des Abbaus überflüssiger staatlicher Aufgaben schlug das nach seinem Verfasser benannte »Kollmann-Gutachten« unter anderem die Verringerung der Abgeordnetenzahl des Bayerischen Landtags von 204 auf 150, die Verlängerung seiner Wahldauer von vier auf fünf Jahre, die Abschaffung der politischen Staatssekretäre sowie eine grundlegende Umbildung und Stärkung der Rolle des Bayerischen Senats vor. In einer umfassenden Kommunalreform sollte zudem die Zahl der Regierungsbezirke verringert, die 1954 erstmals gewählten Bezirkstage abgeschafft, Landkreise mit weniger als 30.000 Einwohnern aufgelöst, die Rückkehr zum System des staatlichen Landrats vollzogen, Zwerggemeinden unter 200 Einwohnern zusammengelegt, die Befugnisse der Bürgermeister erweitert und die Behördenstruktur einer Neugliederung unterworfen werden.[176]

Das »Kollmann-Gutachten« forderte damit nicht weniger als die Rücknahme der erst in der vorangegangenen Legislaturperiode durch die Verabschiedung einer Gemeinde-, einer Landkreis- und einer Bezirksordnung vorgenommenen »weitgehenden Demokratisierung der inneren Verwaltung«[177], die auf maßgebliches Betreiben Wilhelm Hoegners und zum Teil gegen den Widerstand des damaligen Koalitionspartners CSU bewerkstelligt worden war.[178] So verwundert es nicht, dass die vom Kabinett einstimmig verabschiedeten Richtlinien zur Staatsvereinfachung wesentliche Forderungen des Gutachtens nur in abgeschwächter Form übernahmen oder gänzlich unberücksichtigt ließen[179], zumal Hoegner bereits im Vorfeld betont hatte, er werde »sich hüten, in die ureigensten Angelegenheiten des Landtags einzugreifen und ihm etwa einen Gesetzentwurf über Herabsetzung der Zahl der Abgeordneten vorlegen«[180]. So blieb die Staatsvereinfachung weitgehend »auf dem Papier«[181], nachdem auch entsprechende Initiativen des Landtags ausgeblieben waren. Lediglich einige wenige, zumeist nebensächliche Punkte des Gutachtens wie etwa die Überführung der Flüchtlingsämter in die Ausgleichsverwaltung wurden in der Folge verwirklicht.[182]

Ad absurdum geführt wurde die Staatsvereinfachung gar im Fall der Regierung von Niederbayern. Zwar waren die 1932 zusammengelegten Regierungsbezirke Niederbayern und Oberpfalz sowie Mittelfranken und Oberfranken in

Übergabe der bereinigten Sammlung des bayerischen Landesrechts durch Hans-Jochen Vogel an Wilhelm Hoegner und Albrecht Haas am 15. Oktober 1957.

Vollzug einer entsprechenden Verfassungsbestimmung [183] bereits am 18. März 1948 wieder getrennt worden.[184] Die niederbayerische Regierung war jedoch bis auf weiteres im oberpfälzischen Regensburg verblieben. Über den Zeitpunkt ihrer Rückkehr und die damit verbundenen Kosten hatte im Kabinett zunächst Uneinigkeit geherrscht.[185] Vor allem auf Drängen der BP einigte sich der Ministerrat schließlich auf die Verlegung der Regierung in die Bezirkshauptstadt Landshut zum 1. Januar 1956.[186] Für die BP war, wie der Abgeordnete Karl Klammt (GB/BHE) treffend bemerkte, »die Angelegenheit eine parteipolitische, da Niederbayern ihr stärkster Wahlkreis«[187] war und sie sich im Wahlkampf für eine baldige Verlegung der Regierung stark gemacht hatte. Das Kabinett erachtete demnach auch die Empfehlung des zweiten Teilgutachtens, die Regierungsbezirke wieder zusammenzulegen, als »nicht durchführbar«[188], zumal zu diesem Zweck eine Verfassungsänderung notwendig gewesen wäre.

Nachdem sich bereits früh abgezeichnet hatte, dass der Staatsregierung mit der Verwaltungsreform nicht der große Wurf gelingen würde, kaprizierte sich vor allem Hoegner auf die Kodifizierung des bayerischen Landesrechts. Bereits am 31. März 1952 hatte er alle Abteilungen des Innenministeriums angewiesen, die Sammeltätigkeit zu beginnen, die kurze Zeit später durch einen Beschluss des Ministerrats auf alle Ressorts ausgeweitet worden war. Zum 1. April 1955 berief Hoegner den Amtsgerichtsrat Hans-Jochen Vogel an die Spitze eines Arbeitskreises aus jungen Beamten in allen Ministerien und betraute ihn mit der Koordination der Rechtsbereinigung. Mit dem einstimmig verabschiedeten »Ersten Gesetz zur Bereinigung des bayerischen Landesrechts« vom 25. April 1956 erteilte der Landtag den Auftrag zur Rechtsbereinigung[189], das ebenfalls einstimmig angenommene »Zweite Gesetz zur Bereinigung des bayerischen Landesrechts« vom 9. Juli 1957 schloss das Vorhaben offiziell ab. Es enthielt eine negative Abschlussklausel, durch die alle nicht in der bereinigten Sammlung befindlichen Gesetze und Verordnungen außer Kraft gesetzt wurden.[190] »Von 254 Bänden der Gesetz- und Verordnungsblätter bis ins Jahr 1802 zurück waren ganze vier Bände übriggeblieben, die 111.302 Seiten waren [auf] 2.714, die 22.266 Vorschriften waren auf 1.077 zusammengeschmolzen.«[191] Am 15. Oktober 1957 konnte Vogel die »Bereinigte Sammlung des bayerischen Landesrechts« feierlich an den zu diesem Zeitpunkt nur noch geschäftsführend im Amt befindlichen Ministerpräsidenten Hoegner überreichen.[192]

4. Das Landesplanungsgesetz[193]

Den landesrechtlich verbindlichen Rahmen für eine übergeordnete und zusammenfassende Raumplanung hatte das zweite Kabinett Ehard durch die »Verordnung über die Organisation der Landesplanung in Bayern« vom 23. Juni 1949 geschaffen. Einem früheren Erlass der Verordnung waren in den ersten

Nachkriegsjahren vor allem Kompetenzstreitigkeiten zwischen den betroffenen Fachressorts entgegen gestanden. Sie hatten erst auf Initiative des damaligen Wirtschaftsministers Seidel am 21. Mai 1949 beigelegt werden können, indem die Verantwortlichkeit des Staatsministeriums für Wirtschaft und Verkehr bestätigt worden war.[194]

Bei der Regierungsbildung nach der Landtagswahl 1950 war die Vorlage eines Gesetzes über die Landesplanung auf Drängen von SPD und BHE in die Koalitionsvereinbarung aufgenommen und Staatssekretär Willi Guthsmuths mit der Ausarbeitung beauftragt worden.[195] Am 21. Mai 1951 hatte daraufhin Seidel dem Kabinett einen Gesetzentwurf vorgelegt, der unter Berücksichtigung verschiedener Änderungswünsche des Senats am 22. Januar 1952 verabschiedet und dem Landtag zur Beratung zugeleitet worden war. Trotz des Einsatzes von Ministerpräsident Ehard und Wirtschaftsminister Seidel kam der Entwurf bis zum Ende der Legislaturperiode nicht über die Ausschussberatungen hinaus, da die Oppositionsparteien BP und FDP sowie Teile der CSU erhebliche Bedenken geltend gemacht hatten.

Eine erneute Initiative sollte nach dem Willen von SPD und GB/BHE von der Viererkoalition ausgehen. In der Koalitionsvereinbarung war die Landesplanung demnach zwar aufgeführt.[196] Der unterschiedlichen Auffassung innerhalb der Koalition entsprach jedoch die im Zusatzprotokoll getroffene Festlegung, die Landesplanung bleibe »der weiteren Beratung vorbehalten«[197]. BP und FDP beurteilten die Notwendigkeit eines Gesetzes nach wie vor skeptisch und brachten Landesplanung mit Planwirtschaft in Verbindung, statt sie wie ihre Befürworter als »Sicherungsmittel für den Freiheitsraum des Einzelnen in der modernen Zivilisation«[198] zu begreifen.

Obwohl also zugunsten einer raschen Einigung der vier Parteien auf die Koalitionsbildung zunächst ausgeklammert, konnte der Streit um die Organisation der Landesplanung in der Regierungszeit der Viererkoalition beigelegt werden. Hoegner gab im Wirtschaftsministerium eine Denkschrift in Auftrag[199], und Guthsmuths erarbeitete auf die Bitte des Ministerpräsidenten hin eine Novellierung der seit 1949 unverändert gültigen Organisationsverordnung, die durch die Schaffung eines Beirats aus Vertretern der Selbstverwaltung, der Wirtschaft sowie der kulturellen und sozialen Institutionen die Beratungsgrundlage der Landesplanung verbreitern sollte. Die neugefasste Verordnung wurde dem Kabinett am 15. Mai 1956 vorgelegt[200] und von diesem am 12. Juni 1956 unverändert beschlossen.[201] Fast zeitgleich hatte die Fraktion des GB/BHE am 8. Mai 1956 ein von Erich Luft erarbeitetes Initiativgesetz zur Landesplanung eingebracht, das in überarbeiteter Form im April 1957 den Fachausschüssen zur Beratung zugeleitet wurde. Nachdem der federführende Ausschuss für Wirtschaft und Verkehr dem Entwurf einstimmig zugestimmt hatte[202], verabschiedete der Bayerische Landtag am 12. Juli 1957 bei nur einer Stimmenthaltung das »Gesetz über die Landesplanung«, das erstmals die bislang auf Rechtsverordnungen

Plenarsitzung des Bayerischen Landtags in der dritten Wahlperiode, undatiert.

gestützten Aufgaben der Landesentwicklung umschrieb und das Wirtschaftsministerium als oberste Planungsbehörde festlegte.[203] Nachdem der Landtag sich am 18. Dezember 1957 über den Einwand des Senats, für eine gesetzliche Regelung bestehe keine ausreichende Notwendigkeit, hinweggesetzt hatte, konnte das Gesetz rückwirkend zum 1. Oktober 1957 in Kraft treten.[204] In der Bewertung des damaligen Fraktionsvorsitzenden des GB/BHE, Walter Becher, stand es »am Beginn einer Entwicklung, die Bayern einer gesunden dezentralistischen Wirtschafts- und Infrastruktur entgegenführen sollte«[205].

5. »Rien ne va plus«: Die Spielbankenaffäre[206]

In den ersten beiden Legislaturperioden des Bayerischen Landtags waren bereits drei Anläufe zur Errichtung von Spielbanken im Freistaat gescheitert[207], ehe die Abgeordneten am 21. April 1955 mehrheitlich dem Wunsch bayerischer Fremdenverkehrsorte entsprachen[208] und auf Antrag der Koalitionsparteien der Staatsregierung die Vergabe von Konzessionen an Bad Kissingen, Bad Reichenhall, Bad Wiessee und Garmisch-Partenkirchen empfahlen.[209] Für die Opposition lehnte Alois Hundhammer den Antrag mit der Aufforderung ab, »dem Spielteufel nicht von Amts wegen die Türe aufzumachen«[210]. Geringere Unterstützung als zunächst erwartet fand die CSU in den Reihen der Regierungsparteien, wo nur einige wenige Abgeordnete dem Antrag ihrer Fraktionen die Zustimmung verweigerten.[211] Während die Gegner der Errichtung von Spielbanken im Glücksspiel einen »Katalysator für den moralischen Verfall«[212] sahen, verwiesen die Befürworter auf die Förderung des Fremdenverkehrs und auf die zu erwartenden staatlichen Erlöse in Höhe von 80 Prozent der Bruttospieleinnahmen, die zweckgebunden für den sozialen Wohnungsbau Verwendung finden sollten.

Wilhelm Hoegner schreibt in seinen Memoiren, dass vor allem die BP die Errichtung von Spielbanken mit einem Eifer vorangetrieben habe, »der einer besseren Sache würdig gewesen wäre«[213]. So war es auch der von ihr gestellte Innenminister August Geislhöringer, ein »unermüdlicher Verfechter der Spielbanken«[214], der am 10. Juni 1955 auf dem Verordnungsweg den Spielbetrieb in Bad Kissingen, Bad Reichenhall und Garmisch-Partenkirchen zuließ und den von den Gemeinden vorgeschlagenen Bewerbern Konzessionen erteilte. Er stützte sich dabei auf die Empfehlung des Landtags vom 21. April 1955 sowie auf die Bestimmungen des Reichsgesetzes über die Zulassung öffentlicher Spielbanken vom 14. Juli 1933, das als Landesgesetz in Geltung geblieben war. Demnach handelte es sich bei der Zulassung von Spielbanken um eine ausschließliche »Angelegenheit der Exekutive«[215], wie der Minister bereits anlässlich der Ausschussberatungen über den Koalitionsantrag festgestellt hatte. Heftige Kritik kam allerdings von Seiten des Bayerischen Senats, der sein verfassungsmäßiges Recht zur Gesetzesinitiative durch das Vorgehen des Innen ministers verletzt sah. Geislhöringer hatte die Konzessionen noch vor der Behandlung des Senatsentwurfs über ein »Gesetz zur Aufhebung des Gesetzes über die Zulassung öffentlicher Spielbanken« erteilt.[216] Mit der Mehrheit der Koalitionsfraktionen wurde die Initiative des Senats jedoch am 15. Juni 1955 zurückgewiesen.[217]

Angestoßen wurde die Spielbankenaffäre dann erst durch eine Interpellation der CSU »betreffend Konzessionsverträge für die neu errichteten Spielbanken in Bayern« vom 28. Juli 1955. In ihrer Begründung warf Rudolf Hanauer dem Innenminister vor, er habe die Vertragsentwürfe zugunsten der Konzessionäre geändert. Geislhöringer hatte in den Referentenentwürfen zwei von insgesamt neun Widerrufsklauseln gestrichen, die eine entschädigungslose Rücknahme der Konzessionen für den Fall vorgesehen hätten, dass ein Gesetz den Betrieb von Spielbanken allgemein verbieten oder wichtige öffentliche Interessen einen Widerruf erforderlich machen sollten.[218] Hanauer griff zudem das Gerücht auf, bei der Vergabe der Konzession für die Spielbank in Bad Kissingen an Simon Gembicki seien Bestechung und Erpressung im Spiel gewesen.[219] In Anspielung auf eine Parole der SPD aus dem zurückliegenden Wahlkampf schloss er mit dem Ausdruck der Hoffnung, »dass von dem Licht, das über Bayern zu kommen verheißen wurde, ein recht kräftiger Strahl in das Dunkel um die Spielbanken fallen möge«[220].

Nachdem sich der Landtag erwartungsgemäß mit den Stimmen der Koalitionsparteien der Beantwortung der Interpellation durch die Staatsregierung angeschlossen hatte[221], beantragte die CSU am 27. Oktober 1955 einen Parlamentarischen Untersuchungsausschuss[222], zu dessen Vorsitzendem Martin Hirsch (SPD) und zu dessen Stellvertreter Franz Lippert (CSU) gewählt wurden.[223] Nach der vierten von insgesamt 42 Sitzungen, in denen 56 Zeugen vernommen wurden, legte er am 24. November 1955 einen Zwischenbericht vor, in dem auf zahlreiche Widersprüche in den vorliegenden Zeugenaussagen verwiesen wurde.[224] Die Hoffnung der Koalition, die Arbeit des Untersuchungsausschusses noch vor den Kommunalwahlen am 18. März 1956 abschließen zu können, erfüllte sich nicht. Ohnehin war aufgrund der hohen Konfliktbereitschaft der Oppositionsvertreter[225] von Anfang an »nicht anzunehmen, dass die Protagonisten der CSU mit Hilfe des Untersuchungsausschusses je eine emotionslose Klärung der Sachverhalte angestrebt haben«[226].

Die Tätigkeit des Untersuchungsausschusses endete nach 20 Monaten mit einer deutlichen Schlappe für die CSU. Weder der Mehrheitsbericht der Koalitionsfraktionen vom 7. Mai 1957 noch der drei Tage später veröffentlichte Dissent der CSU konnten die Bestechungsvorwürfe gegen die BP und ihre führenden Politiker erhärten. Lediglich gegen den Abgeordneten Max Klotz bestand der begründete Verdacht, er habe für sich und seine Partei Bestechungsgelder von Spielbankeninteressenten entgegengenommen.[227] Klotz verlor in der Folge rasch an Einfluss und wurde im Amt des stellvertretenden

Fraktionsvorsitzenden der BP am 11. Dezember 1957 durch Raimund Lang ersetzt. Die CSU allerdings sah sich gezwungen, ihren Abgeordneten Franz Michel aus der Partei auszuschließen.[228] Dieser hatte vor dem Ausschuss zugeben müssen, bereits 1951 einen später angeblich vernichteten Scheck über 50.000 Mark von einem Spielbankeninteressenten erhalten zu haben. Das magere Resultat der Untersuchung kommentierte Ernst Müller-Meiningen jr. unter der Überschrift »Hornberger Spielbank« in der SÜDDEUTSCHEN ZEITUNG mit kaum verhohlener Ironie:

»Das hat sich der Abgeordnete Hanauer von der CSU bestimmt nicht träumen lassen, dass er als einzige Ausbeute der mit gewaltigen Schlachtrufen eingeleiteten hochnotpeinlichen Spielbankenuntersuchung am Ende außer einem Beleidigungsprozess und einer einstweiligen Verfügung nur den Skalp seines eigenen Parteigefährten Franz Michel in der Hand halten würde.«[229]

Die Spielbankenaffäre war mit dem Schlussbericht des Untersuchungsausschusses jedoch nicht ausgestanden, sondern entwickelte sich erst in den Folgejahren »zu einem echten bayerischen Komödienstadl, allerdings mit einem tragischen Ausgang«[230]. Ein neues Kapitel wurde durch eine Selbstanzeige des Konzessionärs Karl Freisehner aufgeschlagen, die am 23. Januar 1959 bei der Staatsanwaltschaft in München einging und, wie sich später herausstellen sollte, mit hochrangigen Vertretern der CSU abgesprochen war. Freisehner bezichtigte sich des Meineids vor dem Untersuchungsausschuss und gab an, entgegen seiner ursprünglichen Aussage finanzielle Zuwendungen an Baumgartner und Klotz getätigt zu haben. Am 7. Juli 1959 begann vor der Großen Strafkammer des Landgerichts München I der auf fünf Angeklagte ausgeweitete Prozess, der am 8. August 1959 mit Schuldsprüchen endete.

Wegen des Verbrechens des Meineids wurden Baumgartner, Klotz und Michel zu Zuchthausstrafen, Geislhöringer und Freisehner zu Gefängnisstrafen verurteilt. Darüber hinaus wurden ihnen die bürgerlichen Ehrenrechte aberkannt. Mit Ausnahme Freisehners wurden zudem alle Verurteilten für dauernd unfähig erklärt, als Zeugen oder Sachverständige eidlich vernommen zu werden.[231] Baumgartner wurde noch im Gerichtssaal wegen angeblicher Fluchtgefahr verhaftet. Die Schuldsprüche gegen ihn und Geislhöringer waren »politisch und rechtlich umstritten«[232]. Eine Vorteilsnahme konnte beiden nicht nachgewiesen werden, zumal verschiedene von Freisehner vorgelegte und auf Baumgartner ausgestellte Quittungen sich rasch als Fälschungen erwiesen hatten. Die Verurteilung erfolgte schließlich wegen Meineids vor dem Untersuchungsausschuss. Geislhöringer hatte eine Frage Hundhammers, ob er negative Informationen über den Konzessionsbewerber Gembicki erhalten habe, verneint. Der Präsident des Bayerischen Landesamts für Verfassungsschutz, Martin Riedmayr, hatte den Innenminister jedoch vor der Erteilung der Konzession über einen vagen Verdacht gegen Gembicki informiert, der sich aufgrund anderer Aussagen aber als gegenstandslos erwiesen hatte. Nach Aussage seines ehemaligen Staatssekretärs Ernst Vetter konnte der damals fast siebzig-jährige Geislhöringer zum Zeitpunkt seiner Zeugenaussage vor dem Unter-suchungsausschuss die Information Riedmayrs durchaus vergessen haben. Baumgartner hatte auf eine Frage Hanauers seine vor 1955 bestehenden per-sönlichen Kontakte zu Freisehner zwar nicht geleugnet, durch eine rhetorische Finte jedoch auch nicht explizit bestätigt.[233] Obwohl Hanauer und Hundham-mer von dem Verfassungsschutzdossier und von den Beziehungen Baumgart-ners zu Freisehner Kenntnis gehabt und durch Scheinfragen den Meineid befördert hatten[234], erkannte das Gericht in beiden Fällen auf wissentlich be-gangene eidliche Falschaussage. Straferschwerend wirkte zudem, dass Baum-gartner und Geislhöringer das Parlament durch »gewissenloses Lügen«[235] des-avouiert hätten. So waren die beiden Politiker »unter die Räder der Justiz ge-kommen, die aber auffallend gleich liefen mit den Rädern ihrer besonderen politischen Gegner von der CSU«[236]. Und Hoegner urteilte 1966 in einer Nach-betrachtung: »Die Meineidsprozesse gegen die früheren Minister der Bayern-partei sind kein Ruhmesblatt für die bayerische Justiz.«[237]

Die Urteile wurden vom Bundesgerichtshof am 19. Februar 1960 aufgeho-ben und zur neuerlichen Verhandlung nach München überwiesen. Der Schuld-spruch aber blieb bestehen, obwohl der Vertreter der Bundesanwaltschaft für seine Aufhebung plädiert hatte.[238] Während es in drei Fällen zu einer Reduzie-rung des Strafmaßes kam, erlangte das Urteil gegen den mittlerweile verhand-lungsunfähig gewordenen und am 21. Januar 1964 verstorbenen Baumgartner keine Rechtskraft.[239] Damit blieb auch eine Verfassungsbeschwerde, die er 1960 beim Bundesverfassungsgericht gegen den Schuldspruch eingelegt hatte, uner-ledigt.

Die Spielbankenaffäre wurde weitergesponnen, als gegen den CSU-General-sekretär Friedrich Zimmermann ein Meineidsverfahren eröffnet wurde. Dieser hatte sich entgegen seiner am 10. Juli 1959 vor Gericht gemachten Aussage mehrmals mit Freisehner vor dessen Selbstanzeige getroffen. Am 28. Juni 1960 wurde Zimmermann wegen fahrlässigen Falscheides zu vier Monaten Gefäng-nis mit Bewährung verurteilt, in der Revisionsverhandlung am 28. April 1961 dann allerdings mangels hinreichenden Schuldbeweises freigesprochen. Das Gericht war einem ärztlichen Attest gefolgt, das ihm eine durch Unterzucke-rung verursachte verminderte geistige Leistungsfähigkeit während seiner Zeu-genaussage bescheinigte.

Schließlich wurde die Affäre 1970 durch den STERN wieder aufgerollt. Die Zeitschrift unterstellte der CSU, sie sei 13 Jahre zuvor »nicht durch Wahlen, son-dern durch ein kriminelles Komplott«[240] an die Regierung gekommen. Ein Pro-zess, den die CSU gegen den STERN anstrengte, endete erst am 3. Mai 1976 mit einem Vergleich. Er gestattete der Zeitschrift, auch weiterhin die Behauptung aufzustellen, Zimmermann habe Freisehner mehrfach vor dessen Selbstan-zeige getroffen und eine Spielbankenkonzession angeboten, wenn er durch

Selbstanzeige ein Strafverfahren gegen Baumgartner und Geislhöringer in Gang bringe. Wurden auch die Hintergründe der Spielbankenaffäre bis heute nicht restlos aufgeklärt, so bleibt dennoch festzuhalten, dass sie maßgeblich zum Niedergang der BP beitrug, indem sie sie ihrer charismatischen Führungspersönlichkeit Baumgartner beraubte und in der öffentlichen Meinung diskreditierte. Ursächlich war sie jedoch nicht.

Gänzlich unbetroffen von der Spielbankenaffäre blieben die vier 1955 gegen den heftigen Widerstand der CSU errichteten Kasinos. Am 11. August 1959 leitete Ministerpräsident Seidel durch Kabinettsbeschluss die Verstaatlichung der Spielbanken ein und bekräftigte die Absicht seiner Staatsregierung, sie gänzlich zu schließen. Seinen diesbezüglichen, am 9. Februar 1961 gefassten Beschluss revidierte der Landtag jedoch am 8. April 1965[241], so dass die bayerischen Spielbanken bis heute in staatlicher Regie betrieben werden.

6. Prinzip Föderalismus: Bayerns Politik im Bundesrat

a) Die Verteidigung des föderalen Prinzips

Schon der am 10. Dezember 1954 paraphierte Koalitionsvertrag hatte, wie bereits dargestellt, ein Bekenntnis der vier Regierungsparteien zu den Grundsätzen des Föderalismus enthalten. Ministerpräsident Hoegner, der im Schweizer Exil zu einem überzeugten Föderalisten gereift war[242], bekräftigte vor dem Landtag wiederholt die »besondere Aufgabe, die Rechte des Freistaates Bayern, wie sie uns nach dem Grundgesetz zustehen, gegen das zügellose Machtstreben eingeschworener Zentralisten auch weiterhin mit aller Kraft zu verteidigen«[243].

Diesem programmatischen Anspruch suchte die Staatsregierung durch ihr Engagement im Bundesrat gerecht zu werden, wo sie in föderalen Grundsatzfragen die Politik ihrer Vorgängerin kontinuierlich weiterführte. Auch nach dem Regierungswechsel war die Bundesratspolitik Bayerns von dem Leitmotiv geprägt, die Verwaltungsautonomie der Länder zu sichern und Bestrebungen des Bundes, Aufgaben an sich zu ziehen, entgegenzutreten. So verwundert es nicht, dass Hoegner den noch von Ehard benannten Bevollmächtigten Bayerns beim Bund, den parteilosen Ministerialdirektor Klaus Leusser, auf seinem Posten beließ. Mit den Staatsministern Fritz Koch und Friedrich Zietsch übernahmen zudem zwei überzeugte Föderalisten wichtige Aufgaben in der Bundespolitik, Zietsch als Mitglied des Vermittlungsausschusses und Koch als sein ständiger Stellvertreter.[244]

Zur zentralen Forderung der bayerischen Bundesratspolitik in der Regierungszeit der Viererkoalition entwickelte sich die Neuregelung der finanziellen Beziehungen zwischen Bund und Ländern. Die große Probe auf die föderale

Grundstruktur der Bundesrepublik war nach Auffassung der Koalitionsparteien gerade im Bereich des Finanzwesens negativ ausgefallen, da die Länder in der Verfassungswirklichkeit von einer schleichenden Aushöhlung ihrer Finanzen betroffen und auf das angewiesen waren, »was vom Tisch des großen Bruders fällt«[245]. So ist es beispielsweise einer der vielfältigen Initiativen der Regierung Hoegner mit zuzuschreiben, dass der Bundesanteil an der Einkommens- und Körperschaftssteuer für die Rechnungsjahre 1955 bis 1957 entgegen den Plänen von Bundesfinanzminister Fritz Schäffer von 40 auf 33,3 Prozent reduziert wurde, was für den bayerischen Landeshaushalt einen veritablen jährlichen Zugewinn von rund 60 Millionen Mark erbrachte.[246]

Ergänzend bleibt hinzuzufügen, dass der Regelung über das Abstimmungsverhalten Bayerns im Bundesrat, die den bürgerlichen Parteien den Weg in eine Koalition mit den bayerischen Sozialdemokraten geebnet hatte, in der Praxis keine allzu große Bedeutung zukam.

b) Die Wehrgesetzgebung

Mit dem Inkrafttreten der Pariser Verträge am 5. Mai 1955 hatte die Bundesrepublik ihre staatliche Souveränität wiedererlangt. Die Verabschiedung der Vertragsgesetze über die Beendigung des Besatzungsregimes, den Aufenthalt ausländischer Streitkräfte und den Beitritt der Bundesrepublik zu Brüsseler Vertrag und Nordatlantikvertrag im Bundesrat war mit Zustimmung Bayerns erfolgt, nachdem das Kabinett sich zuvor mehrheitlich auf eine Billigung verständigt hatte. Daneben war es einstimmig übereingekommen, zum Gesetz über das Statut der Saar den Vermittlungsausschuss anzurufen.[247] Diesem Ansinnen hatte die Länderkammer jedoch am 18. März 1955 gegen die Stimmen Bayerns, Bremens, Hessens und Niedersachsens nicht entsprochen.[248]

Die heftigen innenpolitischen Auseinandersetzungen, die seit Anfang der fünfziger Jahre über die Frage eines deutschen Wehrbeitrags geführt worden waren, setzten sich nach der Vertragsunterzeichnung über die dadurch notwendig gewordene Wehrgesetzgebung fort. Hoegner, der am 22. Juli 1955 den Vorsitz des Ausschusses für Fragen der europäischen Sicherheit übernommen hatte[249], fiel dabei eine wichtige Rolle zu. Seine Aufgabe beim Aufbau der deutschen Streitkräfte sah der Ministerpräsident vor allem darin, »die erforderliche Rücksicht auf das föderale Gefüge der Deutschen Bundesrepublik zu erkämpfen, sodann zu verhüten, dass die Wehrmacht wieder ein Staat im Staate wird wie in der Weimarer Republik, endlich volkswirtschaftliche Schäden infolge überstürzter Aufrüstung zu verhüten«[250]. Die Wünsche der Bayerischen Staatsregierung übermittelte Hoegner am 23. März 1955 dem Beauftragten Adenauers für Sicherheitsfragen, Theodor Blank, in einem Gespräch in München, über das er einige Wochen später dem Landtag Bericht erstattete.[251]

Die Zustimmung der SPD zu den notwendigen Verfassungsänderungen wurde von der Bundesregierung durch Zugeständnisse »erkauft«[252]. Hoegner schrieb seinem Wirken die landsmannschaftliche Gliederung der Bundeswehr ebenso zu wie die Einrichtung eines Wehrbeauftragten[253], obgleich dies bereits der wehrpolitische Sprecher der SPD-Bundestagsfraktion, Fritz Erler, in seinem Konzept einer »Parlamentsarmee« nachhaltig vertreten hatte. Auch die Verankerung des Verteidigungsausschusses des Deutschen Bundestags im Grundgesetz und die Regelung des Einsatzes der Bundeswehr bei innerem Notstand durch ein Verfassungsgesetz gingen auf einen Vorschlag der SPD zurück. Die Verkürzung der Dienstzeit von den ursprünglich geplanten 18 Monaten auf ein Jahr erfolgte wohl eher aufgrund der organisatorischen Mängel beim Aufbau der Bundeswehr und der Befürchtung der Bundesregierung, den Oppositionsparteien Munition für den bevorstehenden Bundestagswahlkampf zu liefern.[254]

In der Frage der allgemeinen Wehrpflicht hatte sich zwar bereits eine ablehnende Haltung Bayerns im Bundesrat abgezeichnet, nachdem SPD und BP zusammen über die Kabinettsmehrheit verfügten und sich nach anfänglichem Zögern für eine Freiwilligenarmee ausgesprochen hatten.[255] Das einstimmig beschlossene Nein des Ministerrats allerdings überraschte[256], da maßgebliche Politiker des GB/BHE im Vorfeld für die allgemeine Wehrpflicht eingetreten waren[257]. Die Gegner einer Wehrpflicht verwiesen darauf, dass im Zeitalter der atomaren Kriegsführung ein Berufsheer zweckmäßiger sei. Zudem vertiefe die Wehrpflicht die Spaltung Deutschlands, da sie die Bemühungen um die Wiedervereinigung Deutschlands unnötig erschwere. Ihre Befürworter verwiesen auf die moralische und vertragliche Verpflichtung, einen Ausgleich des militärischen Potenzials gegenüber dem Warschauer Pakt herbeizuführen. Die hierzu notwendigen 500.000 Soldaten seien nur mittels einer allgemeinen Wehrpflicht rekrutierbar.[258] Die einmütige Haltung der Staatsregierung war jedoch vergebens, da der Bundesrat am 20. Juli 1956 dem Wehrpflichtgesetz mit 21 gegen 17 Stimmen Bayerns, Bremens, Hessens und Nordrhein-Westfalens seine Zustimmung erteilte.[25]

Abbildungen auf S. 87

Oben: Theodor Heuss am 20. Februar 1955 zu Besuch in München. Von links: Staatssekretär Karl Weishäupl, die Staatsminister August Rucker und Walter Stain, Landtagspräsident Hans Ehard, Senatsvizepräsident Konrad Pöhner, Staatssekretär Kurt Eilles, Bundespräsident Theodor Heuss, Ministerpräsident Wilhelm Hoegner, Senatspräsident Josef Singer.

Mitte: Empfang durch Ministerpräsident Wilhelm Hoegner im Münchner Rathaus anlässlich der Niederbayerntage am 16. und 17. April 1955.

Unten: Das Kabinett bei der Salvatorprobe 1956 auf dem Münchner Nockherberg.

Oben: Besuch der persischen Kaiserin Soraya 1956 in München.

Unten: Besuch des amerikanischen Vizepräsidenten Richard Nixon 1957 in München.

III. Das Scheitern der Viererkoalition

1. Das schwierige Bündnis

a) Die Kommunalwahl 1956

Ein erstes, wenngleich auch nur bedingt aussagekräftiges Stimmungsbarometer für das Ansehen der Viererkoalition in der bayerischen Bevölkerung war die Kommunalwahl vom 18. März 1956, die mit einem klaren Sieg der Opposition endete. Während die CSU gegenüber der Wahl vier Jahre zuvor einen Stimmenzuwachs von 8,7 Prozent verzeichnen und auch die SPD deutliche Gewinne verbuchen konnte, musste die infolge der Untersuchungstätigkeit des Spielbankenausschusses in der öffentlichen Meinung diskreditierte BP starke Verluste hinnehmen. Mit nur 7,9 Prozent büßte sie sogar die psychologisch nicht unbedeutende Position der drittstärksten politischen Kraft in Bayern gegenüber dem GB/BHE ein.[1]

Im Zusatzprotokoll zu ihrer Koalitionsvereinbarung vom 10. Dezember 1954 hatten die vier Bündnispartner die »möglichste Zusammenarbeit im Geiste der Koalitionspolitik auch in den Gemeinderäten, Kreis- und Bezirkstagen«[2] angeregt. In der Landeshauptstadt wurde so nach der Kommunalwahl, die die Sozialdemokratie mit 28 von 60 Räten nahe an die absolute Mehrheit herangeführt hatte, die langjährige Zusammenarbeit von SPD und CSU durch eine Koalition nach landespolitischem Vorbild ersetzt und der bisherige zweite Bürgermeister Walther von Miller (CSU) durch Adolf Hieber (BP) abgelöst.[3] Die Münchner Viererkoalition, die die SPD aufgrund übergeordneter Interessen und gegen den erklärten Willen ihres Oberbürgermeisters Thomas Wimmer eingegangen war, überdauerte das Ende der Viererkoalition auf Landesebene jedoch nur wenige Monate und wurde bereits 1958 wieder durch die traditionelle Zusammenarbeit der beiden großen Parteien ersetzt.[4]

Die SPD, die sich als ein auf Ausgleich bedachter »Mittelpfeiler«[5] der Koalition verstand, glaubte, durch Rathausbündnisse nach landespolitischem Koalitionsschnittmuster einen stabilisierenden Einfluss auf eine bayerische Regierungskoalition ausüben zu können, deren Elan und Euphorie des Neuanfangs nach dem Scheitern der Lehrerbildungsreform und in der Mühsal des täglichen Regierungsgeschäfts längst verflogen waren.[6] Waldemar von Knoeringen mahnte seine Partei eindringlich, es gehe bei der Kooperation in den kommunalen Gremien »nicht um Personen, sondern um die Erhaltung der Koalition«[7]. Eine durchgehende Zusammenarbeit von SPD, BP, GB/BHE und FDP scheiterte aber am Ressentiment zahlreicher ihrer Kommunalpolitiker gegeneinander, das trotz der Allianz der vier Parteien auf Landesebene unverändert fortbestand.[8] Obgleich die Kommunalwahl keine direkten Konsequenzen für den Bestand der Viererkoalition hatte, schwächten ihr Ergebnis und ihre Auswirkungen das Bündnis eher, als dass sie zu seiner Verfestigung beigetragen hätten.

b) Die unsicheren Kantonisten: BP und GB/BHE

Ohnehin waren bei BP und GB/BHE bereits früh zentrifugale Kräfte am Werk, die sich mit der Koalitionsentscheidung ihrer Parteien zugunsten der SPD nicht abfinden wollten und in die offenen Arme der CSU strebten. Diese ließ ihrerseits »keine Möglichkeit unversucht, wieder in das Kabinett einzutreten«[9], und bemühte sich, durch taktische Finessen und weitreichende Angebote an einzelne Abgeordnete der Regierungsparteien einen Spalt in das Viererbündnis zu treiben. Die Strategie der CSU zielte dabei vor allem auf die BP ab, in der sie das schwächste Glied der Koalition erkannt hatte.[10] Unmittelbar nach der Kommunalwahl verhandelten Georg Meixner und Franz Josef Strauß hinter dem Rücken von Joseph Baumgartner mit einigen BP-Abgeordneten, die zu erkennen gaben, dass sie einer Verbindung mit der CSU nicht ablehnend gegenüberstehen würden.[11] Doch noch bekannte sich eine deutliche Mehrheit in der BP zur Viererkoalition, und die Befürworter eines Regierungswechsels wagten es nicht, offen für ihr Anliegen einzutreten. Einstimmig erteilte die Fraktion am 25. April 1956 Baumgartner den Auftrag, »sich sofort mit Herrn Ministerpräsidenten Dr. Hoegner zu besprechen und zu bekennen, dass die Fraktion einhellig zur Koalition steht«[12].

Dieses einmütige Votum für den Verbleib in der Viererkoalition konnte jedoch nicht darüber hinwegtäuschen, dass die Fraktion der BP – nicht zuletzt auch aufgrund des autokratischen Führungsstils ihres Vorsitzenden – in mehrere Gruppen zerfallen war, die bisweilen feindselig um den richtigen Kurs der zerfahrenen Partei rangen. Zur offenen Rebellion kam es am 14. Dezember 1955, als der Abgeordnete und Dillinger Landrat Martin Schweiger den Antrag stellte, die Fraktion möge die Amtsführung Carljörg Lacherbauers missbilligen.[13] Zwar wurde der Antrag nach mehrmaliger Zurückstellung und einer emotional geführten Diskussion, in der die tiefen Gräben in der Fraktion zu Tage traten, am 30. Oktober 1956 mit 14 gegen sechs Stimmen bei drei Enthaltungen zurückgewiesen.[14] Doch schon wenige Monate später trat Lacherbauer aus freien Stücken zurück, nachdem er bei der fraktionsinternen Neuwahl der Mitglieder des Ausschusses für Staatshaushalt und Finanzfragen nicht mehr berücksichtigt worden war[15] Seine Nachfolge an der Spitze der zerstrittenen Fraktion trat am 19. Juni 1957 mit Jakob Fischbacher ein Vertreter der Gründergeneration und des liberalen Flügels der BP an.[16]

Beim GB/BHE herrschte angesichts des desolaten Zustands des Koalitionspartners die Befürchtung, die BP könne aus der Regierung Hoegner ausscheiden und ihr Heil in einem Bündnis mit der CSU suchen, während er selbst zum ungewollten Gang in die Opposition gezwungen sein könnte. Da die Teilhabe an der Regierungsverantwortung für den GB/BHE jedoch gleichsam eine raison d'être darstellte, waren namhafte Exponenten der Partei von Anfang an bemüht, die bestehenden Kontakte zur Opposition zu kultivieren.

So trafen im Januar 1956 führende Fraktionsmitglieder mit hochrangigen Vertretern der CSU und der Katholischen Kirche zusammen.[17] Ministerpräsident Hoegner, der bereits im Vorfeld von dem Treffen informiert worden war, erhob im Koalitionsausschuss »starke Bedenken«[18] gegen die geplante Begegnung, die auch innerhalb des GB/BHE nicht unumstritten war.[19] Obschon Fraktionsvorsitzender Becher entgegenhielt, »dass es sich nicht um Verhandlungen, sondern um eine außerparlamentarische Begegnung im Rahmen eines Gesprächs handele, das den Zweck habe, den Vertretern der Katholischen Kirche sowie den Kulturpolitikern der CSU den Standpunkt des BHE zur Lehrerbildungsfrage klarzumachen«[20], und darüber hinaus versicherte, seine Partei »stehe loyal zur Koalition und werde auch die geplante Unterhaltung mit den genannten Herren im Sinne der Koalition führen«[21], schuf dieses kulturpolitische Gespräch »unausgesprochen die Prämissen für die nachmalige Koalitionsregierung«[22] aus CSU, GB/BHE und FDP.[23] Obgleich auch in den Fraktionssitzungen die Koalitionsfrage mehrfach aufgeworfen worden war[24], stand der GB/BHE nach Außen treu zur Koalition und gab noch auf seinem Freisinger Landesparteitag am 6. April 1957 »eine betonte Loyalitätserklärung zur Koalition in Bayern«[25] ab.

Parallel zu ihren Bemühungen, BP und GB/BHE aus der Koalition herauszubrechen, suchte die CSU auch den Kontakt zu ihrem vormaligen Regierungspartner SPD. So bot sie Wilhelm Hoegner noch vor der Kommunalwahl 1956 über den Jesuitenprovinzial und Senator Augustinus Rösch[26] an, er könne bis zum Ende der Legislaturperiode im Amt des Ministerpräsidenten verbleiben, wenn die SPD in ein Bündnis mit der CSU wechsle.[27] Die SPD erwog durchaus ernsthaft Für und Wider dieser und einer weiteren, gleichlautenden Offerte[28], die Waldemar von Knoeringen von Franz Josef Strauß unterbreitet worden war, wies jedoch schlussendlich das Angebot der CSU zurück.[29]

Wenn auch im Vorfeld der Bundestagswahl 1957 keine konkreten Anzeichen für ein vorzeitiges Ende der Viererkoalition auszumachen waren, so bleibt doch festzuhalten, dass die Aktionen der CSU und die Reaktionen einzelner Abgeordneter vor allem von BP und GB/BHE fortwährend das Fundament der Regierungsallianz untergruben. Die »bayerische Idylle«[30] der vier Koalitionsparteien vor der Bundestagswahl 1957, die der Sozialdemokrat Almar Reitzner verklärend in seinen Erinnerungen beschreibt, war demnach nur noch schwerlich auszumachen.

2. Die Bundestagswahl 1957

a) GB/BHE und FDP im Sog innerparteilicher Turbulenzen

Nach dem fulminanten Wahlsieg der Unionsparteien bei der Bundestagswahl 1953 hatte Konrad Adenauer eine Koalition aus CDU/CSU, FDP, GB/BHE und DP gebildet, die im Deutschen Bundestag über eine Zweidrittelmehrheit verfügte.[31] Über außenpolitische Grundsatzfragen und solche des Bundestagswahlrechts kam es in der zweiten Hälfte der Legislaturperiode allerdings zum Bruch der Koalition und zur Spaltung von GB/BHE und FDP, da eine Mehrheit in beiden Parteien gleichermaßen das Saarstatut ablehnte und mehr Dynamik in der Ostpolitik einforderte.

Der Riss innerhalb des GB/BHE, der entlang der außen- und sozialpolitischen Linie der von ihm mitgetragenen Bundesregierung verlief, hatte sich schon früh angedeutet und war erstmalig am 9. Mai 1954 auf dem Bundesparteitag in Bielefeld sichtbar geworden, als Parteigründer Waldemar Kraft seinen Verzicht auf den Vorsitz erklärt hatte und durch den bayerischen Landesvorsitzenden Theodor Oberländer ersetzt worden war.[32] Die Rebellion gegen die kritiklose Unterstützung der Außenpolitik Adenauers durch den Ministerflügel trat offen zu Tage, als die Fraktionsmehrheit am 27. Februar 1955 aus Angst vor einem möglichen Präjudiz für die Preisgabe der Ostgebiete gegen das Saar-statut stimmte und die Gegenspieler der beiden Bundesminister bei der kurz darauf erfolgten Neuwahl des Vorstands die Führung der Fraktion übernahmen.[33] Kraft und Oberländer traten daraufhin am 11. Juli 1955 zusammen mit sechs weiteren Abgeordneten aus Partei und Fraktion aus. Da der Kanzler sich weigerte, der Aufforderung der neuen Parteiführung um den niedersächsischen Landwirtschaftsminister Friedrich von Kessel nachzukommen und die beiden Dissidenten aus dem Kabinet zu entlassen, schied der GB/BHE noch im Juli 1955 aus der Bundesregierung aus.[34] Für seinen bayerischen Landesverband, der sich bereits frühzeitig gegen das Saarstatut ausgesprochen hatte[35], zeitigte die Sezession keine unmittelbaren Konsequenzen.[36] Walter Becher begrüßte gar den Parteiaustritt »kopfnickender Mitläufer Adenauers«[37] und betonte, die Partei sei jetzt imstande, »eine sachliche und konstruktive, aber auch schärfere Sprache zu sprechen«[38]. Diese Option löste der GB/BHE im Bundestagswahlkampf 1957 ein, als er mit nationalistisch eingefärbten Parolen heftig gegen die »Verzichtpolitik« der Bonner Regierung polemisierte.[39]

An außenpolitischen Fragen verlief auch die Trennlinie zwischen Union und FDP, zu deren Überwindung die persönliche Animosität ihrer Führungspersönlichkeiten Adenauer und Dehler kaum beitragen konnte. Dennoch war das Ausscheiden der Partei aus der Bonner Regierungsverantwortung letztlich »nicht das Ergebnis planvoller Berechnungen, sondern das Resultat von Fehlkalkulationen, die schwierige Zwangslagen schufen«[40].

Den Anstoß hatte die von den Unionsparteien entfachte Diskussion um ein »Grabenwahlsystem« für die Bundestagswahl 1957 gegeben, von dem sich CDU und CSU einen erheblichen Zuwachs an Mandaten und eine Schwächung der kleinen Parteien erhofften.[41] Die Bundestagsfraktion der FDP erklärte am 9. Januar 1956, dass sie notfalls bereit sei, die Koalition aufzukündigen und über den Bundesrat geeignete Maßnahmen zu ergreifen, um die Einführung des »Grabenwahlsystems« zu verhindern. Die nordrhein-westfälischen Liberalen sekundierten am 30. Januar 1956 mit der Ankündigung, eine Umbildung der Landesregierung herbeiführen zu wollen. Als die unsicher gewordene Union drei Tage später einlenkte und der FDP zur Sicherung der bürgerlichen Koalitionen in Bund und Ländern eine Einigung auf der Grundlage des Wahlgesetzes von 1953 in Aussicht stellte, war der Stein des Düsseldorfer Regierungssturzes jedoch bereits unaufhaltsam ins Rollen gebracht. Durch ein von der FDP eingebrachtes konstruktives Misstrauensvotum wurde Ministerpräsident Karl Arnold (CDU) am 20. Februar 1956 vom sozialdemokratischen Fraktionsvorsitzenden Fritz Steinhoff abgelöst. Dieser bildete ein Kabinett, dem neben der SPD auch die bisherigen Regierungsparteien FDP und DZP angehörten.[42] Den Düsseldorfer Handstreich der »Jungtürken« in der nordrhein-westfälischen FDP um Wolfgang Döring, Erich Mende, Walter Scheel und Willi Weyer allein auf die Ablehnung des »Grabenwahlsystems« zurückführen zu wollen, würde allerdings zu kurz greifen. Ohne Zweifel zielte ihr Vorstoß auch in Richtung Bonn, zumal durch die gemeinsam vertretene Forderung nach einer dynamischen Ostpolitik die außenpolitische Plattform für ein Zusammengehen von SPD und FDP bereits gezimmert schien. Für die FDP hatte der Regierungssturz in Nordrhein-Westfalen zunächst allerdings »verheerende Folgen«[43]. Aus Protest traten am 23. Februar 1956 16 Abgeordnete – darunter die Minister Franz Blücher, Fritz Neumayer, Viktor-Emanuel Preusker und Hermann Schäfer – aus der Bundestagsfraktion und kurze Zeit später auch aus der Partei aus. Die von den Abtrünnigen am 23. Juni 1956 in Bochum gegründete Freie Volkspartei (FVP) erwies sich jedoch als Totgeburt und fusionierte im Januar 1957 mit der DP. Thomas Dehler, dessen umstrittene Partei- und Fraktionsführung mit ein Grund für die Spaltung gewesen war, überstand den »Auszug der Sechzehn« politisch nur wenige Monate. Am 25. Januar 1957 löste ihn der ehemalige baden-württembergische Ministerpräsident Reinhold Maier an der Spitze der FDP ab.[44]

Bereits zuvor hatte Dehler auf eine Wiederwahl als Landesvorsitzender der bayerischen Liberalen verzichtet.[45] Obwohl die bayerische FDP auch unter ihrem neuen Vorsitzenden Albrecht Haas ein uneingeschränktes Bekenntnis zur Viererkoalition abgab, ließ sie im Vorfeld der Bundestagswahl 1957 »wenig Neigung«[46] für eine Koalition mit der SPD in Bonn erkennen. Dagegen verfocht sie das Konzept einer »dritten Kraft« zwischen Union und Sozialdemokratie. Da die DP ein Satellit der CDU und der GB/BHE eine reine Interessenpartei sei, konnte nach liberalem Selbstverständnis nur die FDP der Aufgabe einer Mittlerin zwischen den monolithischen Blöcken aus »Schwarz« und »Rot« gerecht werden. Dies wurde umso deutlicher betont, als zögerliche Fühlungnahmen mit GB/BHE und DP über ein Wahlabkommen schon frühzeitig gescheitert waren. Ihren Bundestagswahlkampf führte die FDP daher gleichermaßen gegen die beiden großen Parteien und als Verdrängungswettbewerb gegen ihre Konkurrenten um den dritten Platz im bundesrepublikanischen Parteienspektrum.[47]

b) Die Suche der BP nach Bündnispartnern

Nach dem Bundeswahlgesetz vom 15. März 1956 musste eine Partei für den Einzug in das Parlament fünf Prozent der abgegebenen Stimmen auf sich vereinen oder alternativ dazu drei Direktmandate erringen. Als eine auf Bayern beschränkte Landespartei hatte die BP demnach von allen vier Koalitionspartnern die schlechtesten Aussichten, dem dritten Deutschen Bundestag anzugehören. Angesichts ihrer sinkenden Popularität und der Ergebnisse vorangegangener Wahlen schien es ausgeschlossen, dass sie von sich aus eine der beiden Hürden nehmen könnte. Dem drohenden Sturz in die politische Bedeutungslosigkeit suchte sie zu begegnen, indem sie beim Bundesverfassungsgericht Klage gegen die Sperrklausel einreichte und gleichzeitig Verhandlungen mit anderen Parteien über ein Wahlabkommen aufnahm.[48]

Das Tauziehen um ein Wahlbündnis setzte kurz nach der Kommunalwahl ein und nahm aufgrund der Wankelmütigkeit der BP oftmals skurrile Züge an. Zunächst wies sie ein Angebot der CSU zurück, das im Gegenzug für Garantien bei der Kanzlerwahl und ein Ausscheiden der BP aus der Viererkoalition sechs sichere Bundestagswahlkreise vorsah. Danach deutete alles auf eine Absprache mit den Koalitionsparteien hin. Um bei der ländlich geprägten Wählerschaft den Eindruck zu vermeiden, die BP könne »zu einem Anhängsel der SPD herabsinken«[49], verständigte sich der Landesausschuss am 28. Juli 1956 auf ein technisches Wahlbündnis mit allen drei Bündnispartnern und lehnte Vereinbarungen mit der CSU ab.[50] Metaphorisch kommentierte Joseph Baumgartner den Beschluss mit der Feststellung, er könne sich »doch nicht mit jemandem verbünden, der mich mit dem Rosenkranz aufhängen und mit dem Geldsack erschlagen will«[51]. Die SPD war bereits willens, der BP drei relativ sichere Wahlkreise zu überlassen, und auch die bayerische FDP hatte schon ihr Interesse an einer Verständigung mit dem Koalitionspartner signalisiert[52], als die BP ihre Haltung im September 1956 überraschend revidierte und alle Hoffnungen auf den Entscheid des Bundesverfassungsgerichts setzte. Als dieses jedoch am 23. Januar 1957 die von BP und Gesamtdeutscher Volkspartei (GVP) gemeinsam eingereichte Klage gegen die Sperrklausel zurückwies, nahm die BP ihre Suche nach Bündnispartnern wieder auf und intensivierte sie in der Folgezeit.

94

Bei einer Besprechung im Koalitionsausschuss betonte Baumgartner, »dass bei der Erörterung über die Hilfe für die Bayernpartei nicht von Hilfe, sondern davon gesprochen werden soll, dass der Bayernpartei zu ihrem Recht verholfen werden muss«[53].

Obwohl der fintenreiche Parteivorsitzende auch nach dem Karlsruher Entscheid erklärt hatte, mit den »Henkern der BP«[54] nicht verhandeln zu wollen, ließ er Konrad Adenauer über einen Mittelsmann wissen, dass die möglichen Bundestagsabgeordneten der BP bei einem Entgegenkommen von CDU/CSU in der Frage der Sperrklausel bei der Kanzlerwahl den Kandidaten der Union unterstützen würden. Auch in der Fraktion wurden daraufhin erneut Stimmen für Gespräche mit der CSU laut.[55] Diese hatte ihrerseits bereits anklingen lassen, dass sie den Austritt der BP aus der Viererkoalition nicht mehr als Bedingung für das Zustandekommen von Wahlabsprachen voraussetzen würde. Nach einem ersten Zusammentreffen stellte die BP zuversichtlich fest, »dass auf dem Gebiet programmatischer und grundsätzlicher Fragen eine Annäherung der beiderseitigen Standpunkte möglich«[56] sei. Als jedoch der Münchner Kreisvorsitzende der BP, Ludwig Max Lallinger, mit einer Plakataktion heftig gegen die Politik der Bundesregierung polemisierte, brach die CSU die Verhandlungen am 3. April 1957 nach nur zwei Treffen ergebnislos ab.[57] Baumgartner hatte im Frühjahr 1957 seine Hoffnungen zeitweilig auch auf ein Wahlbündnis mit der DP gesetzt.[58] Die innerparteiliche Zustimmung zum Vorgehen des Vorsitzenden war aber nicht ungeteilt gewesen, da bei einem Abkommen die Kandidaten der BP auf der Liste der von ihren Anhängern vielfach als »preußisch-zentralistisch« eingestuften Welfenpartei antreten hätten müssen. Ohnehin waren die Gespräche schon frühzeitig an den koalitionspolitischen Erwägungen des DP-Vorsitzenden Heinrich Hellwege, der auf eine Übereinkunft mit der CDU abzielte, gescheitert.[59]

So lag es also erneut an den Koalitionspartnern, die konsternierte BP aus ihrem schier ausweglosen Dilemma zu befreien. Auf Vermittlung der nordrhein-westfälischen SPD, die aus Gründen der Koalitionsräson ihrem Regierungspartner DZP zum Sprung in den nächsten Bundestag verhelfen wollte, fanden sich BP und Zentrum zu Gesprächen bereit.[60] Nach Abschluss der zügig geführten Verhandlungen willigte die Landtagsfraktion der BP schließlich am 8. Mai 1957 in ein Wahlbündnis ein.[61] Der von Baumgartner als »politischer Vorgang von weittragender Bedeutung«[62] gewürdigte Zusammenschluss der beiden Parteien unter seinem Vorsitz zur Föderalistischen Union (FU) erfolgte am 12. Juni 1957. Der Allianz traten auch zwei norddeutsche Kleinparteien, die Deutsch-Hannoversche Partei (DHP) und die Schleswig-Holsteinische Landespartei (SHLP), bei.[63] Hingegen scheiterte der Versuch, die saarländische Christliche Volkspartei (CVP) für das Bündnis zu gewinnen.[64] Doch auch die FU fand nicht die einmütige Zustimmung der BP-Landtagsfraktion, die erneut von Spaltungstendenzen bedroht schien. Vor allem Martin Schwei-

Grundsatzprogramm der Föderalistischen Union (FU) Bayernpartei - Zentrum

1. **Kontrolle der zentralen Macht der Bonner Bürokratie durch die föderalistischen, heimattreuen Kräfte.** Stärkung der Länderrechte, Neuregelung des Finanzausgleichs zwischen Bund und Ländern, Beseitigung des Dotationssystems, stärkere Einflußnahme des Bundesrates.

2. **Kampf gegen die Alleinherrschaft einer Partei** und daher Ablehnung des Zweiparteiensystems. Änderung des Bundeswahlgesetzes im Sinne des Föderalismus, Schaffung eines demokratischen Parteiengesetzes.

3. **Abrüstung als Weltproblem und besondere Deutsche Aufgabe durch positive Haltung und Aktivität in der Abrüstungsfrage.** Verzicht auf atomare Waffen. Produktion und Lagerung von Atomwaffen in der Bundesrepublik werden abgelehnt. Aufhebung der allgemeinen Wehrpflicht. Heimatverteidigung durch ein modernes Freiwilligen-Berufsheer im Rahmen der westeuropäischen Union. Schaffung einer militärisch verdünnten, kontrollierten Zone in Mitteleuropa. Schärfste Kampfansage gegen jede aggressive Militärpolitik und gegen jede Art von Militarismus.

4. **Oberster Grundsatz der Außenpolitik Erhaltung und Sicherung des Weltfriedens:** Gemeinsame Außenpolitik aller Parteien unter entschiedener Ablehnung der Politik der starken Faust und der Drohungen. Eigene Anstrengungen der Bundesrepublik zur Entspannung zwischen Ost und West und zur Wiedervereinigung Deutschlands. Neuorientierung der Ostpolitik zur Erreichung normaler Beziehungen zu den Staaten des Ostens, Bekenntnis zur westlichen Welt und europäische Zusammenarbeit, Schaffung eines gesamteuropäischen Sicherheitssystems mit Nichtangriffsverpflichtungen und Sicherheitsgarantien der Großmächte und der Vereinten Nationen.

5. **Freie Entfaltung der Kirchen und loyale Erfüllung der zwischen dem Staat und den Kirchen abgeschlossenen Verträgen.** Gegen Mißbrauch von Kirche und Religion für die politischen Zwecke einer einzigen Partei. Erhaltung des religiösen Friedens durch konfessionelle, weltanschauliche Toleranz. Intensive Förderung von Kultur, Wissenschaft, Forschung und akademischen Nachwuchs als Lebensfrage des ganzen Deutschen Volkes durch eine loyale Haltung des Bundes gegenüber den Ländern. An der im Grundgesetz verankerten Kultur- und Schulhoheit der Länder wird unverbrüchlich festgehalten. Ablehnung eines Bundeskultusministeriums.

6. **Echte soziale Marktwirtschaft und Wirtschaftspolitik der Vernunft.** Ablehnung sozialistischer, plan- und zentralwirtschaftlicher Experimente. Gegen Konzentration des Kapitals in der Hand Weniger und Bekämpfung des Staatskapitalismus. Existenzsicherung der mittelständischen Familienbetriebe des Handwerks, Gewerbes und der Landwirtschaft, besondere Förderung der freien selbständigen Berufe und der geistig-kulturell Schaffenden, Steuervereinfachung und drastische Steuersenkung, Einschränkung der Staats- und Rüstungsausgaben, Sparsamkeit in der Staatsverwaltung. Energische Bekämpfung der inflationistischen Gefahr. Stabilisierung der Preise.

7. **Hebung der sozialen Sicherheit durch gesunde Kapitalbildung bei den mittleren und unteren Einkommen.** Stärkere Begünstigung des Sparens. Energische Behebung der Wohnraumnot, vor allem in den Brennpunkten durch Erweiterung des Wohnungsbaues. Gerechter Lastenausgleich unter gleichmäßiger Berücksichtigung aller, auch der einheimischen Geschädigtengruppen. Beseitigung der Härten der Rentenreform. Nachhaltige Sicherung und Steigerung der wertvollen sozialen und ökonomischen Errungenschaften im Sinne einer gerechten Sozialordnung.

6. Juli 1957

Der Bundesvorsitzende:
Prof. Dr. Joseph Baumgartner, Staatsminister

Wer FU wählt, verhindert Diktatur und Krieg und sichert die friedliche Existenz der Heimat!

Grundsatzprogramm der Föderalistischen Union 1957.

ger polemisierte heftig gegen die Verbindung mit dem Zentrum.[65] Dennoch gelang es Jakob Fischbacher, mit Ausnahme Martin Schweigers und Josef Brunners alle Mitglieder der Fraktion »auf Ehr und Gewissen und von Mann zu Mann«[66] zu verpflichten, der BP auch weiterhin die Treue zu halten.[67]

Die FU gab sich ein Grundsatzprogramm[68], in dem sie sich als föderative Sammlungspartei der politischen Mitte definierte. In der Ablehnung der allgemeinen Wehrpflicht und in der Forderung nach einer sich nicht an bestimmte Mächtegruppen bindenden Wiedervereinigungspolitik als Alternative zu Adenauers Politik der Stärke manifestierte sich ihr Charakter als der »einer partiell-oppositionellen bürgerlichen Protestpartei auf Bundesebene und am Rande des ›Bürgerblocks‹ im Deutschen Bundestag «[69]. Die FU trug von Anfang an schwer an der Bürde, von Innenminister Gerhard Schröder (CDU) als »neue« Partei im Sinne des Bundeswahlgesetzes erklärt und dadurch gezwungen worden zu sein, 2.000 Unterschriften auf Landesebene und jeweils 200 Unterschriften in den Wahlkreisen für die Zulassung ihrer Landeslisten und Wahlkreiskandidaten zu sammeln. Dies führte schließlich dazu, dass sie letztlich nur in Bayern, Niedersachsen und Nordrhein-Westfalen zur Wahl zugelassen wurde. Auch wurde die FU nie zu einer einheitlich agierenden Organisation, sondern operierte auf der jeweiligen Landesebene in drei weitgehend voneinander unabhängigen Wahlkämpfen. In Bayern trug die Verbindung mit der SPD, die in vier Wahlkreisen zugunsten der FU auf eigene Kandidaten verzichtet hatte, maßgeblich dazu bei, dass das Gros der bayerischen Wähler die ihre Zugehörigkeit zum bürgerlichen Lager betonende BP der Opposition gegen Adenauer zurechnete.[70] Allen Unwägbarkeiten zum Trotz blickte die FU dennoch mit einiger Zuversicht dem Wahltag entgegen.[71]

c) Das Debakel der bayerischen Koalitionsparteien

Die Wahl zum dritten Deutschen Bundestag am 15. September 1957 endete mit einem historischen Sieg der Unionsparteien. 50,2 Prozent der Wähler waren der Aufforderung der Union gefolgt, »keine Experimente« einzugehen, und hatten die Bundestagswahl zu einer triumphalen »Adenauerwahl« werden lassen.[72]

In Bayern bestätigte die Bundestagswahl den Trend zugunsten der Union, der sich schon bei der Kommunalwahl 1956 abgezeichnet hatte. Mit einem Stimmenanteil von 57,2 Prozent war es der CSU gelungen, ihr 1953 erzieltes Ergebnis um 9,4 Prozent zu verbessern und zudem alle 47 bayerischen Wahlkreise zu erobern. Als einzige der vier Regierungsparteien konnte auch die SPD Gewinne für sich verbuchen und kam auf 26,4 Prozent (+ 3,1 Prozent). Während der GB/BHE nach leichten Verlusten mit einem Anteil von 6,8 Prozent (- 1,4 Prozent) immerhin seine in der Kommunalwahl erstmals errungene Stellung als drittstärkste bayerische Partei behaupten konnte und auch das Absinken der FDP auf 4,6 Prozent (- 1,6 Prozent) nicht allzu empfindlich ausfiel, erlebte die BP ein wahres Fiasko. Unter der Fahne der FU verlor sie gegenüber 1953 zwei Drittel ihrer Wähler und kam nur noch auf 3,2 Prozent (- 6 Prozent).[73]

Obgleich die bayerische Bevölkerung in ihrem Wahlverhalten cum grano salis lediglich dem bundesweiten Trend zugunsten der Unionsparteien gefolgt war und sicherlich die Ursachen für den Ausgang der Bundestagswahl nicht in erster Linie in der Landespolitik zu suchen sind, war diese Nagelprobe für die Viererkoalition negativ ausgefallen. Die bayerischen Koalitionsparteien konnten die Tatsache, dass es der CSU gelungen war, 57,2 Prozent auf sich zu vereinen, während sie selbst zusammen nur 41 Prozent erreicht hatten, schwerlich als Bestätigung ihrer Regierungspolitik werten.[74] Die Niederlage der Viererkoalition wurde zum Debakel, weil die Koalitionspartner der SPD existenzbedrohende Verluste erlitten hatten. Vor allem die BP hörte mit der Bundestagswahl von 1957 auf, eine bedeutende politische Kraft zu sein. Ihr Scheitern lässt sich an der Tatsache festmachen, dass sie nur noch in zwei der sieben Regierungsbezirke mehr als fünf Prozent der Stimmen auf sich vereinen konnte.[75] Selbst in den Wahlkreisen Altötting, München-Land, Pfarrkirchen und Traunstein, in denen SPD und FDP auf die Nominierung eigener Kandidaten zugunsten der FU verzichtet hatten, war es ihr nicht gelungen, ein Direktmandat zu erobern.[76]

3. Das vorzeitige Ende der Allianz[77]

a) Treueschwüre und Konspirationen: Die Chronologie des Zerfalls

Im Sog der »Adenauerwahl« geriet schließlich auch die bayerische Viererkoalition in heftige Turbulenzen. Zwar wiesen die Bündnisparteien zunächst den Befund der CSU, die bayerischen Wähler hätten der amtierenden Staatsregierung das Vertrauen entzogen, energisch zurück. Hinter den Kulissen des weißblauen Koalitionstheaters aber gärte es. Die von nackter Existenzangst erfassten kleinen Bündnisparteien BP, GB/BHE und FDP mussten angesichts ihrer verheerenden Niederlage befürchten, »bei der Landtagswahl 1958 die Quittung zu bekommen für ihren Flirt mit der Sozialdemokratie«[78]. Während sich die SPD »edler Nibelungentreue«[79] hingab und auch die FDP auf die Fortführung der Koalition setzte, hielten BP und GB/BHE dem Druck ihrer Niederlage nicht stand und suchten die Annäherung an die CSU.

Parallel dazu griffen die kleinen Parteien erneut das Konzept einer »dritten Kraft« als möglichen Ausweg aus dem drohenden Fall in die Bedeutungslosigkeit auf. Allerdings erwies sich die Diskussion schon rasch als Strohfeuer, obwohl der GB/BHE die Ansicht verfocht, dass er als drittstärkste Partei des

Landes »der Kristallisationspunkt aller Gruppen sein müsse, die sich zu einer eigenständigen politischen Kraft neben der SPD und der CSU entwickeln«[80]. Auch der FDP-Landesvorsitzende Albrecht Haas erklärte seine Partei »für Mitglieder anderer Parteien weit offen«[81]. In einem Aufsehen erregenden Schritt hatten sich zuvor 28 Funktionäre und Mandatsträger der oberbayerischen BP der FDP angeschlossen.[82] Allerdings blieb diese Aktion ein regional begrenzter Einzelfall, mochte die FDP auch weitere Anstrengungen darauf verwenden, schwankende Mitglieder des GB/BHE und der BP zu einem Übertritt zu bewegen.[83]

Eine Neuordnung der bayerischen Parteienlandschaft blieb demnach zunächst aus. Hingegen wurden die entscheidenden Wegmarken beim Bruch des fragil gewordenen Viererbundes in klandestinen, offiziösen und offiziellen Verhandlungen zwischen der CSU einerseits und BP und GB/BHE andererseits gesetzt. Auf Seiten der CSU waren dabei die in enger Absprache mit dem Parteivorsitzenden Hanns Seidel handelnden nachmaligen Staatsminister Rudolf Eberhard und Otto Schedl »die treibenden Kräfte«[84]. An Warnungen vor den beiden gewieften Parteistrategen fehlte es nicht. Für den Vizepräsidenten des Bayerischen Landtags, Georg Bantele (BP), waren sie gar »die übelsten Burschen, die ich kenne«[85]. Bei der BP traten vor allem Martin Schweiger und Staatssekretär Kurt Eilles als Befürworter einer neuen Regierungskoalition hervor. Hinter dem Rücken ihres Partei- wie auch ihres Fraktionsvorsitzenden verhandelten sie bereits mit der CSU, noch ehe die BP sich zu offiziellen Unterredungen bereitgefunden hatte. Beim GB/BHE ging die Initiative zunächst von der Landesleitung aus, in deren Auftrag Generalsekretär Rudolf Wagner den Boden für einen Regierungswechsel bereitete.[86] Die Staatssekretäre Willi Guthsmuths und Erich Simmel waren stets »Treiber gegen die Sozialdemokraten«[87] gewesen, während die antiklerikal und sozial geprägten Mitglieder des GB/BHE um Walter Becher, Wilfried Keller und Walter Stain sich vorwiegend aus politischer Existenzangst und nicht ohne Bedenken zum Verlassen der Koalition bereit fanden.[88]

Zu ersten Kontaktaufnahmen zwischen CSU und BP war es noch in der Wahlnacht gekommen, als Schweiger einen Anruf Seidels erhalten hatte. In den folgenden drei Tagen setzten Eberhard und Schedl die Gespräche mit Schweiger fort. Dabei stellten sie der BP eine Koalitionsbildung zu den gleichen personellen Bedingungen wie in der Viererkoalition in Aussicht. Notfalls sei die CSU sogar bereit, der BP bis zu sechs Kabinettsposten abzutreten. Darüber hinaus werde sie bindende Zusagen für eine Absicherung bei der Landtagswahl 1958 geben und der BP Stimmkreise in Niederbayern, Oberbayern und Schwaben überlassen.[89]

Als die Fraktion der BP am 18. September erstmals nach der Bundestagswahl zu einer Sitzung zusammentrat und mit der Landesleitung der Partei über die Konsequenzen des Wahldebakels der FU für den Bestand der bayerischen Regierungskoalition beriet, sprachen sich bereits zwölf Abgeordnete für eine Neuorientierung der Partei aus.[90] Eine starke Minderheit in der Fraktion war demnach nicht mehr willens, der Linie Baumgartners und Fischbachers zu folgen. Mit eindringlichen Worten konnte der Fraktionsvorsitzende allerdings verhindern, dass eine Abstimmung über das Schicksal des Bündnisses stattfand.[91] Dagegen wurde Martin Schweiger, der auf »bindende Zusagen«[92] der CSU für eine Regierungsbildung nur mit der BP verweisen konnte, zugestanden, inoffiziell und ohne Ermächtigung der Fraktion seine Verhandlungen weiterzuführen.[93]

Parallel zu den Gesprächen mit der BP hielt die CSU auch mit dem GB/BHE enge Tuchfühlung. Am 27. September unterzeichneten Joseph Ernst Fürst Fugger von Glött und Otto Schedl für die CSU, Kurt Eilles und Martin Schweiger für die BP sowie Wolfgang Lindenblatt und Rudolf Wagner für den GB/BHE einen Vorvertrag über eine künftige Koalitionsregierung[94], in der der BP vier und dem GB/BHE drei Kabinettsmitglieder zugesichert wurden. Allerdings hatten die Vertreter der BP ohne Verhandlungsvollmacht gehandelt. Und auch für den GB/BHE blieb der Vorvertrag »ohne effektive Bedeutung«[95], da er ohne Wissen des Fraktionsvorstands paraphiert worden war.

Bei der Tagung des Koalitionsausschusses am 30. September war »ein Knistern im Gebälk der Koalition«[96] bereits deutlich hörbar. Während Waldemar von Knoeringen für die SPD ein klares Bekenntnis zur Koalition ablegte[97] und darauf hinwies, »dass der Landesausschuss sich einstimmig für die korrekte Durchführung des Koalitionsvertrages ausgesprochen habe und dass keinerlei Verhandlungen mit der CSU geführt würden«, und auch die FDP ihre »Treue zur Koalition« bekundete, fielen die Stellungnahmen von BP und GB/BHE weit weniger eindeutig aus. Zwar erklärte Baumgartner, »dass die Bayernpartei treu zur Koalition stehen wird«. Seine Zusatzbemerkung, »Schwierigkeiten mit einzelnen Personen« werde man zu lösen wissen, ließ jedoch die Fragilität des Bündnisses ebenso erahnen wie die Aussage des Fraktionsvorsitzenden des GB/BHE, Walter Becher, der laut Protokoll ankündigte: »Alle Entscheidungen liegen noch vor uns; im Prinzip stehe man zur Koalition.«[98] Doch noch am selben Abend erörterte Becher mit Seidel auf dessen Einladung hin die Möglichkeiten einer künftigen Zusammenarbeit von CSU und GB/BHE.[99]

Einstweilen war auch Martin Schweiger eifrig bemüht, die Verhandlungen mit der CSU fortzusetzen. Auf seine Einladung hin fanden sich am Nachmittag des 1. Oktober mehrere Abgeordnete und Funktionäre der BP, darunter der stellvertretende Fraktionsvorsitzende Max Klotz, zu einem Gespräch im Münchner Gasthaus »Am Platzl« ein.[100] Später kamen Eberhard und Schedl hinzu, die der BP in einem CSU-geführten Kabinett vier Posten zusicherten, eine erneute Berufung ihrer amtierenden Staatsminister aber ausschlossen.[101] Dass es um den Zusammenhalt in der BP schlecht bestellt war, zeigte das Ergebnis einer von Klotz herbeigeführten Abstimmung, in der sechs Anwesende ihre Bereitschaft zu einem Übertritt zur CSU erklärten, sofern ihre Partei sich für einen Verbleib in der Viererkoalition entschließen sollte.[102]

In der Fraktionssitzung der BP vom 2. Oktober gaben Eilles und Schweiger einen Bericht über die Gespräche mit der CSU, in dessen Mittelpunkt sie den am 27. September paraphierten Vorvertrag über die Bildung einer Regierung aus CSU, BP und GB/BHE stellten. Anschließend drängten sie auf eine schnelle Entscheidung und verwiesen auf die vermuteten Fusionsbestrebungen von GB/BHE und FDP, die der CSU ihren Befürchtungen zufolge einen alternativen Koalitionspartner erbringen und ein Bündnis mit der BP obsolet machen könnten. Nachdem allerdings Baumgartner eindringlich vor übereilten Konsequenzen gewarnt und für einen vorläufigen Verbleib in der Viererkoalition plädiert hatte, fand sich in der Fraktion lediglich eine breite Mehrheit für weitere, nunmehr offizielle Verhandlungen mit der CSU. Ein sofortiger Austritt aus der Koalition wurde damit jedoch abgelehnt.[103] Gleichzeitig kündigte die BP an, dass sie »ihre künftige Politik einer eingehenden Prüfung unterziehen«[104] werde. Schon am folgenden Tag legte der Fraktionsvorstand Richtlinien für die Verhandlungen mit der CSU fest.[105]

Während Waldemar von Knoeringen mit einem Aktionsprogramm für die Erneuerung der Viererkoalition in die Offensive gehen und das Gesetz des Handelns für die SPD zurückgewinnen wollte[106], kam es am Rande einer Klausurtagung der CSU im Kloster Ettal am 3. Oktober zu einem ersten offiziellen Treffen von CSU und BP. An ihm nahm neben den Renegaten innerhalb der BP-Fraktion erstmals auch der Fraktionsvorsitzende teil und dokumentierte durch seine Anwesenheit den nunmehr offiziellen Charakter der Verhandlungen.[107] Die CSU bekräftigte ihre Absicht, mit der BP eine Regierung zu bilden, und informierte über die schon weit gediehenen Verhandlungen mit dem GB/BHE. Darüber hinaus erklärte sie sich zur Annahme der von den Vertretern der BP vorgelegten Bedingungen bereit, doch machte sie den als conditio sine qua non der BP geforderten Verbleib Baumgartners in der neuen Regierung von einer Rücksprache mit ihrer Fraktion abhängig.[108]

In einer mehrstündigen Aussprache, zu der Ministerpräsident Hoegner aufgrund der wild zirkulierenden Gerüchte über die Situation der bayerischen Koalition tags darauf in die Staatskanzlei gebeten hatte, gab Joseph Baumgartner zu erkennen, dass große Teile seiner Partei sich für einen Wechsel aussprächen.[109] Da seine Fraktion jedoch auf seinem Verbleib im Amt des Landwirtschaftsministers bestehe und die CSU eine derartige Bedingung nicht akzeptieren werde, erklärte Baumgartner, »die ganze Angelegenheit sei nicht tragisch zu nehmen«[110].

Am selben Tag trafen sich hochrangige Vertreter von CSU und GB/BHE in Starnberg zu Koalitionsverhandlungen.[111] Für die Führung des GB/BHE scheint zu diesem Zeitpunkt ein Austritt aus der Viererkoalition bereits beschlossene Sache gewesen zu sein. So verwundert es nicht, dass in Starnberg bereits Gespräche über die von seinen Vertretern zu besetzenden Regierungs-ämter geführt wurden.[112] Einer quellenmäßig nicht weiter belegten Auskunft der BP zufolge soll der GB/BHE darüber hinaus »ein vollständig ausgearbeite-tes Koalitionsprogramm«[113] vorgelegt haben.

Im Beisein von Hanns Seidel besprachen sich am 5. Oktober Vertreter von CSU und BP in der Gaststätte »Am Platzl«.[114] Seidel betonte dabei die große Übereinstimmung beider Parteien in Sachfragen. Einer endgültigen Einigung stand nach Auffassung des Oppositionsführers demnach nur noch die Frage der künftigen Stellung Baumgartners im Wege. Allerdings äußerte er die Bereit-schaft der CSU, den Widerstand gegen eine erneute Berufung des BP-Vorsit-zenden an die Spitze des Landwirtschaftsministeriums zugunsten einer raschen Einigung aufzugeben.[115]

Nachdem die Gerüchte über ein vorzeitiges Ende des Viererbundes sich drei Wochen nach der Bundestagswahl verdichtet hatten, erklärte Ministerpräsident Hoegner in einer Sitzung des Koalitionsausschusses am 7. Oktober, dass er nicht von sich aus, sondern nur aufgrund eines Beschlusses des Landtags zu-rücktreten werde. Baumgartner und Becher hatten zuvor von Schwierigkeiten in ihren Fraktionen berichtet, während Haas sich für den Fortbestand der Koa-lition ausgesprochen hatte. Im Anschluss an die Sitzung des Koalitionsaus-schusses besprach Hoegner sich mit Becher und Guthsmuths. Diese gaben ihm die Zusicherung, die Fraktion des GB/BHE bis zur endgültigen Entscheidung der BP von einem Austritt aus der Koalition zurückzuhalten.

Eine Unterredung, zu der Jakob Fischbacher im Einvernehmen mit Joseph Baumgartner Abgeordnete, Landräte und Funktionäre der BP für den Abend des 7. Oktober in das Landwirtschaftsministerium gebeten hatten, erbrachte keine Klärung der verworrenen Situation. Von 22 Diskussionsrednern spra-chen sich elf für und ebenso viele gegen einen Austritt aus der Koalition aus. Mit Martin Schweiger und Albert Weggartner waren allerdings zwei wesentli-che Befürworter einer Hinwendung der BP zur CSU nicht geladen worden.[116] Die in der Fraktion vorherrschende Uneinigkeit war zugleich ein Spiegelbild für die Diskussion in den lokalen und regionalen Führungsgremien der BP. In einem Schreiben an Baumgartner zeichnete der Landesgeschäftsführer der BP, Karl Nothegger, ein diffuses Stimmungsbild vorwiegend bei den Kreisvorsit-zenden, die sich etwa jeweils zur Hälfte für und gegen einen Verbleib in der Viererkoalition äußerten.[117]

b) Die Koalition zerbricht

Am Vormittag des 8. Oktober tagte die Fraktion der BP. Die Diskussion war bestimmt von den taktischen Erwägungen der Austrittswilligen, unter welchem Vorwand die Koalition zu verlassen und dabei das Odium des Vertragsbruchs zu vermeiden sei. Joseph Baumgartner sprach sich gegen einen Austritt aus, betonte aber, sich dem Mehrheitsentscheid der Fraktion beugen zu wollen, da er persönliche Ambitionen zugunsten der Einheit von Partei und Fraktion zurückzustellen bereit sei. Aber noch immer fand sich die BP nicht zu einer einheitlichen Haltung bereit, sondern erteilte lediglich Georg Bantele und Simon Nüssel den Auftrag, der CSU mitzuteilen, dass etwa die Hälfte der Fraktion einen etwaigen Misstrauensantrag gegen Wilhelm Hoegner unterstützen würde.[118] In einer Erklärung stellte die BP darüber hinaus fest, dass die Entscheidung über den Rücktritt des Ministerpräsidenten beim Landtag liege und sie von sich aus keinen Antrag stellen werde.[119]

Den unmittelbaren Anstoß für die Auflösung der Viererkoalition gab dann der GB/BHE, der damit wohl diesbezügliche Hoffnungen von Teilen der BP erfüllte.[120] Bei nur drei Gegenstimmen der Abgeordneten Georg Bauer, Wenzel Köhler und Herbert Schier und der Enthaltung Karl Schreiners billigte die Fraktion den Austritt aus der Viererkoalition und begründete diesen Schritt mit dem Hinweis, durch die ungewisse Haltung der BP sei »der gegenwärtigen Koalition die Vertragsgrundlage entzogen«[121]. Zudem erklärte er »die Bayernpartei in ihrer gegenwärtigen Zusammensetzung nicht mehr für fähig, sich an einer Staatsregierung zu beteiligen«[122]. Noch am selben Tag vollzog Walter Becher in einer Sitzung des Koalitionsausschusses unter Hinweis auf den Wankelmut der BP den Austritt des GB/BHE aus der Koalition.[123]

Damit war der Viererkoalition die Grundlage entzogen, denn CSU und GB/BHE verfügten zusammen nun über die Hälfte der insgesamt 204 Landtagssitze, während die verbleibende Regierung aus SPD, BP und FDP mit nur 101 Mandaten in eine Minderheitenposition geraten war.[124] Da die Bayerische Verfassung den Rücktritt des Ministerpräsidenten zwingend für den Fall vorschreibt, dass »die politischen Verhältnisse ein vertrauensvolles Zusammenarbeiten zwischen ihm und dem Landtag unmöglich machen«[125], äußerte Hoegner nunmehr seine grundsätzliche Bereitschaft, seinen Rücktritt zu vollziehen.

Für 17 Uhr berief er eine außerordentliche Sitzung des Ministerrats ein, an der mit Ausnahme von Fritz Koch und Ernst Vetter alle Kabinettsmitglieder teilnahmen.[126] Nachdem Hoegner die Erklärungen von BP und GB/BHE verlesen und über den Rücktritt der Regierungsmitglieder des GB/BHE informiert hatte, erklärte sich der Ministerrat auf seinen Vorschlag hin einverstanden, zur Klärung der Regierungskrise den Landtag einzuberufen. Zur Frage seines Rücktritts kündigte der Ministerpräsident an, er wolle zunächst die Fraktion seiner Partei konsultieren, ehe er sich entscheide, ob er sich dem Landtag stellen oder von sich aus den Rücktritt erklären werde. Abschließend dankte Hoegner seinem Kabinett für das entgegengebrachte Vertrauen. Als aber sein Stellvertreter Joseph Baumgartner im Namen des Ministerrats den Dank erwiderte und die Hoffnung aussprach, »dass die guten menschlichen Beziehungen auch in Zukunft aufrecht erhalten bleiben«[127], »ergrimmte«[128] Hoegner, wie er in sei-

Abdruck

8.Oktober 1957

Der Bayerische Staatsminister
für Ernährung, Landwirtschaft und Forsten
und stellv.Ministerpräsident

An den

Herrn bayerischen Ministerpräsidenten
Dr. Wilhelm H o e g n e r

M ü n c h e n

mit Fahrer Schambach
v. Innenminister Geislhö
zu Minpräs in die Wohnung
geschickt. erhalten ca 20ᵗᵉ.
Um 21.¹⁰ hat Hoegner
seinen Rücktritt
erklärt. K.

Sehr geehrter Herr Ministerpräsident!

        Die unterzeichneten Mitglieder der Bayerischen
Staatsregierung,

            Dr. Joseph Baumgartner
            Dr. August Geislhöringer
            Dr. Joseph Panholzer
            Kurt Eugen Eilles

erklären auf Grund der politischen Lage in Bayern hiermit
ihren Rücktritt.

        Mit vorzüglicher Hochachtung!

    gez. Dr.Baumgartner   gez. Dr. Panholzer
    gez. Dr.Geislhöringer   gez. Kurt E.Eilles

Abdruck des Rücktrittschreibens der Kabinettsmitglieder der Bayernpartei vom 8. Oktober 1957. Mit handschriftlichem Vermerk von Joseph Baumgartners Sekretärin Gretl Kirschhausen.

nen Memoiren schreibt. Der letzte berichtende Satz des Ministerratsprotokolls legt denn auch Zeugnis ab von der bitteren Enttäuschung über die Art und Weise seines Sturzes, den er maßgeblich dem Vorsitzenden der BP, dem er »bis zum Schluss vertraut hat«[129], anlastete: »Ministerpräsident Dr. Hoegner bemerkt abschließend, leider seien die stets guten menschlichen Beziehungen zum Schluss durch Verrat getrübt worden.«[130]

In einem anschließenden Gespräch erörterte Hoegner mit Seidel die Lage der Koalition und die daraus zu ziehenden Konsequenzen. Dem Ansinnen Seidels, er solle seinen Rücktritt erklären, verweigerte sich Hoegner zunächst mit dem Hinweis auf seine für den folgenden Tag anberaumte Rücksprache mit der sozialdemokratischen Landtagsfraktion. Erneut waren es Rudolf Eberhard und Otto Schedl, die daraufhin aktiv wurden und in einem Gespräch Baumgartner und Fischbacher zum Rücktritt der von der BP gestellten Kabinettsmitglieder drängten. Der Vorschlag Fischbachers, vor einer endgültigen Festlegung die für den folgenden Tag anberaumte Sitzung der Fraktion abzuwarten, wurde mit dem Hinweis auf dringenden Handlungsbedarf abgelehnt. Doch erst nachdem die Emissäre der CSU der BP auf wiederholte Nachfrage die Zusage gaben, sie werde an der nächsten Regierung beteiligt sein, willigten die vier Kabinettsmitglieder ein und traten ohne vorherige Konsultation ihrer Fraktion zurück.[131] Gegen 21 Uhr übergab am Abend des 8. Oktober ein Bote der Haushälterin Hoegners das Rücktrittsschreiben.[132]

Unmittelbar nach dem Erhalt des Schreibens erörterte Wilhelm Hoegner mit Waldemar von Knoeringen die Frage seines Rücktritts und teilte diesen dann gegen 22 Uhr Landtagspräsident Hans Ehard und anschließend Hanns Seidel telefonisch mit. Der Rücktritt vom Amt des Ministerpräsidenten war für Hoegner »eine tiefe menschliche Enttäuschung«[133]. Mit ihm war, wie er in seinen Erinnerungen schreibt, der »Traum, die Übermacht der CSU in Bayern endgültig zu zerbrechen«[134], zerronnen. Für Hanns Seidel hingegen war nun der Weg zur Regierungsbildung geebnet.

c) Die Regierung Seidel

Die Verhandlungen über die Bildung einer neuen Staatsregierung waren zwar in den Gesprächen zwischen CSU einerseits und BP und GB/BHE andererseits vorbereitet, jedoch nicht verbindlich abgeschlossen worden. Die Koa-litions-verhandlungen setzten deshalb erst nach dem Rücktritt Hoegners ein und endeten in einer bürgerlichen Koalition der CSU mit dem GB/BHE und der FDP, die ihrerseits bis zuletzt der Viererkoalition die Treue gehalten und sich der aufgeregten Suche ihrer Bündnispartner nach neuen Mehrheiten nicht angeschlossen hatte.[135] Wie es letztlich zur Bildung der neuen Regierung kam, »liegt noch immer hinter dem Gestrüpp der gegenseitigen Beschuldigungen und Verdächtigungen verborgen«[136].

Bereits am Tag nach dem Rücktritt Hoegners hatte Hanns Seidel damit begonnen, Kontakt zu allen Parteien aufzunehmen und die Möglichkeiten einer künftigen Regierungsbildung auszuloten. Zunächst suchte er das Gespräch mit dem GB/BHE und verhandelte dann mit SPD und FDP. Für die SPD signalisierten Hoegner und Knoeringen die grundsätzliche Bereitschaft zu einer Koalition mit der CSU.[137] Allerdings schlossen sie auf entsprechende Fragen Seidels die Hereinnahme des GB/BHE in die neuzubildende Regierungskoalition aufgrund des Widerstands in der Fraktion weitgehend, die der BP kategorisch aus. Hingegen äußerten sie sich positiv über eine Beteiligung der FDP.[138]

Erst tags darauf kam ein erstes offizielles Koalitionsgespräch mit der BP zustande, an dem neben Rudolf Eberhard und Hanns Seidel sowie Jakob Fischbacher erstmals auch Joseph Baumgartner teilnahm. Seidel erklärte dabei den am 27. September unterzeichneten Vorvertrag über die Bildung einer künftigen Regierungskoalition für nichtig, da die Vertreter der BP nicht zu Verhandlungen legitimiert gewesen seien. Allerdings erklärte er sich prinzipiell zur Bildung eines Regierungsbündnisses auf der Grundlage der Oberammergauer Besprechungen bereit und betonte gleichzeitig, den GB/BHE auf jeden Fall in die künftige Koalition aufnehmen zu wollen.

Seidel konferierte anschließend mit Willi Guthsmuths, der die Beteiligung der BP an der neuen Koalition kategorisch ablehnte. Trotz des Einwands von Baumgartner und Fischbacher, die CSU könne diese Forderung einer Flüchtlingspartei gegenüber einer Heimatpartei kaum zulassen, bekräftigte Seidel am Abend des 10. Oktober, es sei die Angelegenheit der BP, eine Einigung mit dem GB/BHE herbeizuführen. Zuvor hatte Baumgartner seiner ob der wenig vorteilhaften Entwicklung spürbar niedergeschlagenen Fraktion noch versichert, seinem Eindruck nach habe die CSU nach wie vor »den guten Willen«[139] zur Regierungsbildung mit der BP.

Ein am 11. Oktober gemeinschaftlich vorgetragener Versuch Baumgartners, Banteles und Weggartners, Guthsmuths zu einem Einlenken in der Frage der Regierungsbeteiligung der BP zu bewegen, führte zu keiner Annäherung der konträren Standpunkte und scheiterte. Als unzumutbar hatte die BP die von Guthsmuths erhobene und später vom Fraktionsvorsitzenden Becher vor der Presse bekräftigte Forderung des GB/BHE empfunden, allenfalls ein Teil der BP komme für eine Koalitionsbildung in Frage, darunter nicht die gegenwärtige Partei- und Fraktionsführung. Die BP vermutete – wohl nicht zu Unrecht – Absprachen mit der CSU.[140] Die Forderung des GB/BHE gehe »eindeutig auf den alten Wunsch der CSU zurück, die Bayernpartei zu vernichten, zu sprengen oder verhandlungsunfähig zu machen«[141]. Die Absorptionsstrategie der CSU zeigte erste Erfolge, als mit Martin Schweiger und Albert Weggartner die Abgeordneten die Partei verließen, die zuvor wesentlich zum Kurswechsel der BP und damit zu ihrer Abwendung von der Viererkoalition beigetragen hatten.[142]

¡Ein gelöst wirkender Wilhelm Hoegner mit seinem designierten Nachfolger Hanns Seidel bei der Übergabe der bereinigten Sammlung des bayerischen Landesrechts am 15. Oktober 1957.

Vor der Landesgruppe der CSU im Deutschen Bundestag, die am 12. und 13. Oktober im schwäbischen Kirchheim tagte, deutete Seidel erstmals seine Präferenz für ein Regierungsbündnis mit GB/BHE und FDP an. Obgleich es noch gewisse Schwierigkeiten bei den Verhandlungen mit der FDP gebe, die ein deutliches Entgegenkommen in der Frage der Lehrerbildung erwarte, zeigte er sich zuversichtlich über die Aussichten für das Zustandekommen einer solchen Allianz. Der Koalitionszug für die BP war bereits abgefahren, als Joseph Baumgartner am 13. Oktober dem Informationsdienst seiner Partei ein Interview gab, in dem er betonte, die BP sei »nach wie vor bereit, sich geschlossen an einer Koalitionsregierung mit der CSU zu beteiligen, damit in Bayern eine christlich-konservative, heimattreue Regierung zustande kommen kann«[143]. Die Verhandlungsführer der CSU, Eberhard und Schedl, erklärten dagegen tags darauf, für eine Regierungsbildung komme nur ein Teil der BP-Fraktion von etwa zehn Mitgliedern in Frage.[144] Das Schicksal der BP als Regierungspartei war endgültig besiegelt, als die CSU am 15. Oktober einer Koalition mit GB/BHE und FDP zustimmte und Seidel beauftragte, abschließende Verhandlungen mit den beiden Parteien zu führen.[145] Die BP gehörte der neuen Regierung nicht an.[146] Sie hatte sich »durch Opportunismus und Uneinigkeit«[147] ausmanövrieren und in die Isolation treiben lassen.

Schließlich wählte der Bayerische Landtag auf Vorschlag des Abgeordneten Rudolf Eberhard am 16. Oktober Hanns Seidel zum Ministerpräsidenten. Von 194 abgegebenen Stimmen konnte Seidel dabei 110 auf sich vereinen. Für den zurückgetretenen Ministerpräsidenten Wilhelm Hoegner, der nicht zur Wahl stand, wurden 79 Stimmen abgegeben. Vier Stimmzettel entfielen auf andere Namen, einer wurde leer abgegeben und war damit ungültig.[148]

Noch am selben Tag erteilte der Landtag der von Seidel vorgeschlagenen Kabinettsliste seine Zustimmung.[149] In der neuen Staatsregierung stellte die CSU vier Minister und vier Staatssekretäre. GB/BHE und FDP war es gelungen, ihren im Kabinett Hoegner inne gehabten personellen Besitzstand zu wahren. Während die drei Regierungsmitglieder des GB/BHE auf ihren angestammten Posten verbleiben konnten, erhielten die beiden Vertreter der FDP neue Aufgaben zugeteilt. Otto Bezold musste das Wirtschaftsministerium für Otto Schedl räumen und wechselte in das Staatsministerium des Innern. Albrecht Haas, bislang Staatssekretär in der Staatskanzlei, arrivierte zum Staatssekretär des neuen Finanzministers Rudolf Eberhard.[150] Die Leitung des Kultusministeriums übernahm mit Theodor Maunz ein parteiloser, wenn auch der CSU nahestehender Fachmann. Stellvertreter des Ministerpräsidenten wurde Walter Stain.[151]

Mit der Bestallung Hanns Seidels und seines bürgerlichen Kabinetts war die Stunde angebrochen, die nicht nur das PASSAUER BISTUMSBLATT seit der Bildung der Viererkoalition »zuversichtlich und mutig«[152] herbeigesehnt hatte. Einen Monat nach der Bundestagswahl und nach insgesamt nur knapp drei Jahren Regierungsarbeit war eines der kühnsten politischen Experimente der bayerischen Nachkriegszeit, das weit über den Freistaat hinaus Beachtung gefunden hatte, unwiderruflich zu Ende.

IV. Zusammenfassung, Ergebnisse und Ausblick

Die Viererkoalition zerbrach nicht an landespolitischen Problemen, sondern in der Folge der Bundestagswahl 1957. Ohne vom Ausgang der Wahl direkt betroffen zu sein, war die Allianz durch den triumphalen Sieg der Unionsparteien im Allgemeinen und den der CSU im Besonderen »in ihren Grundfesten erschüttert«[1]. Das darauffolgende rasche Ende des Viererbundes war dann »ausschließlich eine Frage des politischen Klimas, keine Frage der Sachpolitik oder der Mehrheitsverhältnisse«[2]. Die Flucht von BP und GB/BHE aus der Koalition entsprang der Befürchtung beider Parteien, den Anschluss an eine neue Regierung zu verpassen, nachdem ein Ende der Viererkoalition unausweichlich schien. Dabei steckt die Tatsache, dass ausgerechnet die extrem föderalistische BP den Ausgang einer Bundestagswahl zum Anlass nahm, eine Landeskoalition aufzukündigen, voller historischer Ironie.

Doch gerade die BP sollte mit ihrem Austritt aus der Viererkoalition den »letzten nennenswerten strategischen Fehlgriff«[3] ihrer Geschichte getan und den »Anfang vom Ende«[4] ihrer politischen Existenz eingeläutet haben. In Scheinverhandlungen wurde sie von der CSU zunächst an die Wand gespielt und schließlich bei der Regierungsbildung ausgebootet. In der »Rolle des betrogenen Betrügers«[5] bildete die BP nolens volens zusammen mit der SPD nach dem Rücktritt Wilhelm Hoegners für den Rest der dritten Wahlperiode die Opposition im Bayerischen Landtag. Mit bedingungslosem Koalitionskurs in Richtung CSU kehrte sie – wenn auch geschwächt – 1958 und erneut 1962 in das Maximilianeum zurück.[6] Obgleich die CSU bei der Landtagswahl 1962 erstmals die absolute Mehrheit der Mandate errungen hatte und auf einen Koalitionspartner eigentlich nicht angewiesen gewesen wäre, bildete der neue Ministerpräsident Alfons Goppel gleichsam als »letzten Ausläufer der alten Aufsaugungsstrategie«[7] der CSU mit der BP eine Regierung und nahm deren Abgeordneten Robert Wehgartner als Innenstaatssekretär in sein Kabinett auf. Die Koalition endete faktisch am 20. Juli 1966 mit dem Übertritt Wehgartners zur CSU, ohne dass es zu einer formellen Aufkündigung gekommen wäre.[8] Bei der anschließenden Landtagswahl kehrte die BP mit nur 3,4 Prozent nicht mehr in das Parlament zurück.[9] Begünstigt durch die ausbleibenden Wahlerfolge spaltete sie sich in der Folge mehrfach und versank dadurch vollends in der politischen Bedeutungslosigkeit.[10] So erlag die BP »den bösen Attacken der CSU, ihrer eigenen Kopflosigkeit, hauptsächlich aber dem Trend der Zeit«[11].

GB/BHE und FDP wechselten nach dem Auseinanderbrechen der Viererkoalition in ein Regierungsbündnis mit der CSU, das nach der Landtagswahl

1958 erneuert wurde.[12] Vier Jahre später, bei der Landtagswahl 1962, errang die Gesamtdeutsche Partei-BHE[13] zwar 5,1 Prozent, konnte aber in keinem der sieben bayerischen Wahlkreise die Zehn-Prozent-Hürde überwinden.[14] Die Partei scheiterte letztlich an ihrer »Schaukelpolitik und Substanzlosigkeit«[15], nicht zuletzt aber an den Folgen der weitgehenden Integration ihrer politischen Klientel, der Flüchtlinge und Heimatvertriebenen. Die seit der Umbenennung des BHE in Gesamtdeutscher Block/BHE am 14. November 1952 erstrebte[16] und infolge der Fusion mit der DP erhoffte Ausweitung des Stimmenpotenzials auf das konservativ-nationale Wählermilieu missglückte und konnte den Untergang der Partei nicht mehr aufhalten.[17] Mit dem Ausscheiden des GB/BHE aus Landtag und Staatsregierung endete auch die Teilhabe der FDP an der Regierungsverantwortung. Die Landtagswahl 1966 setzte gar ihrer parlamentarischen Repräsentanz ein zwischenzeitliches Ende[18], ehe sie von 1970 bis 1982 und erneut von 1990 bis 1994 wieder in das Maximilianeum zurückkehren konnte.[19] Eine bedeutende Rolle auf dem politischen Parkett des Freistaats Bayern spielt die FDP, die bei der Landtagswahl 1998 mit 1,7 Prozent das schlechteste Ergebnis ihrer Geschichte erzielte[20], heute nicht mehr.

Doch auch dem genialen Koalitionsstrategen der SPD, Waldemar von Knoeringen, war sein Vorhaben, durch die Viererkoalition auf lange Sicht die politischen Weichen in Bayern zu verstellen, missglückt. Seit dem Rücktritt Hoegners ist die Sozialdemokratie in der scheinbar immerwährenden Rolle der Opposition im Bayerischen Landtag gefangen. Zwar profitierte sie – wenn auch in weit geringerem Maße als die CSU – von dem Untergang der bürgerlichen Kriegsfolgeparteien BP und GB/BHE sowie der fortwährenden Schwäche der FDP und konnte bei den Landtagswahlen zwischen 1958 und 1982 jeweils mehr als 30 Prozent der bayerischen Wähler für sich gewinnen.[21] Ein entscheidender Einbruch in die Vormachtstellung der CSU misslang jedoch selbst bei der Landtagswahl 1994, als die durch die »Amigo-Affäre«[22] angeschlagene Regierungspartei mit 52,8 Prozent erneut triumphierte.[23]

Die Viererkoalition hatte die CSU, wie Heike Bretschneider treffend feststellt, demnach nur vorübergehend »in ihrer schon damals antizipierten Rolle als bayerische Staatspartei«[24] abgelöst. Die CSU wandelte sich durch die organisatorischen und programmatischen Reformen in der Zeit der Opposition zu einer »modernen, interkonfessionellen, breit verankerten Großpartei«[25]. Unter den Vorsitzenden Hanns Seidel (1955-1961) und Franz Josef Strauß (1961-1988) wurden die heterogenen Flügel der Partei zusammengeführt und die nach Strauß tragenden drei Säulen der hegemonialen Stellung der CSU in Bayern[26] errichtet. Vor allem die Identifikation der CSU mit Bayern, die oftmals den Eindruck erweckt, als ob Bayerns Uhren tatsächlich anders gingen, ist weitgehend und ermöglichte der Partei in der Vergangenheit glänzende Wahlerfolge.[27] Die erste wesentliche Voraussetzung hierfür war die tatsächliche Verwirklichung des Gründungsgedankens der Union und die damit verbundene Wandlung der CSU zu einer überkonfessionellen, vor allem aber gesamtbayerischen Volkspartei, die die drei Traditionszonen Bayerns – Altbayern, Franken und Schwaben – ebenso zu integrieren vermochte wie Angehörige aller Bevölkerungsschichten und der beiden großen christlichen Konfessionen. Als zweite Grundbedingung ist die rasant verlaufene Entwicklung des vorwiegend agrarisch strukturierten Nachkriegsbayern zu einem modernen Staat zu nennen, der, wie Ministerpräsident Edmund Stoiber 1996 in einem Rückblick feststellte, »seinen Bürgern gute wirtschaftliche Lebensbedingungen und eine leistungsfähige Infrastruktur bietet, der zugleich die natürliche Umwelt bewahrt sowie Geschichte, Kultur und Brauchtum pflegt«[28]. Diese Entwicklung wurde in der unmittelbaren Nachkriegszeit und erneut seit 1957 maßgeblich durch die Administration der CSU gestaltet und geprägt.

Gleichwohl stellt die Viererkoalition, obschon aus der allgemeinen Wahrnehmung der bayerischen Nachkriegsgeschichte oftmals ausgeblendet, eine nicht unbedeutende Etappe auf dem Weg zum modernen Freistaat Bayern der Gegenwart und seinem seit rund drei Jahrzehnten weitgehend stabilen Parteiensystem dar.[29] Sie brachte, wie Hermann Proebst anlässlich ihrer Bildung im Bayerischen Rundfunk kommentierte, eine »gewaltige Verwerfung im politischen Gefüge«[30] mit sich. Der bleibende Anteil der Viererkoalition manifestiert sich daher zunächst in ihrer Binnenwirkung auf das bayerische Parteiensystem.

Gerade für die nach der Landtagswahl 1954 aus der Regierung verdrängte CSU wurde die Zeit in der Opposition zu einem Wendepunkt in ihrer Geschichte. Parallel zur Reform der Partei kam es zu einer Entmachtung des konservativ-christlichen, in der Tradition der BVP verhafteten Flügels, dessen kulturpolitische Intransigenz und unverhohlener Machtanspruch sie bei der Regierungsbildung isoliert hatten. Die Modernisierung und die mit ihr einhergehende Entklerikalisierung der CSU als wesentliche Voraussetzungen für ihre strukturelle Mehrheitsfähigkeit nach 1957 waren zwar bereits seit der Gründung der Partei Gegenstand heftigen innerparteilichen Ringens gewesen. Angestoßen wurden die Reformen allerdings erst dann, als sie durch den Verlust der Regierungsmacht und den Rücktritt Hans Ehards vom Vorsitz der CSU infolge der Bildung der Viererkoalition unumgänglich geworden waren. Mit der Schwächung des traditionalistischen Flügels wurde zugleich der Gedanke einer gemeinsamen Front der christlichen Schwesterparteien CSU und BP, wie er vor allem von Alois Hundhammer, Georg Meixner und Fritz Schäffer verfochten wurde, ad acta gelegt. Die Strategie Seidels und seines Nachfolgers Strauß war fortan nicht mehr auf Koexistenz und Kooperation, sondern auf die Vernichtung der BP angelegt.

Diese hatte sich ihrerseits mit dem Eintritt in die Viererkoalition in ein schier ausweglosen Dilemma begeben. Zahlreiche Parteifunktionäre und kommunale Mandatsträger sowie ein großer Teil ihrer Wähler vor allem in den altbayerischen Stammlanden fühlten sich durch die Allianz mit der zuvor bekämpften

Sozialdemokratie und den bislang als landfremde Störenfriede diskreditierten Heimatvertriebenen verprellt und wandten sich in der Folge der CSU zu. Als die BP 1957 gleichsam im Affekt aus der Koalition austrat, ohne zuvor die überfällige generelle Klärung ihrer politischen Ziele herbeigeführt zu haben, verspielte sie ihre Glaubwürdigkeit vollends. Schon bei der Landtagswahl 1958 zeigte sich, dass die Hoffnung Joseph Baumgartners, die BP könne durch ihre Beteiligung an einer Regierung mit der SPD die CSU in ihrer Rolle als genuin bayerische Interessenpartei ablösen, ins Gegenteil verkehrt worden war. Der Spielbankenprozess tat schließlich ein Letztes, um der am Abgrund stehenden Partei den Todesstoß zu versetzen.

Im Unterschied zu GB/BHE und FDP, deren Fundament nach 1957 permanent erodierte, konnte die SPD ihren Stimmenanteil bei den bayerischen Landtagswahlen bis 1966 und somit über ein Jahrzehnt hinweg kontinuierlich steigern. Vor ihrem Gang in die Opposition hatte sie binnen weniger Jahre mit der CSU, der BP, dem GB/BHE und der FDP und damit mit allen Parteien des bürgerlichen Spektrums koaliert und sich dabei als berechenbarer Partner erwiesen, der im Zweifelsfall seine Programmatik zugunsten einer pragmatischen Politik hintanzustellen bereit war. So prophezeite Hermann Proebst mit Blick auf die Protagonisten der bürgerlichen Parteien, zu deren Wahlkampfrepertoire stets die Verteufelung der Sozialdemokratie gehört hatte: »Nie wieder wird man einem von ihnen Glauben schenken, wenn er das Abendland mit den Sozi schreckt. Das ist Knoeringens größter Sieg.«[31]

Eine Modellfunktion für die Bundespolitik, wie ihr von vielen Kommentatoren der bayerischen Regierungsbildung vorhergesagt worden war, bekam die Viererkoalition allerdings auch nach dem Düsseldorfer Regierungssturz von 1956 nicht. Sie war durch den Triumph Konrad Adenauers und der Unionsparteien bei der Bundestagswahl 1957 ohnehin obsolet geworden.

Unterzieht man die annähernd dreijährige Regierungsarbeit der Viererkoalition einem Vergleich mit dem Reformwerk der vor ihr amtierenden Großen Koalition, so schnitt sie »gewiss schlechter ab«[32]. Dennoch war die Bilanz der Regierung Hoegner aus Erfolgen und Fehlschlägen alles andere als mager, vielmehr, gemessen an den Möglichkeiten der Zeit und der Verschiedenartigkeit der am Bündnis beteiligten Parteien, durchaus ansehnlich.

Das zentrale Reformvorhaben, die Neuordnung der Lehrerbildung, wurde verfehlt. Gleichwohl bleibt es das Verdienst der Viererkoalition, die Diskussion über die Entkonfessionalisierung des bayerischen Schulwesens »aus ihrer Sterilität gelöst und auf einen Stand gebracht zu haben, hinter den keine politische Gruppierung mehr unbeschadet zurückweichen konnte«[33]. Darüber hinaus setzte sie mit der Gründung der Bayerischen Landeszentrale für Heimatdienst, der Errichtung der Tutzinger Akademie für Politische Bildung, der Eröffnung einer bildungspolitischen Zukunftsoffensive durch die Vorlage des

»Ruckerplans«, dem Anstoß zur Gründung des Wissenschaftsrates durch ein von Ministerpräsident Hoegner initiiertes Verwaltungsabkommen zwischen Bund und Ländern und nicht zuletzt mit dem Ausbau Bayerns zu einem Wissenschaftsstandort ersten Ranges und zum Vorreiter und Zentrum der Atomforschung in der Bundesrepublik Deutschland wichtige kulturpolitische Marksteine und erzielte glänzende Ergebnisse in der Bildungs- und Wissenschaftspolitik.

Nach dem Ende des Besatzungsregimes wurde für kurze Zeit die Frage einer Neuordnung der mit Ausnahme Bayerns und der hanseatischen Stadtstaaten von den Besatzungsmächten geschaffenen Bundesländer virulent. In der Frage der bayerischen Landesgrenzen konnte das Kabinett Hoegner jedoch nur einen Teilerfolg erzielen. Während das nach Kriegsende der französischen Besatzungszone angegliederte Lindau wieder zu Bayern kam, scheiterte das große territorialpolitische Ziel aller bayerischen Regierungen nach 1945, die Rückkehr der Pfalz. Die Niederlage der probayerischen Verbände bei dem Volksbegehren des Jahres 1956 war zwar nicht ursächlich auf die Viererkoalition zurückzuführen, trug aber kaum zur Mehrung ihres Renommees bei. Den persönlichen Verbindungen Hoegners zu führenden österreichischen Sozialisten ist es dagegen zu verdanken, dass der drohende Verlust der bayerischen Forstämter in Österreich abgewendet werden konnte.

In der Staatsvereinfachung kam die Koalition nicht voran, zumal sie die Empfehlungen des »Kollmann-Gutachtens« weitgehend ignorierte. Diese hätten allerdings im Falle ihrer Verwirklichung eine Einschränkung des Parlamentarismus und eine Ausweitung der Befugnisse der Staatsbürokratie mit sich gebracht und wären dadurch diametral der von Hoegner in seiner Zeit als Innenminister betriebenen Politik entgegengestanden. Als vergleichsweise bescheidener Erfolg der Bemühungen um eine Vereinfachung der Staatsverwaltung ist schließlich die Bereinigung und Kodifizierung des bayerischen Landesrechts festzuhalten.

Obwohl aufgrund der Skepsis der beiden Koalitionäre BP und FDP erst nach heftigen Geburtswehen verabschiedet, beendete das von SPD und GB/BHE gleichermaßen eingeforderte Landesplanungsgesetz eine jahrelange Auseinandersetzung. Die Akzeptanz der Bedeutung einer übergeordneten Raumplanung für die wirtschaftliche Entwicklung Bayerns war nach dem Inkrafttreten des Gesetzes parteiübergreifend und wurde erneut bei der Regierungsbildung 1970 deutlich, als Ministerpräsident Alfons Goppel ein eigenständiges Ministerium mit der Landesentwicklung beauftragte.

Die Spielbankenaffäre entfaltete sich in all ihrer Dramatik erst nach dem Ende der Viererkoalition. Ein von der CSU wegen angeblicher Unregelmäßigkeiten bei der Konzessionsvergabe durch den Staatsminister des Innern beantragter Untersuchungsausschuss war 1956 abgeschlossen worden, ohne dass auch nur einer der Verdachtsmomente belegt werden hätte können. Die Spielbanken selbst erbrachten dem Freistaat Bayern bereits im ersten Jahr ihres Bestehens die erhofften erklecklichen Geldmittel für den sozialen Wohnungsbau. Auf diese wollte dann später auch die CSU, die die Spielbanken in ihrer Oppositionszeit noch als Teufelswerk bekämpft hatte, nicht verzichten. So werden die bayerischen Spielbanken auf Initiative der von ihr geführten Staatsregierung seit 1959 in staatlicher Regie betrieben. Die Involvierung hochrangiger Funktionäre der CSU in den Meineidsprozess gegen führende Politiker der BP harrt allerdings bis heute einer vollständigen Aufklärung.

Im Bundesrat setzte die Viererkoalition personell und programmatisch auf Kontinuität. Die Regierung Hoegner profilierte sich als vehementer Streiter für die Verteidigung des föderalen Prinzips und suchte vor allem in den Finanzbeziehungen zwischen Bund und Ländern einer schleichenden Zentralisierung Einhalt zu gebieten. Die zunächst von der Bundesregierung befürchtete Obstruktionsrolle spielte die Bayerische Staatsregierung hingegen nicht. In der Wehrgesetzgebung und beim Aufbau der Bundeswehr leistete Wilhelm Hoegner als Vorsitzender des Verteidigungsausschusses des Bundesrats einen von politischen Anhängern und Gegnern gleichermaßen goutierten Beitrag.

Als Wilhelm Hoegner am 8. Oktober 1957 seinen Rücktritt erklärte und damit auch den seines Kabinetts vollzog, war der von Politikern der Unionsparteien, Katholischer Kirche und konservativer Presse bei der Bildung der Viererkoalition beschworene »finis Bavariae« nicht eingetreten.

Das Bündnis aus SPD, BP, GB/BHE und FDP hatte im Gegenteil insgesamt besehen solide regiert und zukunftsweisende Reformen verwirklicht oder zumindest auf den Weg gebracht. Es war daher mehr als nur das von Heike Bretschneider beschriebene »Kuriosum der bayerischen Nachkriegsgeschichte«[34]. Die Viererkoalition war ein Purgatorium auf dem Weg Bayerns in die Zukunft, eine notwendige Modernisierung der bayerischen Politik und die überfällige Reinigung der sie prägenden Parteien von Unzeitgemäßem und Überkommenem.

Kurzbiographien

1. Kabinett

Joseph Baumgartner (1904–1964)

Die »pittoreskeste Figur der bayerischen Nachkriegspolitik«[1] wurde am 16. November 1904 in Sulzemoos/Obb. geboren und starb am 21. Januar 1964 in München. Nach dem Studium der Geschichte, der Philosophie und der Nationalökonomie, das er 1928 mit dem Volkswirtdiplom und 1929 mit der Promo-

tion zum Dr. rer. pol. abschloss, trat Baumgartner als Volontär in die Dienste des Oberbayerischen Christlichen Bauernvereins ein. Von 1929 bis 1933 fungierte er als stellvertretender Generalsekretär des Bayerischen Bauernvereins. 1945 war er Mitbegründer des BBV und der CSU. Bei der Bildung des ersten Kabinetts Hoegner am 5. Oktober 1945 übernahm er das Amt des Landwirtschaftsministers, das er auch in der nachfolgenden Regierung Ehard ausübte, ehe er am 15. Januar 1948 infolge eines Streits mit dem Frankfurter Wirtschaftsrat zurücktrat. Am 26. Januar 1948 trat der »Erzbayer«[2] zur BP über, zu deren Landesvorsitzendem er am 30. Juni 1948 gewählt wurde. Am 24. Juli 1950 wurde er zum Honorarprofessor für Agrarpolitik an der Landwirtschaftlichen Hochschule in Weihenstephan berufen. Der »Politiker mit Machtinstinkt«[3] trat am 14. Dezember 1954 als Staatsminister für Ernährung, Landwirtschaft und Forsten und stellvertretender Ministerpräsident in das neugebildete Kabinett Hoegner ein und blieb bis zu seinem Rücktritt am 8. Oktober 1957 im Amt. 1959 legte Baumgartner den Landesvorsitz der BP nieder, nachdem infolge der Spielbankenaffäre Anklage gegen ihn erhoben worden war. Am 8. August 1959 verurteilte ihn das Landgericht München wegen Meineids zu zwei Jahren Zuchthaus. Das Urteil erlangte jedoch keine Rechtskraft, da er bei der Neuauflage des Prozesses verhandlungsunfähig war und dies bis zu seinem Tod blieb. Baumgartner war von 1946 bis 1962 Mitglied des Bayerischen Landtags. In der zweiten Wahlperiode übte er das Amt des Fraktionsvorsitzenden der BP aus. Ein 1949 errungenes Bundestagsmandat legte er zum 1. Januar 1951 nieder, um sich verstärkt seinen bayerischen Aufgaben widmen zu können. Von 1948 bis 1952 und erneut von 1953 bis 1959 war er Landesvorsitzender der BP. Darüber hinaus hatte er im Juli 1957 auch den Bundesvorsitz der zusammen mit DHP, DZP und SHLP im Hinblick auf die Bundestagswahl gegründeten FU übernommen.[4]

Otto Bezold (1899–1984)

Otto Bezold wurde am 27. Mai 1899 in Würzburg geboren und verstarb am 14. November 1984 in München. Nach dem Abitur in Augsburg, wo er Mitschüler und Freund von Bertolt Brecht gewesen war, nahm er 1919 an der Ludwig-Maximilians-Universität München zunächst ein Studium der Geschichte, der Kunstgeschichte und der Literatur auf, ehe er von 1920 bis 1925 juristische und volkswirtschaftliche Studien betrieb. Nach Abschluss der Staatsprüfung 1928 wurde er 1930 Staatsanwalt und 1932 Amtsgerichtsrat in München. Der »Demokrat reinsten Wassers«[5] zählte am 30. November 1945 zu den Mitbegründern der Liberal-Demokratischen Partei (LDP), die sich wenig später in FDP umbenannte. Im zweiten Kabinett Hoegner über-

1979 stand Bezold als Vorsitzender des Verwaltungsrats an der Spitze der Thomas-Dehler-Stiftung.[8]

Kurt Eilles (1914–1960)

Kurt Eugen Eilles wurde am 20. April 1913 in München geboren. Dort ließ er sich nach dem Studium der Rechtswissenschaften 1949 als Anwalt nieder. Einer aus dem Jahre 1954 datierenden Darstellung der Bayernpartei ent-

nahm Bezold, der 1946 erstmals in den Bayerischen Landtag gewählt worden war, das Staatsministerium für Wirtschaft und Verkehr, ehe er nach dem Regierungswechsel das Staatsministerium des Innern übertragen bekam, das er bis zum Ende der dritten Wahlperiode leitete. Behaftet mit dem »Image des Demokraten alter Schule«[6], gehörte Bezold dem Bayerischen Landtag von 1946 bis 1966 und erneut von 1970 bis 1974 an. Zwischen 1962 und 1966 amtierte er als zweiter Vizepräsident des Parlaments. Der Fraktion der FDP stand er von 1949 bis 1954, von 1958 bis 1962 und nochmals von 1970 bis 1972 vor. Darüber hinaus war der »kunstsinnige Jurist«[7] seit 1946 als dritter und seit 1949 als zweiter Vorsitzender rund zwei Jahrzehnte Mitglied des Landesvorstands der FDP. Von 1971 bis

stammt die Information, Eilles sei »eines der ältesten Mitglieder der Bayernpartei und [habe] für sie, besonders auch für den Landesvorsitzenden Baumgartner, bereits eine ganze Reihe von Prozessen geführt«.[9] Aus dieser Vertrauensstellung heraus avancierte er im Kabinett Hoegner zum Staatssekretär im Staatsministerium der Justiz. Kurt Eilles, der dem Bayerischen Landtag nicht angehörte, schied am 19. Oktober 1960 durch Freitod aus dem Leben.[10]

August Geislhöringer (1886–1963)

August Geislhöringer wurde am 22. August 1886 in München geboren; er starb am 19. Juni 1963 in Augsburg. Ein 1905 begonnenes Studium der Jurisprudenz und der Volkswirtschaft in München schloss er 1909 mit der ersten und 1912 mit der zweiten Staatsprüfung ab. Ein Jahr später wurde er zum Dr. jur. promoviert. Von 1913 bis 1915 in der höheren bayerischen Staatsfinanzverwaltung tätig, ließ er sich 1915 als Rechtsanwalt in Nürnberg nieder. Am 1. Januar 1924 wurde er als Justitiar in die Direktion der Lech-Elektrizitätswerke AG in Augsburg berufen und verblieb dort bis zu seiner Pensionierung im Jahr 1952. Wilhelm Hoegner übertrug Geislhöringer am 14. De-

ziger Jahren zu den einflussreichsten Politikern der BP.[12]

Willi Guthsmuths (1901–1981)

Willi Guthsmuths wurde am 13. November 1901 in Berlin geboren und starb am 3. Februar 1981 in Ottobrunn bei München. Nach dem Abschluss des Realgymnasiums studierte er an der technischen Staatslehranstalt und Handelshochschule in Berlin Betriebswirt-

zember 1954 die Leitung des Staatsministeriums des Innern, die er bis zu seinem Rücktritt am 8. Oktober 1957 inne hatte. Dem streitbaren Politiker fiel »die Umstellung auf eine diplomatisch-verschlüsselte Ausdrucksweise aus der gradlinig-robusten, da und dort auch verschmitzt-schalkhaften Artung seines Wesens heraus«[11] bisweilen allerdings schwer. Aufgrund der Ermittlungen in der Spielbankenaffäre wurde er 1960 in einem Strafverfahren nach zwei Instanzen zu einer neunmonatigen Bewährungsstrafe verurteilt. Dem Bayerischen Landtag gehörte Geislhöringer von 1950 bis 1958 an. Als stellvertretender Landesvorsitzender (1952-1954), Vorsitzender des Bezirksverbands Schwaben (1950-1952 und 1957-1959), Finanzbevollmächtigter (1953-1959) und Vorsitzender des Landesausschusses (1954-1959) zählte er in den fünf-

schaft und Technologie und wurde an der Wirtschaftshochschule Berlin promoviert. Zunächst als Hochschulassistent und beim Reichskuratorium für Wirtschaftlichkeit tätig, übernahm er nach 1934 leitende Stellungen in der Energiewirtschaft und im Bergbau, zuletzt von 1941 bis 1945 bei der Sudetenländischen Bergbau AG in Brüx. Nach dem Krieg engagierte sich das ehemalige Mitglied der NSDAP (1931-1945) frühzeitig im Flüchtlingswesen und übte führende Funktionen im Neubürgerbund (NB), im Block der Heimatvertriebenen (BdH) und im BHE aus. Im dritten Kabinett Ehard (1950-1954) wurde Guthsmuths Staatssekretär im Staatsministerium für Wirtschaft und Verkehr. Dieses Amt behielt er auch unter den nachfolgenden Regierungen Hoegner, Seidel und Ehard bis 1962 bei. Parallel dazu übernahm er einen

Lehrauftrag für Betriebswirtschaftslehre an der Ludwig-Maximilians-Universität München. Dem Bayerischen Landtag gehörte er zwischen 1950 und 1962 an. Im bayerischen GB/BHE hatte er seit dessen Gründung führende Funktionen inne, etwa die des oberbayerischen Bezirksvorsitzenden und die des geschäftsführenden Landesvorsitzenden. Als Nachfolger Theodor Oberländers stand er schließlich seit dem 19. Juni 1955 an der Spitze des bayerischen Landesverbandes.[13]

Albrecht Haas (1906–1970)

Christian Albrecht Haas wurde am 8. März 1906 in Pegnitz/Ofr. geboren und verstarb

am 20. Januar 1970 in Schwabach/Mfr. Nach dem Studium der Rechte und der Staatswissenschaften an den Universitäten München, Heidelberg und Erlangen war der promovierte Jurist seit 1933 als Rechtsanwalt in Nürnberg tätig, ehe er seine Kanzlei 1945 nach Schwabach verlegte. Der »an der Tagespolitik orientierte«[14] Haas, der vor dem Dritten Reich der Deutschen Volkspartei (DVP) angehört hatte, war Gründungsmitglied der FDP in Mittelfranken. In den Bayerischen Landtag zog er erstmals 1950 ein. Am 14. Dezember 1954 übertrug Ministerpräsident

Hoegner ihm den neugeschaffenen Kabinettssitz des Staatssekretärs und Leiters der Bayerischen Staatskanzlei. Nach dem Scheitern der Viererkoalition wurde er zunächst Staatssekretär im Staatsministerium der Finanzen, ehe er 1958 das Staatsministerium für Justiz übernahm, das er bis 1962 führte. Dem Bayerischen Landtag gehörte er als »besonnener, wohlabwägender Parlamentarier«[15] von 1950 bis 1965 an. Von 1950 bis 1954 und erneut von 1962 bis 1965 war er stellvertretender Vorsitzender seiner Fraktion. Am 19. September 1965 nahm er ein auf der bayerischen Landesliste der FDP errungenes Bundestagsmandat an, das er bis zu seinem Tod ausübte. In der bayerischen FDP bekleidete Haas zunächst seit 1948 den Posten des Bezirksvorsitzenden in Mittelfranken und seit 1949 den des dritten Landesvorsitzenden. Schließlich wurde er 1956 als Nachfolger Thomas Dehlers zum Landesvorsitzenden gewählt. In diesem Amt wurde er 1964 von Klaus Dehler abgelöst.[16]

Wilhelm Hoegner (1887–1980)

Wilhelm Hoegner wurde am 23. September 1887 in München geboren; dort verstarb er am 5. März 1980. Nach dem Besuch des Gymnasiums in Burghausen und München betrieb er in Berlin, Erlangen und München juristische Studien, die er 1917 mit der großen Staatsprüfung abschloss. Bereits 1912 war er zum Dr. jur. promoviert worden. Von 1920 bis 1933 amtierte er in München als Staatsanwalt und Richter. Die politische Karriere des 1919 der SPD Beigetretenen begann 1924 mit der Wahl in den Bayerischen Landtag, dem er bis 1932 angehörte. Von 1930 bis 1933 war er zudem Mitglied des Reichstags. Als prominenter Gegner des Nationalsozialismus floh er nach der Machtergreifung nach Österreich und von dort 1934 in die Schweiz. Im Exil wurde aus dem überzeugten Unitaristen ein »Föderalist par excellence«[17]. Zusammen mit dem ebenfalls exilierten Staatsrechtler Hans Nawiasky erarbeitete er die Grundzüge einer neuen Verfassung für den bayerischen Freistaat, in die er zahlreiche Elemente des föderalistischen Staatsrechts seines Gastlandes übernahm. Nach der Rückkehr 1945 avancierte er zunächst zum Senatspräsidenten am Oberlandesgericht München und zum Staatsrat, ehe die amerikanische Militärregierung den »leidenschaftlichen Anwalt der Gerechtigkeit«[18] am 28. September 1945 zum Ministerpräsidenten ernannte. 1946 wurde Hoegner in die Verfassunggebende Landesversammlung gewählt. Bei der Konstituie-

rung des ersten Nachkriegslandtags am 16. Dezember 1946 wurde er von Hans Ehard im Amt des Ministerpräsidenten abgelöst. Im ersten Kabinett Ehard (1946-1947) übernahm er das Amt des Justizministers und das des stellvertretenden Ministerpräsidenten. Parallel zu seiner politischen Tätigkeit hatte Hoegner im August 1946 einen Ruf als Honorarprofessor für bayerisches Verfassungsrecht an die Ludwig-Maximilians-Universität angenommen. »Der schwierige Außenseiter«, so der Titel seiner Autobiographie, wehrte sich im September 1947 erfolglos gegen das Ausscheiden der SPD aus der Regierungskoalition mit der CSU. In der Folge verlor Hoegner immer mehr an Einfluss in der bayerischen Sozialdemokratie, auf deren Landesvorsitz er bereits am 11. Mai 1947 zugunsten Waldemar von Knoeringens verzichtet hatte. Das »Scherbengericht«[19], das

die Rosenheimer Landesversammlung im Juni 1949 über ihn hielt, trieb ihn gar an den Rand des Parteiaustritts. Nach der Landtagswahl 1950 kehrte der »Demokrat und Parlamentarier vom Scheitel bis zur Sohle«[20], mit der SPD versöhnt, als Staatsminister des Innern und Stellvertreter des Ministerpräsidenten in die Regierung zurück. Vom 14. Dezember 1954 bis zu seinem Rücktritt am 8. Oktober 1957 amtierte er als Ministerpräsident der Viererkoalition aus SPD, BP, GB/BHE und FDP. Nachdem Knoeringen sich verstärkt bundespolitischen Aufgaben zugewandt und darüber den Fraktionsvorsitz im Landtag aufgegeben hatte, wurde Hoegner am 28. Mai 1958 zu seinem Nachfolger gewählt. Die Rolle des Oppositionsführers versah er bis 1962. Danach wechselte der »große alte Mann der bayerischen Sozialdemokratie«[21] auf den Stuhl des ersten Vizepräsidenten des Parlaments und blieb bis zu seinem Ausscheiden aus dem Bayerischen Landtag 1970 in diesem Amt.[22]

Fritz Koch (1896–1967)

Fritz Koch wurde am 1. März 1896 in Würzburg geboren; er starb am 16. Januar 1967 in Miesbach/Obb. Von 1924 bis 1945 praktizierte der promovierte Jurist, der von 1914 bis

1918 und erneut von 1939 bis 1945 Kriegs-
dienst geleistet hatte und mehrmals verwun-
det worden war, in Würzburg und Aschaf-
fenburg als Rechtsanwalt. Dort wurde er 1946
zum Landgerichtspräsidenten ernannt. Seit
1947 war er gleichzeitig auch als Richter am
Bayerischen Verfassungsgerichtshof tätig.
Waldemar von Knoeringen holte ihn 1950 als
Staatssekretär in das Staatsministerium für
Justiz nach München. Schließlich übernahm
er nach der Regierungsbildung 1954 das
Ressort als Staatsminister. Seine Amtszeit
endete mit dem Rücktritt Wilhelm Hoegners
am 8. Oktober 1957. Bekanntheit erlangte
Koch, dem der »Ruf eines politischen Wun-
derkindes«[23] anhaftete, vor allem als Vorsitzender der 1952 auf Initiative Waldemar von
Knoeringens hin gegründeten Arbeitsgemeinschaft sozialdemokratischer Akademiker. Dem Bayerischen Landtag gehörte er
nicht an.[24]

Hans Meinzolt (1887–1967)

Hans Meinzolt wurde am 27. Oktober 1887
in Bächingen/Schw. geboren und starb am

20. April 1967 in Weßling bei Starnberg. Er
besuchte das Progymnasium Nördlingen und
das Gymnasium St. Anna in Augsburg, studierte an den Universitäten Erlangen und

Berlin Jura und wurde zum Dr. jur. promoviert. In den Verwaltungsdienst trat er 1919 als
Assessor am Bezirksamt Sulzbach ein. Schon
ein Jahr später wurde er als Regierungsrat in
das Kultusministerium berufen, ehe er 1930
zum Landrat in Kirchheimbolanden in der
Pfalz ernannt wurde. Während des Dritten
Reichs wirkte er als Oberkirchenrat und
Vizepräsident des Evangelisch-Lutherischen
Landeskirchenrats in München. Am 1. Juni
1945 kehrte er unter Ernennung zum Staatsrat
in das Kultusministerium zurück und bekleidete darüber hinaus in der von der amerikanischen Besatzungsmacht eingesetzten Regierung Hoegner den Posten des Staatssekretärs.
Gleichzeitig erhielt er Lehraufträge an der
Ludwig-Maximilians-Universität und an der
Technischen Hochschule München, an der er
seit 1958 eine Honorarprofessur für Staats-
und Verwaltungsrecht inne hatte. Von 1947 bis
1959 war Meinzolt auch Präsident der Landessynode der Evangelisch-Lutherischen Landeskirche. Ministerpräsident Hoegner ernannte
den parteilosen Juristen am 14. Dezember
1954 zum Staatssekretär im Staatsministerium
für Unterricht und Kultus. Im Kabinett Seidel
wurde er am 5. November 1957 durch den
Vizepräsidenten der Landessynode, den Ans-
bacher Oberbürgermeister Karl Burkhardt
(CSU), abgelöst.[25]

Joseph Panholzer (1895–1973)

Joseph Panholzer wurde am 21. März 1895
in Weilheim/Obb. geboren; er starb am
29. März 1973 in München. Nach dem Besuch des humanistischen Gymnasiums der
Benediktinerabtei Ettal begann er 1914 in
München ein Studium der Philosophie und
der Rechtswissenschaften. 1923 legte er die
große juristische Staatsprüfung ab, wurde promoviert und ließ sich 1924 in München
als Rechtsanwalt nieder. Nach seinem Ausschluss aus der Anwaltskammer und dreimonatiger Haft im Konzentrationslager Dachau
im Jahr 1937 flüchtete er kurz vor Kriegs-
beginn nach Frankreich. Dort pflegte er enge
Kontakte zur Résistance und entwarf zusammen mit anderen Exilanten weitreichende
Pläne zur Neuordnung Deutschlands nach

dem Krieg, deren Verwirklichung nach seiner Rückkehr 1946 jedoch gänzlich scheiterte. Wilhelm Hoegner betraute den »marienfrommen altbayerischen Patrioten«[26] 1954 mit

Privatwirtschaft tätig, erhielt er 1945 einen Lehrauftrag an der Technischen Hochschule München, als deren Rektor er zwischen 1951 und 1954 amtierte. Am 14. Dezember 1954

dem Staatssekretariat im Staatsministerium der Finanzen. Dem Bayerischen Landtag gehörte Panholzer von 1958 bis 1966 an. Den Fraktionsvorsitz der BP hatte er kurzzeitig 1960 und erneut von 1963 bis zu seinem und seiner Partei Ausscheiden aus dem Landtag im Jahr 1966 inne. Von Joseph Baumgartner übernahm er 1959 die Führung der Partei, die er 1963 an Staatssekretär Robert Wehgartner abgab. Bei der Spaltung der BP im Jahr 1967 übernahm er die interimistische Führung der neugeformten Bayerischen Staatspartei (BSP), ehe er sich bald darauf aus dem öffentlichen Leben zurückzog.[27]

August Rucker (1900–1978)

August Rucker wurde am 14. Februar 1900 in München geboren und verstarb am 17. Mai 1978 in Monte Carlo. Nach dem Besuch der Oberrealschule studierte er bis 1923 in München Bauingenieurwesen. Mit Unterbrechungen studierte er anschließend zwischen 1926 und 1937 an der Akademie der Schönen Künste in Paris Architektur und Städtebau. Nach 1938 als beratender Ingenieur in der

berief Wilhelm Hoegner den Hochschullehrer von internationalem Ruf zum Staatsminister für Unterricht und Kultus. Rucker war erst kurz vor seiner Ernennung aus der CSU ausgetreten. Nach dem vorzeitigen Ende seiner Amtszeit, als deren wesentliche Wegmarken das Scheitern der Lehrerbildungsreform und die Konzeptionierung des »Ruckerplans« zur Förderung der wissenschaftlichen Forschung und Lehre sowie des Schulwesens zu nennen sind, widmete er sich seiner Hochschultätigkeit, ehe er 1967 emeritiert wurde. Die Bundesrepublik Deutschland vertrat Rucker bei mehreren internationalen wissenschaftlichen Kommissionen.[28]

Erich Simmel (1885–1974)

Erich Simmel wurde am 29. Mai 1885 in Breslau geboren; er starb am 26. November 1974. Nach dem Abschluss des Realgymnasiums nahm er an den Universitäten Freiburg und Breslau ein juristisches Studium auf, das er 1913 mit dem Assessorexamen beendete. Im schlesischen Löwen ließ er sich 1919 als Rechtsanwalt nieder, kehrte jedoch schon

121

1923 nach Breslau zurück, wo er bis 1945 als Notar und Rechtsanwalt tätig war. Nach seiner Vertreibung eröffnete er im fränkischen Kronach eine Anwaltskanzlei. In der bayerischen Heimatvertriebenenbewegung war der

Henleins in Mainstockheim in Unterfranken als Holzkaufmann und Kohlenhändler nieder. Auf der Liste des BHE gelangte er erstmals 1950 in den Bayerischen Landtag, dem er bis zum Ausscheiden seiner Partei im Jahr

1948 zum zweiten Bürgermeister von Kronach Gewählte seit 1947 aktiv. Dem Bayerischen Landtag gehörte er von 1950 bis 1962 an. Am 6. September 1953 wurde er als Nachfolger von Johann Strosche zum Fraktionsvorsitzenden des GB/BHE gewählt. In den Kabinetten Hoegner II (1954-1957), Seidel I (1957-1958), Seidel II (1958-1960) und Ehard IV (1960-1962) war Simmel als Staatssekretär im Staatsministerium für Ernährung, Landwirtschaft und Forsten zuvorderst mit der Eingliederung der heimatvertriebenen Bauern befasst.[29]

Walter Stain (1916–2001)

Walter Stain wurde am 27. Dezember 1916 in Prag geboren und starb am 3. Februar 2001 in Mainstockheim. Bis 1938 besuchte er die Oberrealschule an der Deutschen Technischen Hochschule in Brünn. Nach seiner Kriegsteilnahme ab 1939 und der Entlassung aus italienischer Kriegsgefangenschaft im Herbst 1947 ließ sich das ehemalige Mitglied der Sudetendeutschen Partei (SdP) Konrad

1962 angehörte. Als Nachfolger des in den Bundestag gewählten Theodor Oberländer berief Ministerpräsident Ehard ihn am 24. November 1953 zum Staatssekretär für das Flüchtlingswesen. Im Dezember 1954 amtierte er kurzzeitig als Fraktionsvorsitzender des GB/BHE, ehe er während der Viererkoalition das um die Flüchtlingsbelange erweiterte Staatsministerium für Arbeit und soziale Fürsorge übertragen bekam, in dem er auch in den nachfolgenden Regierungen bis 1962 verblieb. Im Kabinett Seidel I (1957-1958) war der ob seines Lebenswandels häufig in der Kritik stehende »Edelstain«[30] zudem Stellvertreter des Ministerpräsidenten.[31]

Ernst Vetter (1906–1990)

Ernst Vetter wurde am 20. Juli 1906 in Penzberg/Obb. geboren; er starb am 14. Dezember 1990 in München. Aus dem im Anschluss an ein Studium der Rechte 1931 aufgenommenen Referendarsdienst wurde er aus politischen Gründen 1933 entlassen. 1937 als Gerichtsreferendar wieder eingestellt, war er nach dem zweiten Staatsexamen 1939 zunächst für kurze Zeit als Kriegsaushilfe bei der Stadt München, später als Leiter des Ernährungs- und Wirtschaftsamts in den Land-

lischen Verlag in Rosenheim, bevor er 1946 Referent für Versehrte und Invaliden beim Bayerischen Roten Kreuz (BRK) und Sportberichterstatter beim OBERBAYERISCHEN VOLKSBLATT wurde. Im Januar 1947

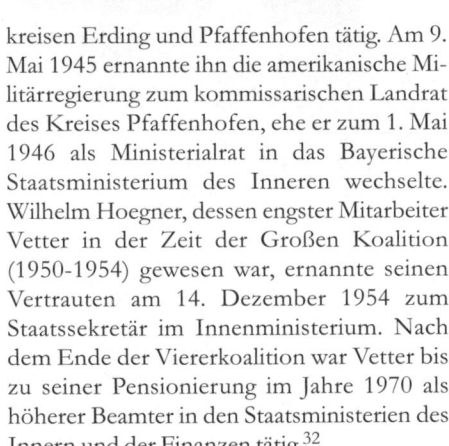

kreisen Erding und Pfaffenhofen tätig. Am 9. Mai 1945 ernannte ihn die amerikanische Militärregierung zum kommissarischen Landrat des Kreises Pfaffenhofen, ehe er zum 1. Mai 1946 als Ministerialrat in das Bayerische Staatsministerium des Inneren wechselte. Wilhelm Hoegner, dessen engster Mitarbeiter Vetter in der Zeit der Großen Koalition (1950-1954) gewesen war, ernannte seinen Vertrauten am 14. Dezember 1954 zum Staatssekretär im Innenministerium. Nach dem Ende der Viererkoalition war Vetter bis zu seiner Pensionierung im Jahre 1970 als höherer Beamter in den Staatsministerien des Innern und der Finanzen tätig.[32]

Karl Weishäupl (1916–1989)

Karl Weishäupl wurde am 25. Juni 1916 in Rosenheim geboren; er starb am 10. Oktober 1989. Nach dem Besuch des Gymnasiums und der Berufsschule war er als Bürovorsteher einer Anwaltskanzlei tätig, ehe er 1939 zur Wehrmacht einberufen wurde. Nach Kriegsende leitete er zunächst einen katho-

übernahm Weishäupl das Amt des Landesgeschäftsführers des VdK. Am 26. November 1950 wurde der »bekennende Katholik«[33], der der SPD erst wenige Monate zuvor beigetreten war, in den Bayerischen Landtag gewählt, dem er bis 1974 angehörte. Wilhelm Hoegner ernannte ihn 1954 gegen den Widerstand des Gewerkschaftsflügels der SPD zum Staatssekretär im Staatsministerium für Arbeit und soziale Fürsorge.[34]

Friedrich Zietsch (1903–1976)

Friedrich Zietsch wurde am 26. November 1903 in Heidelberg geboren und starb am 21. September 1976 in München. Die Oberrealschule besuchte er bis zur mittleren Reife. Es folgten eine Bankausbildung und anschließend die Tätigkeit als Bankbeamter (1921-1924) und Verbandsgeschäftsführer (1924-1933), ehe er 1933 ein Reformhaus in Hof aufbaute. Nach Kriegsende war er Leiter des Ernährungsamtes und Abteilungsleiter im Arbeitsamt in Hof. 1946 wurde er zum Landrat in Münchberg/Ofr. bestellt. Bei der Land-

tagswahl 1946 wurde Zietsch, der der SPD seit 1925 angehörte und bereits Mitglied der Verfassunggebenden Versammlung gewesen war, erstmals in den Bayerischen Landtag gewählt. Am 19. Juni 1951 ersetzte er Rudolf Zorn als Staatsminister der Finanzen. Auch in der Viererkoalition blieb Zietsch im Amt; er wurde erst infolge des Regierungswechsels am 16. Oktober 1957 abgelöst. Dem Bayerischen Landtag gehörte er anschließend noch bis 1966 an.[35]

2. Koalitionsausschuss

Walter Becher (* 1912)

Walter Becher wurde am 1. Oktober 1912 in Karlsbad geboren. Nach dem Besuch des Realgymnasiums studierte er Staatswissenschaften in Wien und wurde dort 1936 zum Dr. rer. pol. promoviert. Mitglied der NSDAP seit 1931, wurde er später aus der Partei ausgeschlossen, 1938 wieder aufgenommen und nach Verbüßung einer sechsmonatigen Schutzhaft im Polizeigefängnis Dres-

den 1940 erneut ausgeschlossen. Von 1936 bis zum Ausbruch des Zweiten Weltkriegs arbeitete er als Journalist in Prag, Dresden und Reichenberg. 1940 wurde er zur Wehrmacht eingezogen und an der Ostfront stationiert. Nach Kriegsende in die Heimat zurückgekehrt, wurde er noch 1945 nach Bayern vertrieben. Ab Herbst 1945 betreute er in München die kulturelle und wirtschaftliche Eingliederung der Heimatvertriebenen. Darüber hinaus engagierte er sich bereits früh in deren politischer Repräsentation; 1955 wurde er Generalsekretär des Sudetendeutschen Rates, 1960 Vorsitzender des Witikobundes und 1968 Sprecher der Sudetendeutschen Landsmannschaft. Bechers facettenreicher politischer Weg führte ihn zunächst 1950 für die rechtsextreme DG in den Bayerischen Landtag. Kurz vor dem Ende der zweiten Wahlperiode kehrte er seiner Partei den Rücken und schloss sich dem GB/BHE an, auf dessen oberbayerischer Liste er 1954 und erneut 1958 ins Parlament zurückkehrte. Von 1954 bis 1962 stand er deren Landtagsfraktion vor und war dadurch in der Regierungszeit der Viererkoalition Mitglied des Ständigen Koalitionsausschusses, dem er turnusgemäß vom 2. Januar bis zum 2. Juli 1956 präsidierte. Über ein Wahlabkommen seiner GDP mit der CSU wurde Becher 1965 auf deren Landesliste in den Deutschen Bundestag gewählt, dem er als Streiter gegen die als »Verzicht und Verrat«[36] empfundene Ostpolitik der Regierungen Brandt und Schmidt bis 1980 angehörte. Der CSU trat er 1967 bei.[37]

Karl Eberhardt (1887–1973)

Karl Eberhardt wurde am 19. April 1887 in Stettin geboren und starb am 7. März 1973. Nach dem Abitur am humanistischen Gymnasium im Jahr 1905 absolvierte er ein Studium der Rechte in Königsberg, München,

1918 als Bezirksrichter in Lodsch und von 1918 bis 1923 als Direktor der Bank und des Verbands der Deutschen Landwirtschaftlichen Genossenschaften in Polen. Im Mai 1941 wurde er als Richter an das deutsche Obergericht in Krakau berufen. Die amerikanische Militärregierung ernannte ihn im September 1945 zum Amtsgerichtsrat in Neustadt bei Coburg, das bayerische Justizministerium am 1. August 1946 zum Richter. Nach seinem Ausscheiden aus dem Justizdienst ließ er sich am 1. März 1950 in Neustadt als Rechtsanwalt nieder. Dem Bayerischen Landtag gehörte er von 1950 bis 1958 an, in der dritten Wahlperiode als Fraktionsvorsitzender der FDP. Als solcher war er auch Mitglied des Ständigen Koalitionsausschusses der Viererkoalition und vom 9. Juli bis zum 7. Dezember 1956 dessen Vorsitzender.[38]

Jakob Fischbacher (1886–1972)

Jakob Fischbacher wurde am 28. Mai 1886 in Toetzham/Obb. geboren; er starb am 16. Februar 1972 in Rosenheim. Nach dem Besuch des humanistischen Gymnasiums in

Berlin und Greifswald und wurde 1908 zum Dr. jur. promoviert. Im April 1913 ließ er sich als Rechtsanwalt in Stettin nieder, 1924 auch als Notar. Daneben fungierte er von 1915 bis

Rosenheim und Freising betrieb er von 1906 bis 1913 philosophische, theologische, historische, rechts- und staatswissenschaftliche Studien an den Universitäten München und

Erlangen und wurde anschließend zum Dr. phil. promoviert. Danach wandte er sich der Wirtschaft zu und war mit einer kriegsbedingten Unterbrechung von 1913 bis zu seiner Amtsenthebung 1934 beim Oberbayerischen Christlichen Bauernverein tätig, seit 1921 als Direktor. Nach dem Krieg setzte er seinen Berufsweg beim BBV als Kreisdirektor für Oberbayern bis 1948 fort. Im April 1947 schloss er sich mit seinem nicht unbedeutenden politischen Anhang der BP an, als deren Gründer er zusammen mit Ludwig Max Lallinger seitdem gilt, und übernahm den oberbayerischen Bezirksvorsitz. 1952 wurde er zum Landesvorsitzenden der BP gewählt. Allerdings verlor er das Amt schon 1953 wieder an den Generalsekretär der Partei, Anton Besold, der seinerseits nach wenigen Monaten wieder von Fischbachers Vorgänger Joseph Baumgartner abgelöst wurde. Dem Bezirkstag von Oberbayern gehörte der streitbare Bajuware von 1946 bis 1954, dem Bayerischen Landtag von 1950 bis 1962 an. In der zweiten Wahlperiode wurde er zum zweiten Vizepräsidenten des Parlaments gewählt. Infolge mehrerer Übertritte von Abgeordneten der BP zur CSU musste er das Amt wieder aufgeben und wurde am 27. November 1953 von Georg Bachmann (CSU) abgelöst. Am 19. Juni 1957 wählte ihn die Fraktion zu ihrem Vorsitzenden. Durch den Fraktionsvorsitz, den er bis zum 12. Oktober 1960 ausübte, wurde er Mitglied des Ständigen Koalitionsausschusses, dessen Vorsitz er vom 1. Juli 1957 bis zum Bruch der Viererkoalition innehatte. 1960 ernannte die BP Fischbacher zum Ehrenvorsitzenden.[39]

Waldemar von Knoeringen (1906–1971)

Waldemar Karl Ludwig Freiherr von Knoeringen wurde am 6. Oktober 1906 in Rechetsberg/Obb. geboren; er starb am 2. Juli 1971 in Höhenried/Obb. Nach dem Besuch der Volksschule und dem Anschluss an die SPD im Jahr 1926 betätigte sich der Spross eines alten schwäbischen Adelsgeschlechts in seiner Heimatstadt Rosenheim als Leiter des Arbeiterbildungskartells, als Angestellter der Allgemeinen Ortskrankenkasse und als

Bibliothekar im Arbeiterbüchereiwesen. Auf der Flucht vor den Nationalsozialisten emigrierte er 1933 nach Österreich, 1934 in die Tschechoslowakei, 1938 nach Frankreich und schließlich 1939 nach Großbritannien. Dort war er unter anderem als Leiter des unabhängigen sozialistischen Senders »Europäische Revolution« und als Lehrer an der Kriegsgefangenenschule Wilton-Park tätig. Im Frühjahr 1946 kehrte er nach Deutschland zurück und stellte sich von Neuem der wiedererstandenen SPD zur Verfügung. Die »herausragende Persönlichkeit der bayerischen Sozialdemokratie nach dem Zweiten Weltkrieg«[40] war Mitglied der Verfassunggebenden Landesversammlung und des Bayerischen Landtags von 1946 bis 1970, davon acht Jahre als Fraktionsvorsitzender (1950-1958). Zeitlebens

weigerte sich der »Vor-, aber auch Querdenker«[41] beharrlich, ein Staatsamt zu übernehmen, obwohl es an Gelegenheiten dazu nicht mangelte. Das »Werk seiner großen Verhandlungskunst«[42] war die 1954 vereinbarte Viererkoalition, von der er sich eine Realisierung seines bildungspolitischen Konzepts und langfristig eine Änderung der politischen Strukturen Bayerns versprach. Als Vorsitzender des Ständigen Koalitionsausschusses vom 5. Januar bis zum 4. Juli 1955 und erneut vom 14. Januar bis zum 24. Juni

1957 trug er viel zur Stabilisierung des Bündnisses bei. Dem Deutschen Bundestag gehörte Knoeringen in der ersten Wahlperiode an, legte dann aber 1951 sein Mandat wegen Arbeitsüberlastung nieder. Von 1947 bis 1963 war der »geistige Motor der bayerischen Sozialdemokratie«[43] Landesvorsitzender, zudem von 1958 bis 1962 stellvertretender Bundesvorsitzender der SPD. Er hatte maßgeblichen Anteil an der Ausarbeitung des Godesberger Grundsatzprogramms. Nach seinem Rücktritt als Landesvorsitzender konzentrierte sich der »Kultur- und Gesellschaftspolitiker von großem Format«[44] verstärkt auf seine bildungspolitische Arbeit und die 1948 von ihm gegründete Parteischule in Kochel, die Georg-von-Vollmar-Akademie. Nach seinem Tod wurde Knoeringen im Grab Georg von Vollmars auf dem Münchner Waldfriedhof beigesetzt.[45]

Carljörg Lacherbauer (1902–1967)

Carljörg Lacherbauer wurde am 23. Juni 1902 in München geboren und starb am 30. März 1967. Nach dem Besuch des Gymnasiums studierte er an der Ludwig-Maximilians-Uni-

Danach war er als Gerichtsassessor, Staatsanwalt und Amtsgerichtsrat tätig. Am 1. Dezember 1945 wurde das Gründungsmitglied der CSU zum ersten rechtskundigen Bürgermeister von München ernannt. Lacherbauer war anschließend Mitglied der Verfassunggebenden Landesversammlung und des Bayerischen Landtags (1946-1958). Ministerpräsident Ehard ernannte ihn am 18. Juli 1947 zum Staatssekretär im Staatsministerium der Justiz. Nach seiner Demission am 1. Dezember 1948 ließ er sich als Notar in Bad Tölz nieder. 1953 wechselte er »nach enttäuschten Karriereerwartungen«[46] zur BP und avancierte unter der Protektion Joseph Baumgartners zum stellvertretenden Landesvorsitzenden (1954-1958) und Fraktionsvorsitzenden (1954-1957). Somit gehörte er dem Ständigen Koalitionsausschuss der Viererkoalition an, dem er turnusgemäß vom 11. Juli bis zum 19. Dezember 1955 vorstand. Die Koalitionsparteien bestellten ihn darüber hinaus zum Präsidenten der Bayerischen Landesbodenkreditanstalt. Nach seinem Rücktritt als Fraktionsvorsitzender 1957 zog er sich aus der Landespolitik zurück und konzentrierte sich auf seine Aufgaben als Notar und Richter am Bayerischen Verfassungsgerichtshof.[47]

versität Rechts- und Staatswissenschaften sowie Geschichte und Nationalökonomie und wurde 1928 zum Dr. jur. promoviert.

Anmerkungen

Einleitung

1 Die Zeit vom 16. Dezember 1954.

2 Maximilian Lanzinner: Zwischen Sternenbanner und Bundesadler. Bayern im Wiederaufbau 1945-1958, Regensburg 1996.

3 Heike Bretschneider: Die Bildung der Viererkoalition. Die parteipolitische Konstellation in Bayern in der ersten Hälfte der fünfziger Jahre, in: ZBLG 41 (1978) 2/3, S. 999-1038.

4 Volkmar Gabert: Die Bedeutung der Viererkoalition und des Spielbankenuntersuchungsausschusses für die Entwicklung der politischen Verhältnisse in Bayern, in: Hans-Jochen Vogel, Helmut Simon und Adalbert Podlech (Hgg.): Die Freiheit des Anderen. Festschrift für Martin Hirsch, Baden-Baden 1981, S. 187-206.

5 Peter David James: Liberalism and West German Coalition Politics. The case of the Bavarian Coalition of Four, Diss. Newcastle 1985.

6 Ernst Deuerlein und Wolf Dieter Gruner: Die politische Entwicklung Bayerns 1945 bis 1972, in: Max Spindler (Hg.): Handbuch der bayerischen Geschichte, Bd. 4: Das neue Bayern. 1800-1970, München ²1979, S. 538-644. Eine gute Darstellung gibt auch Peter Jakob Kock: Bayern nach dem Zweiten Weltkrieg, in: Manfred Treml (Hg.): Geschichte des modernen Bayern. Königreich und Freistaat, München 1999, S. 375-497.

7 Alf Mintzel: Die CSU. Anatomie einer konservativen Partei 1945-1972, Opladen ²1975. Ders.: Geschichte der CSU. Ein Überblick, Opladen 1977. Ders.: Die Christlich-Soziale Union in Bayern e.V., in: Richard Stöss (Hg.): Parteien-Handbuch. Die Parteien der Bundesrepublik Deutschland 1945-1980, 2 Teilbde.,

Opladen 1983/84 (im Folgenden zit.: Parteien-Handbuch), S. 661-718. Deutlich gegenüber diesen Publikationen fällt die jüngste Studie Mintzels: Die CSU-Hegemonie in Bayern. Strategie und Erfolg. Gewinner und Verlierer, Passau 1998, ab.

8 Konstanze Wolf: CSU und Bayernpartei. Ein besonderes Konkurrenzverhältnis 1948-1960, Köln 1982.

9 Ilse Unger: Die Bayernpartei. Geschichte und Struktur 1945-1957, Stuttgart 1979. Allenfalls ergänzt werden kann Ungers Studie durch den gleichwohl guten Artikel von Alf Mintzel: Die Bayernpartei, in: Parteien-Handbuch, S. 395-489.

10 Siegfried Adolf Vogt: The Bayernpartei. A Minor German Party in Transition, Diss. Washington 1972.

11 Rainer Ostermann (Hg.): Freiheit für den Freistaat. Kleine Geschichte der bayerischen SPD, Essen 1994.

12 Emil Werner: Im Dienst der Demokratie. Die bayerische Sozialdemokratie nach der Wiedergründung 1945, München 1982.

13 Hartmut Mehringer (Hg.): Von der Klassenbewegung zur Volkspartei. Wegmarken der bayerischen Sozialdemokratie 1892-1992, München - London - New York - Paris 1992.

14 Franz Neumann: Der Block der Heimatvertriebenen und Entrechteten 1950-1960. Ein Beitrag zur Geschichte und Struktur einer politischen Interessenpartei, Meisenheim am Glan 1968. Neumanns Darstellung ist freilich ebenso wenig auf den bayerischen BHE beschränkt wie der Artikel von Richard Stöss: Der Gesamtdeutsche Block/BHE in: Parteien-Handbuch, S. 1424-1459.

15 Fritz Glashauser: Die Bildungs- und

Kulturpolitik der bayerischen FDP. Programmpolitik zwischen öffentlicher Darstellung und parteiinterner Willensbildung, München 1988.

16 Geschichte einer Volkspartei. 50 Jahre CSU 1945-1995, hg. von der Hanns-Seidel-Stiftung, München 1995. Alois Glück (Hg.): In Verantwortung für Bayern. 50 Jahre CSU-Fraktion im Bayerischen Landtag 1946-1996, [München 1996]. Mut zur Freiheit. 50 Jahre Bayernpartei 1946-1996, bearb. von Max Zierl, München 1996.

17 Peter Kritzer: Wilhelm Hoegner. Politische Biographie eines bayerischen Sozialdemokraten, München 1979.

18 Hans Ferdinand Groß: Hanns Seidel 1901-1961. Eine politische Biographie, München 1992, sowie ferner Alfred Bayer und Manfred Baumgärtl (Hgg.): Weltanschauung und politisches Handeln. Hanns Seidel zum 100. Geburtstag, München 2001.

19 Karl-Ulrich Gelberg: Hans Ehard. Die föderalistische Politik des bayerischen Ministerpräsidenten 1946-1954, Düsseldorf 1992.

20 Hartmut Mehringer: Waldemar von Knoeringen. Eine politische Biographie. Der Weg vom revolutionären Sozialismus zur sozialen Demokratie, München - London - New York - Paris 1989.

21 Georg Lohmeier: Joseph Baumgartner. Biographie eines bayerischen Patrioten aus Sulzemoos, München 1974. Wertvoll ist der umfangreiche Dokumentenanhang zur Spielbankenaffäre.

22 Regina Vossen: »Föderalistisch leben oder asiatisch sterben«. Joseph Baumgartner und die bayerische Politik 1945-1953, unveröffentlichte Zulassungsarbeit, München 1993.

23 Einen Überblick zur Entwicklung des bayerischen Volksschulwesens bis zum Ende des Dritten Reichs gibt Franz Sonnenberger: Der neue »Kulturkampf«. Die Gemeinschaftsschule und ihre historischen Voraussetzungen, in:

Martin Broszat, Elke Fröhlich und Anton Grossmann (Hgg.): Bayern in der NS-Zeit, Bd. 3: Herrschaft und Gesellschaft im Konflikt, Teil B, München - Wien 1981, S. 235-327. Mit der Entwicklung in den ersten Nachkriegsjahren befassen sich Isa Huelsz: Schulpolitik in Bayern. Zwischen Demokratisierung und Restauration in den Jahren 1945-1950, Hamburg 1970, und Winfried Müller: Schulpolitik in Bayern im Spannungsfeld von Kultusbürokratie und Besatzungsmacht 1945-1949, München 1995. Vgl. auch Franz Sonnenberger: Die Rekonfessionalisierung der bayerischen Volksschule 1945-1950, in: ZBLG 45 (1982) 1, S. 87-155. Mit der Bildung der Großen Koalition im Jahre 1950 trat vorübergehend ein Erstarren der Reformbestrebungen ein, ehe dann die Viererkoalition wieder die bildungspolitische Initiative ergriff. Vgl. dazu Hubert Buchinger: Volksschule und Lehrerbildung im Spannungsfeld politischer Entscheidungen 1945-1970, München 1975. Eine Gesamtdarstellung der Entwicklung des bayerischen Volksschulwesens nach 1945 gibt Jana Richter: Eine Schule für Bayern. Die schulpolitischen Auseinandersetzungen um die Einführung der Christlichen Gemeinschaftsschule in Bayern nach 1945, München 1997.

24 Eine ausgezeichnete Darstellung der Pfalzpolitik der bayerischen Regierungen nach 1945 gibt Karl-Ulrich Gelberg: Die bayerische Pfalzpolitik 1945-1956 mit einem Quellenanhang, in: ZBLG 58 (1995) 3, S. 637-672. Die Debatte über die Neugliederung des Bundesgebiets in Rheinland-Pfalz beleuchtet Hans Fenske: Rheinland-Pfalz und die Neugliederung der Bundesrepublik, in: Peter Haungs (Hg.): Vierzig Jahre Rheinland-Pfalz. Eine politische Landeskunde, Mainz 1986, S. 103-130.

25 Heinrich Senfft: Glück ist machbar. Der bayerische Spielbankenprozess, die CSU und der unaufhaltsame Aufstieg des

Doktor Friedrich Zimmermann. Ein politisches Lehrstück, Köln 1988.

26 Das ACSP verwahrt neben den Nachlässen Franz Elsens, Josef Müllers, Hanns Seidels, Lorenz Vilgertshofers und Otto Weinkamms die Protokolle der Landesversammlungen, des Landesausschusses, des Landesvorstands und des Geschäftsführenden Landesvorstands der CSU. Im Bestand des AdL befinden sich die Nachlässe Otto Bezolds und Thomas Dehlers sowie die Akten des Landesverbands der FDP in Bayern. Die Unterlagen des AdsD umfassen die Nachlässe Waldemar von Knoeringens und Jean Stocks sowie die Akten von Landesverband und Landtagsfraktion der bayerischen SPD. Für das BayHStA sind der Bestand BP, das Pressearchiv der Staatskanzlei sowie die Nachlässe Walter Bechers, Hans Ehards, Ludwig Max Lallingers und Joseph Panholzers, für die BayStabi ist der Nachlass Karl Schwends zu nennen. Die Ministerratsprotokolle befinden sich in der Registratur der BayStK. Das IfZ verwahrt neben der Sammlung BP, die auch die Handakten des ehemaligen Landes- und Fraktionsvorsitzenden Jakob Fischbacher enthält, die Nachlässe Joseph Baumgartners und Wilhelm Hoegners, zudem seit 1996 die nachgelassenen Papiere Hildegard Hamm-Brüchers.

27 Die Sitzungsprotokolle der sozialdemokratischen Landtagsfraktion und ihres Vorstands wurden nach Angaben der Fraktionsgeschäftsführung 1989 dem AdsD übergeben, sind dort jedoch nicht verzeichnet und gelten demnach als verschollen. Allerdings hat Heike Bretschneider für den Zeitraum zwischen 1954 und 1957 authentische Abschriften angefertigt und diese dem Verf. zur Verfügung gestellt. Die Fraktionsprotokolle der BP werden im BayHStA aufbewahrt, die des GB/BHE sind Bestandteil des Nachlasses Becher. Die FDP hat nach jedem Umzug ihrer Landesgeschäfts-

stelle die Fraktionsprotokolle der Altpapierverwertung überlassen.

28 Die hektographierten Protokolle des Ständigen Koalitionsausschusses wurden allen seinen Mitgliedern zugeleitet. Für die vorliegende Arbeit fanden die im Nachlass Becher aufbewahrten Abzüge Verwendung.

29 Die Protokolle des Bayerischen Ministerrats II. Kabinett Wilhelm Hoegner lagern in der Registratur der BayStK.

30 Die Akten von Landesverband und Landtagsfraktion der bayerischen SPD werden im AdsD, die der BP im BayHStA aufbewahrt.

31 Der Sudetendeutsche Emil Werner (1912-1996), Mitglied der Sozialdemokratischen Partei seit 1931, leitete nach 1949 als Chefredakteur die Wochenzeitschrift DIE BRÜCKE, ehe er von 1962 bis 1977 das Amt des Pressesprechers der bayerischen SPD versah (vgl. SPK vom 30. August 1996). Sein bereits vorgeordneter Nachlass wurde im November 1996 dem AdsD übergeben und ist im Rahmen der vorliegenden Studie erstmals ausgewertet worden.

32 Bei dem Nachlasssplitter handelt es sich um bislang unbearbeitete Originaldokumente, die Lilly Baumgartner, die Witwe Joseph Baumgartners, noch vor Abgabe der restlichen Unterlagen an das IfZ Heike Bretschneider gab, die diese wiederum dem Autor überließ.

33 Die Protokolle des Ausschusses für Fragen der europäischen Sicherheit des Bundesrats wurden dem Verf. vom Wissenschaftlichen Dienst des Deutschen Bundestags zur Verfügung gestellt.

34 Wilhelm Hoegner: Der schwierige Außenseiter. Erinnerungen eines Abgeordneten, Emigranten und Ministerpräsidenten, München 1959.

35 Walter Becher: Zeitzeuge. Ein Lebensbericht, München 1990.

36 Hildegard Kronawitter: Ein politisches Leben. Gespräche mit Volkmar Gabert, München 1996.

37 Hildegard Hamm-Brücher: Freiheit ist mehr als ein Wort. Eine Lebensbilanz 1921-1996, Köln 1996.

38 Franz Josef Strauß: Die Erinnerungen, Berlin ²1989.

39 Karl Bosl (Hg.): Dokumente zur Geschichte von Staat und Gesellschaft in Bayern, Abt. III: Bayern im 19. und 20. Jahrhundert, Bd. 9: Die Regierungen 1945-1962, bearb. von Fritz Baer, München 1976 (im Folgenden zit.: DokGeschBay).

40 Anhand der BAYERISCHEN STAATSZEITUNG, dem offiziellen Organ der Bayerischen Staatsregierung, konnte das politische Geschehen auf Landesebene, anhand der Zeitschrift DAS PARLAMENT das auf Bundesebene verfolgt werden. Neben dem Magazin DER SPIEGEL wurden stellvertretend für die Vielfalt der bayerischen Presse zwei überregionale Tageszeitungen systematisch ausgewertet, der konservative MÜNCHNER MERKUR und die liberale SÜDDEUTSCHE ZEITUNG. Die Verlautbarungen der Parteien konnten deren Informationsdiensten entnommen werden. Für die vorliegende Studie wurden der BAYERNDIENST der BP, die CSU-CORRESPONDENZ und die SOZIALDEMOKRATISCHE PRESSE-KORRESPONDENZ eingehend analysiert.

I. Die Bildung der Viererkoalition

1 Mit der Lizenzierung am 29. März 1948 hatte die bis dahin nur auf lokaler Ebene zugelassene BP die landespolitische Bühne betreten und war in der Folge massiv in das Wählerreservoir der CSU eingebrochen. Schon bei der Kommunalwahl am 25. April 1948 hatte sie 8,7 Prozent erzielen können, obwohl sie nur in rund einem Drittel der Wahlkreise Listen eingereicht hatte. Bei der Bundestagswahl am 14. August 1949 war sie erstmals bayernweit angetreten und hatte mit 20,9 Prozent 17 Abgeordnete nach Bonn entsandt, elf davon direkt. (Vgl. Arnold Bauer: Die Bayernpartei als föderalistische Landespartei, in: Max Gustav Lange [Hg.]: Parteien in der Bundesrepublik. Studien zur Entwicklung der deutschen Parteien bis zur Bundestagswahl 1953, Stuttgart - Düsseldorf 1955 [im Folgenden zit.: Parteien in der Bundesrepublik], S. 468-482 [S. 468-471]; Mintzel, 1983/84a, S. 395-414; Mut zur Freiheit, S. 9-34; Dietrich Thränhardt: Wahlen und politische Strukturen in Bayern 1848-1953. Historisch-soziologische Untersuchungen zum Entstehen und zur Neuerrichtung eines Parteiensystems, Düsseldorf 1973, S. 272 f.; Unger, S. 31-33).

2 Zur Gründungsgeschichte des BHE in Bayern vgl. Neumann, S. 47-58; Stöss, S. 1432 f.; Martin Virchow: Der GB/BHE – Ein neuer Parteientyp?, in: Parteien in der Bundesrepublik, S. 450-467 (S. 452 f.).

3 Dazu ausführlich Richard Stöss: Die Deutsche Gemeinschaft, in: Parteien-Handbuch, S. 877-900.

4 Der BHE-DG war am 10. Oktober 1950 von BHE und DG mit dem ausschließlichen Zweck der technischen Durchführung der Landtagswahl gegründet worden. Nach der Wahl, die dem BHE 20 und der DG sechs Mandate erbrachte, trennten sich die beiden Parteien wieder und bildeten eigene Fraktionen. (Vgl. Neumann, S. 53-57, und Stöss, S. 1432 f.). Während der BHE mit zwei Staatssekretären in das dritte Kabinett Ehard eintrat, ging die DG in die Opposition (vgl. Becher, S. 209-211). Vier ihrer Abgeordneten, Walter Becher, Ulrich Ernst, Martin Thellmann-Bidner und Paul Wüllner, traten im Laufe der Legislaturperiode zum BHE über (vgl. Neumann, S. 135 f. und S. 490 f.).

5 Dazu ausführlich Hans Woller: Die Loritz-Partei. Geschichte, Struktur und Politik der Wirtschaftlichen Aufbau-Vereinigung (WAV) 1945-1955, Stuttgart 1982.

6 Vgl. Kock 1994, S. 465, und Wahlen in Bayern 1945 bis 1990. Ergebnisse der

Landtags-, Bundestags- und Europa-
wahlen nach kreisfreien Städten, Landkreisen, Stimmkreisen und Wahlkreisen
sowie Verzeichnisse der Abgeordneten
des Bayerischen Landtags, hg. vom Bayerischen Landesamt für Statistik und Datenverarbeitung, München 1993 (im folgenden zit.: Wahlen in Bayern), S. 20 f.

7 Der am 21. Dezember 1946 zum Ministerpräsidenten gewählte Hans Ehard
hatte eine Regierung aus CSU, SPD und
WAV gebildet. Bereits am 24. Juni 1947
war das einzige Regierungsmitglied
der WAV, Sonderminister Alfred Loritz,
von Ehard entlassen und damit die
Regierungszugehörigkeit der Partei faktisch beendet worden. Die SPD hatte am
20. September 1947 ihren Austritt aus
dcr Regierung erklärt. Vordergründiger
Anlass für diesen Schritt war eine Rede
Ehards mit antisozialistischen Parolen
gewesen. Die entscheidenden Weichen
waren allerdings durch den Parteivor-
stand der SPD in Hannover gestellt worden. (Vgl. Lanzinner, S. 143-146).

8 Brief des Passauer Bischofs Simon Konrad Landersdorfer an Joseph Baumgartner vom 31. August 1952, zit. nach
Unger, S. 171. Zum Unionsgedanken als
Kristallisationspunkt der Auseinandersetzung zwischen CSU und BP sowie
zum konkurrierenden Anspruch beider
Parteien auf die Vertretung christlicher
Politik vgl. Wolf, S. 59-84.

9 Hermann Proebst: Bayernpartei, in:
Staatslexikon. Recht - Wirtschaft - Gesellschaft, Bd. 1, Freiburg 61957, Sp.
954-956 (Sp. 955).

10 Den endgültigen Ausschlag für die Koalitionsentscheidung der CSU, deren
Landtagsfraktion sich noch am 12. Dezember 1950 mit 56 Stimmen für ein
Bündnis mit der BP ausgesprochen
hatte, hat wohl eine Bemerkung Baumgartners anlässlich der Beratungen über
einen Gesetzentwurf zur Umsiedlung
von Heimatvertriebenen im Deutschen
Bundestag gegeben. Bei einer Rede des
auf der bayerischen Landesliste der

WAV gewählten Abgeordneten Hans
Tichi ließ der BP-Vorsitzende sich zu
dem Zwischenruf provozieren: »Das
gibt es ja in keinem Kulturstaat der Welt,
dass Leute mitwählen, die nicht hin-
gehören!« (BTStenBer, 1. WP, Bd. 5,
106. Sitzung vom 13. Dezember 1950,
S. 3922). Der BHE erklärte daraufhin,
dass er für eine Koalition mit der BP
nicht mehr zur Verfügung stehe. Unter
dem Eindruck der veränderten Situation sprach sich die CSU-Fraktion am 15.
Dezember 1950 in geheimer Abstimmung mit 46 gegen elf Stimmen für eine
Koalition mit SPD und BHE aus. (Vgl.
Die CSU-Fraktion berichtet [1950-
1954], hg. von der CSU-Fraktion im
Bayerischen Landtag, München 1954,
S. 3, und Unger, S. 160-163).

11 Wolfgang Behr: Sozialdemokratie und
Konservatismus. Ein empirischer und
theoretischer Beitrag zur regionalen
Parteianalyse am Beispiel der Geschich-
te und Nachkriegsentwicklung Bayerns,
Hannover 1969, S. 76.

12 Rudolf Morsey: Hans Ehard (1887-
1980), in: Dr. Hans Ehard. 1887-1980.
Eine Ausstellung des Bayerischen
Hauptstaatsarchivs aus dem Nachlass
des bayerischen Ministerpräsidenten
anlässlich seines 100. Geburtstages,
München 1987, S. 7-23 (S. 10).

13 Die CSU erhielt in Bayern 47,9 Prozent,
die SPD 23,3 Prozent, die BP 9,2 Prozent, der GB/BHE 8,2 Prozent und die
FDP 6,2 Prozent (vgl. Wahlen in Bayern,
S. 20 f.).

14 Vgl. Gelberg 1992, S. 537.

15 Thomas Ellwein: Klerikalismus in der
deutschen Politik, München 1955, S. 255.
Mit Ministerratsbeschluss vom 26. Januar 1954 verständigten sich die Koalitionspartner auf einen an den Landtag
gerichteten Antrag, mit dem die Beratung des Lehrerbildungsgesetzes ausgesetzt wurde (vgl. Bretschneider, S. 1012).

16 Fritz Baer: Die Ministerpräsidenten Bayerns 1945-1962. Dokumentation und
Analyse, in: ZBLG, Beiheft (Reihe B) 3,

München 1971, S. 164. Vgl. auch die Mitteilungen von Georg Bauer vom 1. August 1996, von Volkmar Gabert vom 3. September 1996 und von Hans-Jochen Vogel vom 13. August 1996.

17 SZ vom 18. Januar 1954. Vgl. auch Mitteilung von Harald Hoegner vom 19. August 1996.

18 Diese These wird durch zwei von der CSU in Auftrag gegebene vertrauliche Meinungsumfragen unterstrichen. So äußerten sich im Oktober 1954 48 Prozent der befragten Personen zufrieden mit der Arbeit der Regierung, lediglich 17 Prozent waren unzufrieden (vgl. Vor den Landtagswahlen. Bericht über Bevölkerungs-Umfragen in Hessen und Bayern. Durchgeführt durch das Institut für Demoskopie-Gesellschaft zum Studium der öffentlichen Meinung mbH, Allensbach 1954 [im folgenden zit.: Allensbach], S. 18). Einen Regierungswechsel befürworteten daher nur 39 Prozent, während sich 41 Prozent für eine Fortsetzung der bisherigen Koalition aussprachen (vgl. ebd., S. 80). Uneingeschränkt positiv wurde der Ministerpräsident bewertet: Die Frage »Soll Ehard Ministerpräsident bleiben?« bejahten 58 Prozent, wobei die Zustimmung bei den Anhängern aller Parteien groß war: CSU 74 Prozent, SPD 43 Prozent, BP 55 Prozent, BHE 71 Prozent und FDP 66 Prozent (vgl. Voraussetzungen der Landtagswahlen 1954 in Bayern. Eine Spezialstudie im Auftrage der Landesgeschäftsführung der CSU Bayern. Durchgeführt durch das Emnid-Institut für Meinungsforschung, Bielefeld 1954 [im folgenden zit.: Emnid], S. 38 f.).

19 SZ vom 9. August 1954.

20 So wies Franz Josef Strauß bei der Sitzung der CSU-Landesgruppe am 30. März 1954 »auf die Gefahren hin, die von einer Überbetonung kulturpolitischer Ziele für die Einheit der CSU entstehen können, und auf die Verluste, die bei einer zu starken Propagierung dieser Ziele im Wahlkampf zu erwarten wären. Die CSU sollte sich darüber im Klaren sein, dass sie von einem großen Teil ihrer Wähler nicht um ihrer Kulturpolitik, sondern vielmehr um ihrer wirtschaftlichen und außenpolitischen Ziele willen gewählt worden sei. [...] Die CSU dürfe deshalb, ohne auf ihre weltanschaulichen Grundlagen zu verzichten, kulturpolitische Ziele nicht zum Mittelpunkt ihres Wahlprogrammes machen.« (Brief des Bevollmächtigten des Freistaats Bayern beim Bund an Karl Schwend vom 1. April 1954. BayStabi NL Schwend, Mappe 12).

21 Vgl. Rede des Ministerpräsidenten und Landesvorsitzenden der CSU, Hans Ehard, vor der Landesversammlung seiner Partei in Nürnberg am 9. Oktober 1954, in: DokGeschBay, S. 178-193.

22 SZ vom 9. August 1954.

23 SZ vom 11. Oktober 1954.

24 Vgl. Bretschneider, S. 1002, und Groß, S. 116-118.

25 Vgl. Zorn, S. 647; Mitteilungen von Volkmar Gabert, Harald Hoegner und Hans-Jochen Vogel.

26 Vgl. Werner 1982, S. 107-109.

27 Vgl. SPK vom 29. März 1954.

28 Knoeringen wünschte den kleinen Parteien BP, GB/BHE und FDP »viel Glück für die Wahlen, da sie viel zur Lebendigkeit der bayerischen Politik beigetragen hätten« (SZ vom 28. Juni 1954).

29 Vgl. Bretschneider, S. 1002-1004, und Werner 1982, S. 120-122.

30 Vgl. Mintzel, 1983/84a, S. 407.

31 Dazu ausführlich Hannsjörg Bergmann: Der Bayerische Bauernbund und der Christliche Bauernverein 1919-1928, München 1986; Anton Hochberger: Der Bayerische Bauernbund 1893-1914, München 1991; Alois Hundhammer: Geschichte des Bayerischen Bauernbundes, Diss. München 1923.

32 So waren kurz nach der Bundestagswahl vom 6. September 1953, bei der die BP den Wiedereinzug in den Deutschen Bundestag deutlich verfehlt hatte, die

Landtagsabgeordneten Johann Höllerer, Michael Lanzinger, Emil Mergler, Hans Raß, Egid Saukel und Ludwig Schönecker zur CSU übergetreten. Ihnen folgten im Laufe des Jahres 1954 der ehemalige Landesvorsitzende Anton Besold, der ehemalige Fraktionsvorsitzende im Deutschen Bundestag, Hugo Decker, sowie die Landtagsabgeordneten Hans Eisenmann, Franz Lippert, Ferdinand Kerber und Wilhelm Stegerer. (Vgl. Glück, S. 134 f.; Mintzel, 1983/84a, S. 455-457; Unger S. 167 f.; Wolf, S. 180-184).

33 Vgl. Unger, S. 180; Vossen, S. 137; Wolf, S. 185.

34 Vgl. Unger, S. 176-179, und Vossen, S. 123-136. Unger mutmaßt, die bei der Kandidatur gemachte »Erfahrung persönlicher Demütigung durch die CSU dürfte ihn jedoch für die Entscheidung des nächsten Jahres, mit der SPD zu koalieren, vorbereitet haben« (S. 179).

35 Vgl. SZ vom 5. Juli 1954.

36 Ob die im Februar 1954 in einem nichtöffentlichen Schreiben an Joseph Kardinal Wendel und den evangelischen Landesbischof Hans Meiser angebotene Bereitschaft, das Lehrerbildungsgesetz gemeinsam mit der CSU in umfassend konfessioneller Ausführung zu verabschieden (vgl. Wolf, S. 89 f.), ein ernstgemeintes Angebot der BP oder nur eine Finte war, um das fragile Stillhalteabkommen der Regierungsparteien in der Kulturpolitik und somit den Bestand der Koalition zu gefährden, lässt sich abschließend nicht feststellen.

37 Neumann, S. 63.

38 Vgl. Bretschneider, S. 1004 f.; Virchow, S. 460 f.; SZ vom 24. November 1954.

39 Dazu ausführlich Horst W. Schmollinger: Die Deutsche Reichspartei, in: Parteien-Handbuch, S. 1112-1191.

40 Vgl. Neumann, S. 136, und Stöss, S. 1442.

41 Vgl. Glashauser, S. 35-38.

42 SZ vom 18. Oktober 1954.

43 Kritzer, S. 329.

44 Lanzinner, S. 373.

45 Die KPD kam auf 2,1 Prozent, der Bayerische Rechtsblock (BR), an dem unter anderem die DG Haußleiters beteiligt war, auf 0,6 Prozent, der Bund der Deutschen (BdD) des ehemaligen Reichskanzlers Joseph Wirth auf 0,4 Prozent und die Vaterländische Union (VU) auf 0,2 Prozent (vgl. SZ vom 30. November 1954).

46 In Niederbayern hatte die CSU alle zehn Direktmandate gewonnen. Da ihr jedoch nach der Gesamtstimmenzahl in diesem Wahlkreis nur acht Mandate zustanden und der Landtag zudem wenige Wochen zuvor in einer gegen die Stimmen der CSU beschlossenen und vom Bayerischen Verfassungsgerichtshof am 18. November 1954 bestätigten Wahlgesetzänderung die Überhangmandate abgeschafft hatte, mussten die beiden mit den wenigsten Stimmen direkt gewählten Abgeordneten auf ihr Mandat verzichten. (Vgl. MM vom 4. Dezember 1954).

47 Vgl. Kock 1994, S. 465, und Wahlen in Bayern, S. 20 f. Zu einer ausführlichen Dokumentation des Wahlergebnisses vgl. ebd., S. 20-35, und SZ vom 30. November 1954.

48 Vgl. Thränhardt, S. 310-314.

49 So äußerten sich im Vorfeld der Wahl 56 Prozent mit der Politik Adenauers und immerhin 40 Prozent mit der Ehards einverstanden (vgl. Allensbach, S. 19 f.). Der Ministerpräsident war auch der mit großem Abstand beliebteste Politiker Bayerns (vgl. Emnid, S. 29 f.). Die Frage nach den wichtigsten Anliegen der Gegenwart wurde mit bundespolitischen Themen beantwortet: 56 Prozent nannten die Verbesserung der wirtschaftlichen Lage, die damit weit vor der Wiedervereinigung mit acht und der Wiederbewaffnung mit fünf Prozent rangierte (vgl. Allensbach, S. 26). Der Union kam zudem zugute, dass 44 Prozent der Befragten den Ausgang der Landtagswahl als für die Bundespolitik wichtig

einschätzten (vgl. Emnid, S. 22-24). Die CSU aber wurde als die Partei betrachtet, die die Interessen Bayerns in Bonn am besten vertrat (vgl. ebd., S. 73).

50 Mintzel 1975, S. 273.

51 Sie missachteten dabei die eindeutigen Ergebnisse der von ihrer Partei in Auftrag gegebenen Meinungsumfragen, in denen sich zwischen 63 Prozent (vgl. Allensbach, S. 36) und 75 Prozent (vgl. Emnid, S. 109 f.) für die Gemeinschaftsschule und damit gegen die von der CSU propagierte Konfessionsschule ausgesprochen hatten. Vgl. auch Alf Mintzel: Die CSU in Bayern. Phasen ihrer organisationspolitischen Entwicklung, in: PVS 13 (1972) 2, S. 205-243 (S. 223).

52 Vgl. Hoegner 1959, S. 318; Mintzel 1977, S. 253-255; Mitteilung von Harald Hoegner. Auch Lanzinner sieht im Streik die »Hauptursache« (S. 333) für das Stagnieren der SPD.

53 Brief des Präsidenten der Bundesvereinigung der Deutschen Arbeitgeberverbände, Hanns-Constantin Paulssen, an die Vorsitzenden der industriellen Fachverbände vom 7. August 1954, zit. nach Eva Moser: Bayerns Arbeitgeberverbände im Wiederaufbau. Der Verein der Bayerischen Metallindustrie 1947-1962, Stuttgart 1990, S. 197.

54 Zur Geschichte des »Bayernstreiks« vgl. Lanzinner, S. 330-335; Moser, S. 184-211; Michaela Namuth: Vom »Bayernstreik«zum»Recht auf Arbeit« - Bayerns Gewerkschaften zwischen 1950 und 1980, in: »Mit uns zieht die neue Zeit«. Kleine Geschichte der bayerischen Gewerkschaftsbewegung, Marburg 1990, S. 113-136; Rudi Schmidt: Der Streik in der bayerischen Metallindustrie 1954. Lehrstück eines sozialen Konflikts, Frankfurt am Main 1995. Dazu ferner: Das missbrauchte Recht im bayerischen Metallarbeiterstreik. 9. August bis 31. August 1954. Weißbuch des Vereins der bayerischen Metallindustrie, München 1955, und Wolfgang Windisch: Der

Bayernstreik 1954. Dokumentation seiner Geschichte am Beispiel der Verwaltungsstelle Ingolstadt der Industriegewerkschaft Metall, Ingolstadt 1984.

55 Vgl. Mintzel 1972, S. 223.

56 Ostermann, S. 141.

57 Vgl. NZZ vom 30. November 1954.

58 Mintzel 1975, S. 273.

59 Vgl. Allensbach, S. 71-75, und Emnid, S. 68 f.

60 Mintzel, 1983/84a, S. 485.

61 Vgl. Stöss, S. 1424.

62 Vgl. FAZ vom 30. November 1954.

63 Berthold Mauch: Die bayerische FDP. Porträt einer Landespartei 1945-1949, Diss. Erlangen-Nürnberg 1965, S. 55. Vgl. auch Allensbach, S. 66, und Der bayerische Liberalismus nach 1945, hg. vom Thomas-Dehler-Institut, München 1986 (im folgenden zit.: Der bayerische Liberalismus), S. 8.

64 Vgl. Wahlen in Bayern, S. 20 f.

65 Vgl. zum folgenden Bretschneider, S. 1013-1017, und Gelberg 1992, S. 518-522.

66 Lanzinner, S. 373.

67 Hermann Proebst zur Bildung der Viererkoalition in der Sendereihe »Kommentar der Woche« des Bayerischen Rundfunks vom 11. Dezember 1954, in: DokGeschBay, S. 193-196 (S. 196). Vgl. auch Baer, S. 165.

68 Vgl. Groß, S. 119.

69 SZ vom 30. November 1954.

70 Ebd.

71 Ob diese Einschränkung lediglich den Versuch Ehards darstellte, über eine Abgrenzung gegenüber dem antiklerikalen und liberalen Flügel der BP letztlich doch zu einer Koalition mit der SPD zu finden, kann abschließend nicht geklärt werden. Ehard selbst dementierte dies in seinem Bericht »Regierungsbildung in Bayern nach der Wahl vom 28.11.1954« in der CSU-Correspondenz vom 23. Dezember 1954. Sicher scheint jedoch, dass er die Fortführung der Koalition mit der SPD gegenüber einem Bündnis mit der BP, gegen die er ein tiefes Ressentiment

hegte, bevorzugt hätte. (Vgl. Baer, S. 165; Gelberg 1992, S. 518-520; Mitteilung von Franz Sackmann vom 6. August 1996).

72 Aus einer später veröffentlichten Darstellung der BP geht hervor, dass Ehard bei diesem Sondierungsgespräch die BP in der Frage der Bekenntnisschule ebenso auf die Linie der CSU festlegen wollte wie in der Bundesratspolitik, wobei Ehard bei der Außenpolitik und bei dem für die BP besonders neuralgischen Punkt der Finanzbeziehungen zwischen Bund und Ländern ihre uneingeschränkte Zustimmung zur Politik der Bundesregierung forderte (vgl. Warum Regierung ohne CSU? Die Bayernpartei zur Regierungsbildung im Dezember 1954. Ein Beitrag zur geschichtlichen Wahrheit, [München 1955] [im Folgenden zit.: Warum Regierung ohne CSU?], S. 39).

73 Hoegner 1959, S. 319: »Der Empfang war kühl, wir merkten, dass sich das Blatt gewendet hatte. Der Tag der Rache für die Ausschaltung Dr. Hundhammers im Jahre 1950 schien gekommen.« Vgl. auch SPD-Fraktionsvorstandsprotokoll vom 7. Dezember 1954, o.S.

74 Auf Seiten der CSU nahmen daran Ehard und der Leiter der Bayerischen Staatskanzlei, Ministerialdirigent Karl Schwend, auf Seiten der BP Baumgartner und der Landtagsabgeordnete Martin Gärtner teil (vgl. Warum Regierung ohne CSU?, S. 41).

75 Dass der Ministerpräsident und Parteivorsitzende der CSU nicht über Verhandlungsvollmachten verfügte, mag zunächst überraschen. Ehards Position innerhalb der CSU war 1954 jedoch geschwächt; immer offener wurde über seine Ablösung diskutiert. (Vgl. Gelberg 1992, S. 538; Wolf, S. 293 Anm. 617; FR vom 4. Dezember 1954). Diesen Eindruck bestätigt Ehard in einem dem Autor vorliegenden Schreiben an die Historikerin Heike Bretschneider vom 8. März 1973:»Im Gegensatz zu 1950 hatte ich dieses Mal keine Verhandlungsvollmachten. Eine Kommission sollte ver-

handeln. Ich habe begründeten Anlass zu der Annahme, dass ich auf die Seite gedrängt werden sollte. [...] Das war der erste große Fehler der CSU. Die Verhandlungsposition der CSU war dadurch gegenüber den anderen sehr geschwächt. Der andere entscheidende Fehler war das starre Festhalten der CSU an den kulturpolitischen Forderungen.«

76 Vgl. u.a. FAZ und SZ vom 1. Dezember 1954 sowie MM vom 2. Dezember 1954.

77 Der Kommission gehörten Ministerpräsident Ehard, Landtagspräsident Hundhammer und Fraktionsvorsitzender Meixner an (vgl. CSU-Correspondenz vom 23. Dezember 1954). Eine andere Quelle nennt neben Ehard und Meixner Georg Bachmann und Joseph Ernst Fürst Fugger von Glött (vgl. SZ vom 7. Dezember 1954).

78 Vgl. zum Folgenden Bretschneider, S. 1017-1019; Gabert, S. 190-192; Werner 1982, S. 123 f.

79 Zit. nach Bretschneider, S. 1018.

80 Mintzel, 1983/84a, S. 408.

81 SPD-Fraktionsvorstandsprotokoll vom 8. Dezember 1954, o.S. Der Volksschullehrer und Verbandsfunktionär Wilhelm Ebert (* 1923) hatte zwischen 1948 und 1953 den Vorsitz der Arbeitsgemeinschaft Bayerischer Junglehrer (ABJ) und von 1952 bis 1955 die Leitung der Schulpolitischen Hauptstelle des BLLV inne. Anschließend prägte er für annähernd drei Jahrzehnte als Präsident die Verbandsarbeit des BLLV (1955-1962 und 1967-1984). Zudem war er von 1958 bis 1970 Direktor des Pariser Büros der World Confederation of Organizations of the Teaching Profession (WCOTP), von 1967 bis 1969 Vizepräsident der Arbeitsgemeinschaft Deutscher Lehrerverbände (AGDL), anschließend bis 1978 Vizepräsident des Deutschen Lehrerverbandes (DL) und zugleich von 1975 bis 1978 Präsident der WCOTP. Seit 1984 ist Ebert, der 1979 auch den Vorsitz des Verbandes Bildung und Erziehung (VBE) übernahm, Ehrenpräsi-

dent des BLLV. (Vgl. Im Brennpunkt der Bildungspolitik. Für Wilhelm Ebert zum 75. Geburtstag, hg. vom Bayerischen Lehrer- und Lehrerinnenverband, bearb. von Christian Lankes und Irmgard Schmieder, Trostberg 1998; Stationen. Wilhelm Ebert, [München 1988]).

82 So warnte beispielsweise Hans Bornkessel, Oberbürgermeister der Stadt Fürth und Mitglied des Bayerischen Senats: »Die Koalition, mit der sich unsere Partei abfinden müsste, wäre eine heterogene und unseren Zielen so fremde, dass mit einer gedeihlichen Zusammenarbeit, insbesondere auf Dauer, nicht im Mindesten zu rechnen wäre.« (Brief an Waldemar von Knoeringen vom 4. Dezember 1954. AdsD Akten SPD-Landesverband Bayern, Mappe 116). Und Richard Oechsle, der infolge seines Gesundheitszustands und aus Verärgerung über die angebotene Vergabe seines Arbeitsministeriums an den GB/BHE auf eine Berufung in ein neues Kabinett verzichtete, wies darauf hin, »dass diese sog. sozial-liberale Allianz alles andere als eine echte Koalition ist, sondern - höflich ausgedrückt - ein Konglomerat politisch heterogener Elemente, und es ist leicht vorauszusehen, dass eine derartige Regierung an ihrer eigenen Strukturwidrigkeit in wenigen Monaten zerfallen muss.« (Brief an die Mitglieder der Fraktion der SPD im Bayerischen Landtag vom 6. Dezember 1954. AdsD Akten SPD-Landesverband Bayern, Mappe 116).

83 Vgl. SPD-Fraktionsprotokoll vom 6. Dezember 1954, S. 4.

84 Hoegner 1959, S. 319.

85 Die BP leugnete nach dem Zustandekommen der Viererkoalition den verpflichtenden Charakter der Vereinbarung und behauptete, sie habe damit »keinen Koalitionspakt« (Warum Regierung ohne CSU?, S. 6) geschlossen, sondern »lediglich mit allen Parteien außer-

halb der CSU ein Abkommen über Informationsaustausch treffen« (ebd., S. 45) wollen.

86 Vereinbarung zwischen der SPD und der BP über die Bildung einer gemeinsamen Regierung vom 6./7. Dezember 1954. AdsD NL Werner, ohne Signatur. In dem vorbereiteten Dokument sind der ehemalige Fraktionsvorsitzende der SPD, Jean Stock, sowie Lacherbauer und Bezold als Vertreter der Verhandlungspartner aufgeführt und handschriftlich durch die tatsächlichen Unterzeichner Knoeringen und Baumgartner ersetzt. Der von SPD und BP offensichtlich als Mitunterzeichner vorgesehene Fraktionsvorsitzende der FDP, Otto Bezold, hat an dem Treffen in der Nacht vom 6. auf den 7. Dezember allerdings nicht teilgenommen.

87 Ebd.

88 Vgl. ebd. Die Vereinbarung sah für die SPD den Ministerpräsidenten, zwei Minister und drei Staatssekretäre, für die BP den stellvertretenden Ministerpräsidenten sowie jeweils zwei Minister und Staatssekretäre, für den GB/BHE einen Minister und zwei Staatssekretäre sowie für die FDP einen Minister und einen Staatssekretär vor. Minister und Staatssekretär im Kultusministerium sollten einvernehmlich auf Vorschlag der BP bestellt werden.

89 Vgl. zum Folgenden Bretschneider, S. 1019-1023; Warum Regierung ohne CSU?, S. 17-22; Unger, S. 181-186; Wolf, S. 184-186.

90 So Baumgartner in einem vertraulichen Gespräch am 3. Dezember 1954 zu Guthsmuths, der diese Worte in seinen Tagebuchskizzen »Zur Regierungsbildung in Bayern 30.11.-14.12.1954« festhielt. Zit. nach Bretschneider, S. 1020.

91 Vgl. Mitteilung von Wilhelm Ebert vom 29. August 1996.

92 Vgl. Warum Regierung ohne CSU?, S. 41. Es steht zu vermuten, dass diese Bedingung für Baumgartner, der vom 22. Oktober 1945 bis zu seinem Rücktritt am

15. Januar 1948 als Landwirtschaftsminister amtierte und dieses Amt nach Bildung der Viererkoalition erneut übernahm, inakzeptabel gewesen ist.

93 Diese Information gab Knoeringen in der Fraktionsvorstandssitzung der SPD am 7. Dezember 1954 weiter (vgl. SPD-Fraktionsvorstandsprotokoll vom 7. Dezember 1954, o.S.). Die BP selbst gab später allerdings einen anderen Verlauf der Landesausschusssitzung wieder. Man sei dort zu dem Ergebnis gekommen, »dass in Koalitionsgespräche mit der CSU eingetreten werden müsse« (Warum Regierung ohne CSU?, S. 45). Es ist allerdings unwahrscheinlich, dass diese Behauptung in der als »Rüstzeug zu einer nachhaltigen Gegenoffensive« (ebd., S. 6) und damit zum Zweck der Rechtfertigung erstellten Broschüre tatsächlich zutrifft, da Baumgartner sich kaum wenige Stunden später durch die Unterzeichnung der Vereinbarung zwischen SPD und BP über die Beschlüsse seiner Parteigremien hinweggesetzt haben dürfte.

94 Diese ohnehin grundsätzliche Haltung war zweifelsohne in den ersten Tagen nach der Wahl durch »die kalte Verachtung, mit der die CSU die BP als ihren natürlichen Koalitionskandidaten behandelte« (Die Zeit vom 16. Dezember 1954), verstärkt worden.

95 BP-Fraktionsprotokoll vom 7. Dezember 1954, S. 4. Zu Unterhändlern für die Gespräche mit SPD, GB/BHE und FDP wurden Baumgartner, Lacherbauer und der Abgeordnete Max Klotz bestimmt (vgl. ebd., S. 14).

96 Hundhammer leugnete noch Jahre später jede Mitverantwortung am Scheitern der Koalitionsverhandlungen mit der BP: »An den Bemühungen der CSU um die neue Regierungsbildung war ich als bisheriger Landtagspräsident nicht aktiv beteiligt.« (Alois Hundhammer: Mein Beitrag zur bayerischen Politik 1945-1965, München 1965, S. 14).

97 Dieser Kommission gehörten Konrad Frühwald, August Geislhöringer, Martin Schweiger und Albert Weggartner an (vgl. BP-Fraktionsprotokoll vom 7. Dezember 1954, S. 12).

98 Gegen den Antrag stimmten Josef Brunner, Raimund Lang, Josef Reichl, Martin Schweiger und Albert Weggartner. Zwei Abgeordnete enthielten sich der Stimme. (Vgl. ebd., S. 13). Reichl trat daraufhin am 14. Dezember zur CSU über (vgl. LTStenBer, 3. WP, Bd. 1, 2. Sitzung vom 14. Dezember 1954, S. 10).

99 BP-Fraktionsprotokoll vom 7. Dezember 1954, S. 13.

100 Ebd.

101 Vgl. zum Folgenden Bretschneider, S. 1023-1025, und Neumann, S. 136 f.

102 GB/BHE-Fraktionsprotokoll vom 6. Dezember 1954, S. 4.

103 Ebd.

104 SPD-Fraktionsvorstandsprotokoll vom 9. Dezember 1954, o.S.

105 GB/BHE-Fraktionsprotokoll vom 7. Dezember 1954, S. 8.

106 Ebd., S. 3.

107 Vgl. ebd., S. 9.

108 Vgl. zum Folgenden Bretschneider, S. 1026-1028; Glashauser, S. 41-45; James, S. 100-103. Da für die FDP kaum schriftliche Quellen zur Verfügung stehen, kann die folgende Schilderung nur fragmentarisch sein.

109 Vgl. SZ vom 6. Dezember 1954.

110 Brief Thomas Dehlers an Otto Bezold vom 19. Juli 1950, zit. nach Glashauser, S. 16. Vgl. auch Mitteilung von Klaus Dehler.

111 Jörg Michael Gutscher: Die Entwicklung der FDP von ihren Anfängen bis 1961, überarbeitete und erweiterte Neuausgabe, Königsstein/Taunus 1984, S. 168.

112 Vgl. SZ vom 13. Dezember 1954.

113 Vgl. Entwurf für ein Gesetz zur Lehrerbildung, in: Wilhelm Ebert (Hg.): Nachrichtenblätter für Lehrer, Nr. 22 vom 15. November 1951, S. 1 f.

114 Vgl. MM vom 6. Dezember 1954.

115 Mitteilung von Klaus Dehler.

116 Vgl. SPD-Fraktionsvorstandsprotokoll vom 9. Dezember 1954, o.S. Im Vorfeld der Landtagswahl hatte zudem der Vorsitzende der CSU-nahen Volkswirtschaftlichen Vereinigung, Eberle, Haas eine nachträgliche Abdeckung der Wahlschulden der FDP für den Fall eines Zustandekommens einer Koalition mit der CSU in Aussicht gestellt (vgl. James, S. 129 Anm. 39).

117 Vgl. zum Folgenden Bretschneider, S. 1028-1035.

118 An dem Gespräch nahmen mit Ausnahme Stains sämtliche Mitglieder der Verhandlungskommissionen teil. Als Protokollantin wurde zudem die Sekretärin Baumgartners, Gretl Kirschhausen, hinzugezogen. (Vgl. Kurzprotokoll über die Verhandlungen zwischen SPD, BP, GB/BHE und FDP am 7. Dezember 1954. AdsD NL Werner, ohne Signatur, S. 1).

119 Ebd., S. 2.

120 Vgl. ebd., S. 2 f.

121 Vgl. ebd., S. 3.

122 Vgl. ebd., S. 3 f. Dieser Plan sah für die SPD den Ministerpräsidenten, den Finanz- und den Wirtschaftsminister sowie die Staatssekretäre im Arbeits-, Innen- und Landwirtschaftsministerium, für die BP den stellvertretenden Ministerpräsidenten, den Innen- und den Landwirtschaftsminister sowie die Staatssekretäre für Justiz und Wirtschaft, für den GB/BHE den Arbeitsminister und die Staatssekretäre für Finanzen sowie für das Flüchtlingswesen und für die FDP den Justizminister und den Staatssekretär in der Staatskanzlei vor. Das Kultusministerium sollte auf Vorschlag der BP besetzt werden, wobei Hans Meinzolt bereits namentlich als Staatssekretär in Aussicht genommen wurde.

123 Der Diplomingenieur Georg Kurlbaum (1902-1988), Mitglied der SPD seit 1946, gehörte von 1949 bis 1969 dem Deutschen Bundestag an (vgl. Munzinger-Archiv. Internationales Biographisches Archiv [im Folgenden zit.: Munzinger-Archiv]).

124 Simmel warf ein, ob der GB/BHE, der im dritten Kabinett Ehard mit Guthsmuths den Wirtschaftsstaatssekretär gestellt hatte, auf einen Vertreter in diesem Ministerium »so ganz verzichten könne, sei fraglich« (Kurzprotokoll über die Verhandlungen zwischen SPD, BP, GB/BHE und FDP am 7. Dezember 1954. AdsD NL Werner, ohne Signatur, S. 4), und Bezold gab zu bedenken, »dass die SPD durch Verzicht auf den Wirtschaftsminister wesentlich dazu beitragen könnte, Angriffe auf diese Koalition abzuwehren und zu verhindern« (ebd.).

125 Ebd.

126 Ebd., S. 5.

127 Ebd.

128 Vgl. GB/BHE-Fraktionsprotokoll vom 8. Dezember 1954, S. 1-16.

129 Ebd., S. 16.

130 Mitteilung von Walter Becher vom 27. November 1996.

131 Vgl. Neumann, S. 136 f. So wurden die Arbeitsbereiche Flüchtlinge und Vertriebene, Lastenausgleich, Sozialer Wohnungsbau und Sozialrenten in den Kompetenzbereich des neuen Staatsministeriums für Arbeit und soziale Fürsorge überführt (vgl. ebd., S. 137 Anm. 572).

132 Vgl. Glashauser, S. 43 f., und SPD-Fraktionsprotokoll vom 10. Dezember 1954, S. 4. Die CSU bot der FDP sogar den Posten des Staatssekretärs im Kultusministerium für Hildegard Brücher an (vgl. Hoegner 1959, S. 319; SPD-Fraktionsvorstandsprotokoll vom 9. Dezember 1954, o.S.; Mitteilung von Hildegard Hamm-Brücher vom 4. Dezember 1996).

133 Vgl. SPD-Fraktionsvorstandsprotokoll vom 9. Dezember 1954, o.S.

134 Vgl. GB/BHE-Fraktionsprotokoll vom 9. Dezember 1954, S. 8.

135 Vgl. ebd., S. 4 f.

136 Vgl. ebd., S. 13.

137 Vgl. Vereinbarung zwischen SPD, BP, GB/BHE und FDP vom 9. Dezember

1954. AdsD NL Werner, ohne Signatur. Die FDP ist in dem vorbereiteten Dokument nicht als Vertragspartner genannt und wurde handschriftlich hinzugefügt.

138 Vgl. zum Folgenden Koalitionsvereinbarung zwischen SPD, BP, GB/BHE und FDP vom 10. Dezember 1954. BayHStA NL Becher, Mappe 196. Der Koalitionsvertrag ist von Knoeringen, Baumgartner, Guthsmuths und Bezold unterzeichnet.

139 Der Koalitionsausschuss (KA) bestand gemäß eigener Geschäftsordnung aus jeweils zwei Mitgliedern der vier Koalitionspartner. Zur Beratung von Einzelfragen war er gehalten, Regierungsmitglieder und Sachverständige hinzuzuziehen. Vgl. Geschäftsordnung des Koalitionsausschusses (KA) der Viererkoalition, undatiert. AdsD NL Werner, ohne Signatur.

140 Vgl. zum Folgenden Zusatzprotokoll zur Koalitionsvereinbarung vom 10. Dezember 1954. BayHStA NL Becher, Mappe 196.

141 Vgl. zum Folgenden Bretschneider, S. 1033-1035.

142 Vgl. SPD-Fraktionsprotokoll vom 10. Dezember 1954, S. 4 f.

143 Hoegner 1959, S. 319 f. Nicht näher beleuchtet werden kann in diesem Zusammenhang das schwierige Verhältnis zwischen Hoegner und Knoeringen. Das von Knoeringen gegen den Widerstand Hoegners betriebene Ausscheiden aus der Regierungsverantwortung 1947 und das auf Hoegner gemünzte Plädoyer Knoeringens gegen eine »bayerische SPD mit krachledernen Hosen« (zit. nach Emil Werner: Waldemar von Knoeringen, München [1981], S. 18) auf dem Rosenheimer Parteitag 1949 hatten zu einer »Vergiftung des Verhältnisses« (Kritzer, S. 253) der beiden Politiker zueinander geführt, das sich erst durch die gegen den Widerstand von Teilen der Partei von Knoeringen durchgesetzte Berufung Hoegners zum Innenminister in der Großen Koalition entspannte (vgl.

144 Mitteilung von Hans-Jochen Vogel) und während der Viererkoalition sogar »freundschaftlich« (Mitteilung von Harald Hoegner) wurde.

144 Mitteilung von Harald Hoegner. So ist die These, dass Hoegner »wenig Neigung verspürte, noch einmal einem Kabinett vorzustehen« (Albrecht Graf von Montgelas und Carl Nützel: Wilhelm Hoegner. Eine Lebensbeschreibung, München 1957, S. 126 f.), zu verwerfen und eher zeitbedingt als captatio benevolentiae der beiden Autoren gegenüber dem zu seinem 70. Geburtstag mit der Lebensbeschreibung bedachten Ministerpräsidenten zu werten.

145 Vgl. LTStenBer, 3. WP, Bd. 1, 2. Sitzung vom 14. Dezember 1954, S. 8. Da jeweils ein Abgeordneter von CSU und SPD fehlte (vgl. ebd., S. 7) und Hoegner und Seidel sowie drei weitere, namentlich nicht bekannte Abgeordnete sich nicht an der Abstimmung beteiligten (vgl. ebd., S. 8), scheint Hoegner den überwiegenden Teil der Stimmen der Koalitionsparteien, Seidel die volle Stimmenzahl seiner durch den Übertritt des für die BP gewählten Abgeordneten Reichl auf 84 Mitglieder angewachsenen Fraktion erhalten zu haben. Letztlich nicht belegbar ist damit die Vermutung von Groß, mindestens ein Abgeordneter der Regierungskoalition müsse für Seidel gestimmt haben (vgl. S. 120 Anm. 599).

146 MM vom 15. Dezember 1954.

147 Vgl. LTStenBer, 3. WP, Bd. 1, 1. Sitzung vom 13. Dezember 1954, S. 2 f. Ehard vermutete angesichts 30 ungültig abgegebener Stimmen wohl zu Recht, dass verschiedene Mitglieder seiner Fraktion ihm die Unterstützung verweigert hätten (vgl. Gelberg 1992, S. 523).

148 Groß, S. 120.

149 Vgl. Deuerlein und Gruner, S. 628; Gelberg 1992, S. 522 f.; Hartmann, S. 564; Morsey, S. 19.

150 Vgl. Hoegner 1959, S. 320, und Mitteilung von Harald Hoegner.

151 Wilhelm Vorndran: Person und Wirken Hans Ehards als Landtagspräsident, in: ZBLG 56 (1993) 3, S. 777-780 (S. 778).

152 Vorndran, S. 779. Dies belegt die Wiederwahl Ehards, die am 4. Dezember 1958 mit 196 von 200 abgegebenen Stimmen glückte (vgl. LTStenBer, 4. WP, Bd. 1, 1. Sitzung vom 4. Dezember 1958, S. 2).

153 Vgl. LTStenBer, 3. WP, Bd. 1, 1. Sitzung vom 13. Dezember 1954, S. 4 f.

154 Vgl. Peter Jakob Kock: Der Bayerische Landtag. Eine Chronik, Bamberg 1991, S. 340, und BP-Fraktionsprotokoll vom 10. Dezember 1954, S. 9.

155 Vgl. LTStenBer, 3. WP, Bd. 1, 2. Sitzung vom 14. Dezember 1954, S. 9 f.

156 Vgl. BP-Fraktionsprotokoll vom 10. Dezember 1954, S. 2-6.

157 Vgl. SPD-Fraktionsprotokoll vom 10. Dezember 1954, S. 5.

158 Vgl. Hoegner 1959, S. 314 f., und Werner 1982, S. 115.

159 SZ vom 15. Dezember 1954. Zur Kommunalreform der Großen Koalition, dem »Lieblingswerk« (Montgelas und Nützel, S. 108) Hoegners, vgl. Kritzer, S. 310-313, und Lanzinner, S. 322-330.

160 SZ vom 15. Dezember 1954.

161 Vgl. Mehringer 1989, S. 378 f.

162 Vgl. BP-Fraktionsprotokoll vom 14. Dezember 1954, S. 2.

163 Vgl. SZ vom 9. Dezember 1954.

164 Vgl. Brief Hans Ecksteins an Waldemar von Knoeringen vom 8. Dezember 1954. AdsD Akten SPD-Landesverband Bayern, Mappe 116.

165 Vgl. Brief Margot Bergmanns an Waldemar von Knoeringen vom 9. Dezember 1954. AdsD Akten SPD-Landesverband Bayern, Mappe 116. Vgl. auch die handschriftlichen Notizen Knoeringens auf der Rückseite des Briefes.

166 Vgl. Mitteilung von Max Klotz vom 31. August 1996.

167 Vgl. BP-Fraktionsprotokoll vom 13. Dezember 1954, S. 2 f.

168 Vgl. ebd., S. 2-5, und Mitteilung von Wilhelm Ebert.

169 Vgl. Brief Eduard Brenners an Waldemar von Knoeringen vom 4. Dezember 1954. AdsD Akten SPD-Landesverband Bayern, Mappe 116.

170 Vgl. SPD-Fraktionsprotokoll vom 10. Dezember 1954, S. 5, und Mitteilung von Volkmar Gabert.

171 Vgl. BP-Fraktionsprotokoll vom 14. Dezember 1954, S. 1.

172 SZ vom 15. November 1984.

173 GB/BHE-Fraktionsprotokoll vom 13. Dezember 1954, S. 19.

174 BP-Fraktionsprotokoll vom 10. Dezember 1954, S. 6.

175 SZ vom 15. Dezember 1954.

176 Vgl. GB/BHE-Fraktionsprotokoll vom 6. Dezember 1954, S. 2.

177 Becher, S. 217.

178 Vgl. GB/BHE-Fraktionsprotokoll vom 13. Dezember 1954, S. 19.

179 Vgl. SPD-Fraktionsprotokoll vom 14. Dezember 1954, S. 1, und SZ vom 15. Dezember 1954.

180 Vgl. Kock 1991, S. 344, und Mitteilung von Klaus Dehler.

181 Groß, S. 119.

182 Alle Zitate nach Werner 1982, S. 128.

183 Flugblatt »Bayerische Wähler, habt Ihr das gewollt?«, hg. von der CSU-Landesleitung, [München 1954].

184 Walter Berberich: 10 Jahre Christlich-Soziale Union in Bayern. Arbeit, Kampf, Verantwortung und Erfolge, [München 1955], S. 24.

185 Rheinischer Merkur vom 17. Dezember 1954.

186 Zit. nach SZ vom 14. Dezember 1954.

187 Ebd.

188 Vgl. Ellwein, S. 231.

189 Regensburger Tagesanzeiger vom 29. Dezember 1954.

190 Passauer Bistumsblatt vom 19. Dezember 1954.

191 Ebd.

192 Vgl. SZ vom 20. Dezember 1954.

193 Vgl. Wolfram Bickerich: Franz Josef Strauß. Die Biographie, Düsseldorf 1996, S. 73 f.; Thomas Dalberg: Franz Josef Strauß. Porträt eines Politikers,

Gütersloh 1968, S. 96 f.; Strauß, S. 530-532. Gabert zufolge sah Strauß die Hauptverantwortung für den Ausschluss von der Regierungsbildung bei den »Kuttenbrunzern« (Kronawitter, S. 93), den von ihm als solchen apostrophierten Vertretern des konservativ-christlichen Flügels der CSU.

194 Becher, S. 215.

195 Brief Wilhelm Hoegners an Hans Dill vom 3. Jan. 1955, zit. nach Kritzer, S. 335.

196 Mitteilung von Klaus Dehler. Vgl. auch die Mitteilungen von Georg Bauer, Volkmar Gabert, Harald Hoegner und Hans-Jochen Vogel.

197 So äußerte beispielsweise August Geisl-höringer: »Gleich Vasallen, die man nur mit Unbehagen als notwendiges Übel duldet, wollte die siegestrunkene CSU die Partei aufmarschieren lassen, um gnädigst den Bescheid zu erteilen, welche Politik in Zukunft noch betrieben werden darf und wie viele Kabinetts-pöstchen bei besonders guter Führung eventuell gewährt würden. [...] Diese unerträgliche Arroganz war es, die entscheidend dazu beitrug, die vier Parteien trotz aller ohne Zweifel bestehenden Differenzen zu einer geschlossenen Front zusammenzuschweißen.« (Schwäbische Landeszeitung vom 18. Dezember 1954).

198 MM vom 9. Dezember 1954.

199 FAZ vom 11. Dezember 1954.

200 Wolf, S. 186.

201 Thomas Dehler am 12. Dezember 1954 vor dem Landeshauptausschuss der FDP, zit. nach Glashauser, S. 45.

202 Vgl. Mitteilung von Max Klotz.

203 Mitteilung von Walter Becher. Vgl. auch Mitteilung von Rudolf Wagner vom 15. November 1996.

204 Die Zeit vom 16. Dezember 1954.

205 FR vom 11. Dezember 1954.

206 FAZ vom 11. Dezember 1954.

207 Zit. nach SZ vom 14. Dezember 1954.

208 Ernst Deuerlein: CDU/CSU 1945-1957. Beiträge zur Zeitgeschichte, Köln 1957, S. 283.

209 Deuerlein und Gruner, S. 638 f.

210 Zit. nach SZ vom 14. Dezember 1954.

211 Rheinischer Merkur vom 17. Dezember 1954.

212 Die CDU regierte zu Beginn des Jahres 1955 in Nordrhein Westfalen mit FDP und Zentrum, in Rheinland-Pfalz mit der FDP, in Schleswig-Holstein mit GB/BHE und FDP sowie in Hamburg mit dem bürgerlichen »Hamburg-Block« aus CDU, FDP, DP und GB/BHE. Diesen insgesamt 16 Bundesratsstimmen standen die zwölf Stimmen der sozialdemokratisch geführten Regierungen in Bremen, wo eine übermächtige SPD mit CDU und FDP koalierte, sowie in Hessen und Niedersachsen, wo sich SPD und GB/BHE zusammengefunden hatten, gegenüber. Unsicher war das Abstimmungsverhalten des von einer Allparteienkoalition aus CDU, SPD, FDP und GB/BHE regierten Baden-Württemberg und Bayerns. Beide Bundesländer verfügten über jeweils fünf Stimmen. (Vgl. Rheinischer Merkur vom 17. Dezember 1954).

213 Mintzel, 1983/84a, S. 408.

214 Zum Föderalismusverständnis Hoegners vgl. Kritzer, S. 243 f.

215 FAZ vom 11. Dezember 1954.

216 Vgl. Deuerlein und Gruner, S. 628; Hartmann, S. 566; Mitteilung von Hans-Jochen Vogel.

217 Lanzinner, S. 375.

218 Unger, S. 191.

219 Vgl. Mitteilungen von Georg Bauer und Max Klotz.

220 Vgl. Almar Reitzner: Das Paradies lässt auf sich warten. Erinnerungen eines Sozialdemokraten, München - Wien 1984, S. 147; Mitteilungen von Georg Bauer und Hans-Jochen Vogel.

221 Mauch, S. 155.

222 Vgl. zum folgenden Werner Burger: Die CDU in Baden-Württemberg und die CSU in Bayern. Eine vergleichende Analyse, Diss. Berlin 1984, S. 102-106; Groß, S. 121-145; Mintzel 1972; dens. 1975, S. 274-313; dens.: Volkstümliche

Technokraten. Das Management der CSU, in: Wahlforschung. Sonden im politischen Markt, Opladen 1976, S. 107-120; dens. 1977, S. 53-55 und S. 336-339.

223 So schreibt Strauß in seinen Memoiren, dass durch ihren Ausschluss von der Regierungsbildung »die Weichen für den Niedergang der Bayernpartei gestellt« (S. 108) worden seien. Vgl. auch Udo Wengst: Adenauers erste Koalitions- und Regierungsbildung im Spätsommer 1949, in: APuZ 35 (1985) B 18, S. 3-14 (S. 7).

224 Zu den innerparteilichen Auseinandersetzungen und Krisen der CSU bis 1955 vgl. Walter Berberich.: Die CSU als neue interkonfessionell-christliche und föderalistische Mehrheitspartei, in: Politisches Jahrbuch der CSU 1955, [München 1956], S. 33-53; dens.: Die historische Entwicklung der Christlich-Sozialen Union in Bayern bis zum Eintritt in die Bundesrepublik, Diss. Würzburg 1965; Barbara Fait: Die Anfänge der CSU 1945-1948. Der holprige Weg zur Erfolgspartei, München 1995; Lanzinner, S. 36-40 und S. 337-346; Alf Mintzel: Strukturwandel und Rolle der CSU, in: Ossip K. Flechtheim (Hg.): Die Parteien der Bundesrepublik Deutschland, Hamburg 1973, S. 116-128 (S. 121-124); dens. 1975, S. 222-272; dens. 1977, S. 58-77 und S. 94-112; Karl Möckl: Die Struktur der Christlich-Sozialen Union in Bayern in den ersten Jahren ihrer Gründung, in: ZBLG 36 (1973) 3, S. 719-753; Thomas Schlemmer: Aufbruch, Krise und Erneuerung. Die Christlich-Soziale Union 1945 bis 1955, München 1998.

225 Mintzel 1977, S. 336.

226 In der Bewertung des Anteils, den Ehard am Zustandekommen der Viererkoalition trägt, herrscht zwischen den Biographen Ehards und Seidels Dissens. Während Groß die Auffassung vertritt, dass die Kritik am ehemaligen Ministerpräsidenten »im Großen und Ganzen berechtigt« (S. 121) gewesen sei,

räumt Gelberg, der sich im Wesentlichen auf dieselben Quellen wie Groß stützt, schlüssig die »Legende von der Schuld Ehards am Zustandekommen der Viererkoalition« (1992, S. 520) aus.

227 Vgl. Dieter Albrecht: Hans Ehard (1887-1980), in: Jürgen Aretz, Rudolf Morsey und Anton Rauscher (Hgg.): Zeitgeschichte in Lebensbildern. Aus dem deutschen Katholizismus des 19. und 20. Jahrhunderts, Bd. 5, Mainz 1982, S. 266-280 (S. 279), und Gelberg 1992, S. 524.

228 Die irrige und durch das in der Anmerkung zitierte Protokoll der Landesversammlung ohnehin richtig gestellte Annahme Mintzels, Strauß habe nur 239 Stimmen erhalten (vgl. Mintzel 1975, S. 289 und S. 618 Anm. 31), wiederholt sich bei Groß (vgl. S. 127), Kock (vgl. 1994, S. 434) und Lanzinner (vgl. S. 342).

229 Vgl. Bickerich, S. 274 f.; Groß, S. 123-129; Mintzel 1975, S. 288-293; SZ vom 24. Januar 1955.

230 Der Spiegel vom 2. Februar 1955.

231 Die Benennung Seidels wurde selbst im Koalitionsausschuss wohlwollend kommentiert: »Allgemeine Haltung ist: Seidel hat den Ruf als sachlich und kenntnisreich. Seine Wahl berechtigt zur Hoffnung, dass die CSU-Opposition im Landtag positive Formen annimmt.« (Protokoll KA vom 24. Januar 1955, S. 1).

232 Vgl. Groß, S. 122. Seidel hingegen sollte sich als Oppositionsführer »in der Sache scharf und unnachgiebig, in der Form vornehm und verbindlich« (Georg Stadtmüller: Hanns Seidel. Leben - Denken - Werk - Persönlichkeit, in: Politische Studien, Sonderheft 1 [1977]: Hanns Seidel und die Stiftung, S. 8-14 [S. 9]) erweisen.

233 Hartmann, S. 568.

234 Geschichte einer Volkspartei, S. 623. Vgl. auch Mitteilung von Friedrich Zimmermann vom 2. Dezember 1996.

235 Mintzel 1972, S. 208.

236 Vgl. Strauß, S. 530, und NZZ vom 21. Januar 1955.

143

237 Dem fünfzehnköpfigen Geschäftsführenden Landesvorstand gehörten acht auf der Landesversammlung gewählte Mitglieder - der Landesvorsitzende, seine beiden Stellvertreter, die beiden Schriftführer, die beiden Schatzmeister und der Generalsekretär - sowie sieben weitere, vom Landesvorstand zu bestimmende Personen an (vgl. Mintzel 1975, S. 294).

238 Vor dem Wahlakt gehörten dem Geschäftsführenden Landesvorstand der Parteivorsitzende Hanns Seidel, Rudolf Eberhard als evangelischer und Franz Josef Strauß als katholischer stellvertretender Parteivorsitzender, die Schriftführer Otto von Feury und Alois Klughammer, die Schatzmeister Hugo Geiger und Karl Sigmund, der Hauptgeschäftsführer Friedrich Zimmermann, Alfons Kreußel als evangelischer und Emil Muhler als katholischer Geistlicher, Alois Hundhammer, gewählt als Präsident des Bayerischen Landtags, Fraktionsvorsitzender Georg Meixner, Heinrich Krehle als Exponent der christlichen Gewerkschaften, Michael Horlacher als Vertreter des Bauernstands und Wilhelm August Schmidt, gewählt als Landesgeschäftsführer der CSU, an (vgl. ebd.).

239 Groß, S. 133.

240 SZ vom 6. Juli 1955.

241 Zimmermann galt als »Straußens Ziehkind« (Senfft, S. 70 f.). Josef Müller prägte die Bezeichnung »die trickreichen Unzertrennlichen« (zit. nach Bickerich, S. 77) für Strauß und Zimmermann.

242 Zimmermann selbst bezeichnete den Titel eines Hauptgeschäftsführers später als »Tageserfindung« (Geschichte der CSU, S. 623), die notwendig geworden sei, nachdem seine Kritiker vor der endgültigen Berufung zum Generalsekretär eine Bewährungszeit gefordert hätten.

243 Vgl. Bickerich, S. 75 f., und Groß, S. 138 Anm. 685.

244 Senfft, S. 71 f.

245 Ebd., S. 72.

246 Groß, S. 137.

247 Vgl. Der Spiegel vom 2. Februar 1955. Vgl. daneben Lanzinner, S. 340; Mintzel 1972, S. 219; Möckl, S. 748.

248 Die Organisation der Christlich-Sozialen Union. Referat von Hauptgeschäftsführer Dr. Zimmermann vor der Landesversammlung am 22. Oktober 1955 in München, zit. nach Mintzel 1977, S. 301.

249 Mintzel 1972, S. 231.

250 Vgl. Grundsatzprogramm der Christlich-Sozialen Union (1946), in: Dokumente zur parteipolitischen Entwicklung in Deutschland seit 1945, bearb. und hg. von Ossip K. Flechtheim, Bd. 2: Programmatik der deutschen Parteien, 2. Teilbde., Berlin 1963 (im folgenden zit.: Dokumente zur parteipolitischen Entwicklung), S. 213-219.

251 Vgl. Grundsatzprogramm der Christlich-Sozialen Union (1957), in: Dokumente zur parteipolitischen Entwicklung, S. 219-225.

252 Geschichte einer Volkspartei, S. 621.

253 Vgl. Wahlen in Bayern, S. 20.

254 Mitteilung von Franz Sackmann. Georg Bauer berichtete dem Verf., Hanns Seidel, der sein Gegenkandidat im Stimmkreis Obernburg-Miltenberg gewesen war, habe ihm gegenüber kurz nach der Bildung der Viererkoalition vertraulich geäußert, es »schade seiner Partei nicht, wenn sie einmal aus dem Himmel der ewig Regierenden auf die harten Bänke der Opposition geholt würde« (Mitteilung von Georg Bauer).

II. Erfolge und Fehlschläge

1 Vgl. zum Folgenden LTStenBer, 3. WP, Bd. 1, 3. Sitzung vom 11. Januar 1955, S. 22-39.

2 Ebd., S. 23.

3 Ebd.

4 Ebd.

5 Vgl. Art. 3 Abs. 1 BV.

6 LTStenBer, 3. WP, Bd. 1, 3. Sitzung vom 11. Januar 1955, S. 24.

7 Ebd., S. 26.

8 Ebd., S. 28.

9 Ebd., S. 27.

10 Ebd., S. 28.

11 Ebd., S. 30.

12 Ebd., S. 35.

13 Ebd., S. 37.

14 Nach gescheiterten Anläufen in der Ära Montgelas, während der Revolution von 1848 sowie unter den liberalen Kultusministern Franz von Gresser (1866-1869) und Johann von Lutz (1869-1890) hatten auch die Reformen des sozialdemokratischen Kultusministers Johannes Hoffmann (1918-1920) nur kurze Zeit Bestand gehabt. Bereits am 22. Juni 1920 war seine am 1. August 1919 erlassene Simultanschulverordnung von der nichtsozialistischen Landtagsmehrheit wieder außer Vollzug gesetzt worden. Gegen den Widerstand vor allem der katholischen Kirche und eines Großteils der Bevölkerung hatten schließlich die Nationalsozialisten bis 1938 die Gemeinschaftsschule als Regelschule durchgesetzt. In der Verfassunggebenden Landesversammlung war dann 1946 mit den Stimmen von CSU und SPD bei Ablehnung durch FDP und KPD erstmals in der bayerischen Verfassungsgeschichte die Bekenntnisschule zur Regelschule erhoben worden, nachdem ihr Regelcharakter zuvor lediglich auf einer Verordnung aus dem Jahr 1883 basiert hatte. In der Amtszeit des Kultusministers Alois Hundhammer (1946-1950) war es dann zu einer Rekonfessionalisierung des Schulwesens gekommen. Das Ende der Reformversuche der ersten Nachkriegsjahre markiert das am 8. August 1950 ausgefertigte und durch den Bayerischen Verfassungsgerichtshof am 21. Dezember 1951 bestätigte Schulorganisationsgesetz, das auf dem Regelcharakter der Bekenntnisschule aufbaute. Dazu ausführlich Max Liedtke (Hg.): Handbuch der Geschichte des bayerischen Bildungswesens, Bd. 3: Geschichte der Schule in Bayern von 1918 bis 1990, Bad Heilbrunn 1997, und Franz Sonnenberger: Schulkampf in Bayern. Der Streit um die Konfessionalität der Volksschule 1804-1950, Diss. München 1980.

15 Johannes Zinkl: Die Neuordnung der Lehrerbildung in Bayern und das Konkordat. Juristische Beilage zu Klerusblatt Nr. 5 vom 1. März 1953 (Sonderdruck), S. 1.

16 Darüber hinaus hatte das Kultusministerium in den ersten Nachkriegsjahren zur Beseitigung des gravierenden Mangels an Lehrkräften auch einjährige Abiturientenlehrgänge und Mittlere Reife voraussetzende Schulhelferkurse mit dreimonatiger Grundausbildung, einjähriger Schulpraxis und neunmonatigem Abschlusslehrgang genehmigt (vgl. Werner Sacher: Die zweite Phase in der Lehrerbildung. Ihre Entwicklung seit 1800 aufgezeigt am Beispiel Bayerns, Bad Heilbrunn 1974, S. 228 f.).

17 Zur Schulpolitik der amerikanischen Militärregierung in Bayern vgl. Huelsz, S. 97-143.

18 Punkt VI.2 des Koalitionsvertrags lautete: »Loyale Durchführung der Bestimmungen des Konkordats und der Kirchenverträge, insbesondere hinsichtlich des Schulwesens. Sicherung der Heranbildung geeigneter Lehrkräfte für die Bekenntnisschulen und für die Gemeinschaftsschulen. Lehrerbildung an pädagogischen Instituten der Universitäten.« (Koalitionsabmachungen zwischen CSU, SPD und BHE, undatiert. AdsD NL Werner, ohne Signatur).

19 Vgl. Bretschneider, S. 1007-1012; Buchinger, S. 84-126; Groß, S. 152-154; Müller, S. 176-190.

20 Vgl. zum Folgenden Baer, S. 179-182; Buchinger, S. 127-142 und S. 551-599; Ellwein, S. 231-244; Groß, S. 154-158; James, S. 112-123; Kritzer, S. 341-352; Lanzinner, S. 379-381; Werner 1982, S. 130-134. Vgl. auch Die Entwicklung des bayerischen Schulwesens von 1945/46 bis 1959/60, hg. vom Bayerischen Landesamt für Statistik und Datenverarbeitung, [München 1960].

21 GB/BHE-Fraktionsprotokoll vom 27. Januar 1955, S. 3.

22 Art. 135 BV lautete in der damaligen Fassung:
(1) Die öffentlichen Volksschulen sind Bekenntnis- oder Gemeinschaftsschulen. Die Wahl der Schulart steht den Erziehungsberechtigten frei. Gemeinschaftsschulen sind jedoch nur an Orten mit bekenntnismäßig gemischter Bevölkerung auf Antrag der Erziehungsberechtigten zu errichten.
(2) An den Bekenntnisschulen werden nur solche Lehrer verwendet, die geeignet und bereit sind, die Schüler nach den Grundsätzen des betreffenden Bekenntnisses zu unterrichten und zu erziehen.

23 Vgl. Konkordat zwischen seiner Heiligkeit Papst Pius XI. und dem Staate Bayern vom 29. März 1929, abgedruckt bei: Joseph Listl: Die Konkordate und Kirchenverträge in der Bundesrepublik Deutschland, Bd. 1, Berlin 1987, S. 289-302. Vgl. auch »Bayern als gleichberechtigt mit allen anderen Staaten anerkannt«. Vor 65 Jahren ratifizierte der Landtag das Konkordat, in: Maximilianeum 2 (1990) 10, S. 95.

24 Vgl. Vertrag mit der Evangelisch-Lutherischen Kirche in Bayern rechts des Rheins vom 15. November 1924, abgedruckt bei: Listl, S. 508-515. Am 15. November 1924 hatte Bayern zudem einen Vertrag mit der Vereinigten protestantisch-evangelisch-christlichen Kirche der Pfalz (Pfälzische Landeskirche) geschlossen (vgl. ebd., S. 517-522).

25 Vgl. LTStenBer, 3. WP, Bd. 1, 8. Sitzung vom 16. Februar 1955, S. 142-149. Die dramaturgische Gestaltung der Plenarsitzung war zuvor im Koalitionsausschuss festgelegt worden: »Fraktionen geben eine vereinbarte Erklärung ab, die der Vertreter der BP verliest. [...] Während der Beratungen sollen sich die Mitglieder der vier Fraktionen jeder Beifalls- oder Missbilligungskundgebung enthalten. Zwischenrufe sollen nicht gemacht werden, um der Opposition keine Gelegenheit zu Störungen zu geben. Die Verlesung der Erklärung soll mit Ruhe und ohne Rücksicht auf Zwischenrufe vor sich gehen. [...] Es ist in den Fraktionen festzustellen, ob alle Abgeordneten hinter dem Lehrerbildungsgesetz stehen. Falls Abgeordnete aus irgendwelchen Gründen sich nicht hinter den Gesetzentwurf zu stellen vermögen, sollte das vorher festgestellt werden, um Überraschungen zu vermeiden. In solchem Falle wäre das Fernbleiben von der Abstimmung zu empfehlen.« (Protokoll KA vom 9. Februar 1955, S. 1).

26 Zit. nach CSU-Correspondenz vom 1. März 1955.

27 Vgl. LTStenBer, 3. WP, Bd. 1, 25. Sitzung vom 14. Juli 1955, S. 699-749.

28 Vgl. Protokoll MR vom 28. Februar 1956, S. 5-8.

29 Ludwig Huber: Schulreform aus erster Hand. Von der Bekenntnisschule zu einer modernen Schulstruktur, in: Karl Böck (Hg.): Was nicht in den Akten steht... Für Ludwig Huber zum 65. Geburtstag, Passau 1995, S. 89-110 (S. 93).

30 § 1. Der Unterricht und die Erziehung der Kinder an den katholischen Volksschulen wird nur solchen Lehrkräften anvertraut werden, die geeignet und bereit sind, in verlässiger Weise in der katholischen Religionslehre zu unterrichten und im Geiste des katholischen Glaubens zu erziehen.
§ 2. Die Lehrer und Lehrerinnen, die an katholischen Volksschulen angestellt werden wollen, müssen vor ihrer Anstellung nachweisen, dass sie eine dem Charakter dieser Schulen entsprechende Ausbildung erhalten haben. Diese Ausbildung muss sich beziehen sowohl auf den Religionsunterricht wie auch auf jene Fächer, die für den Glauben und die Sitten bedeutungsvoll sind. Die Erteilung des Religionsunterrichts setzt die Missio Canonica durch den Diözesanbischof voraus.
§ 3. Der Staat wird bei der Neuordnung

146

der Lehrerbildung für Einrichtungen sorgen, die eine den obigen Grundsätzen entsprechende Ausbildung der für katholische Volksschulen bestimmten Lehrkräfte sichern.
(Konkordat zwischen seiner Heiligkeit Papst Pius XI. und dem Staate Bayern vom 29. März 1929, abgedruckt bei: Listl, S. 291 f.).

31 Zur Bewertung der Entwicklung der bayerischen Bildungspolitik nach 1945 aus katholischer Sicht vgl. u.a. Josef Mayer: Der Wiederaufbau des bayerischen Volksschulwesens. Darstellung im Lichte katholischer Schulpolitik, Passau 1965, und Anton Scharnagl: Geschichte und Recht der Bekenntnisschule in Bayern, [Eichstätt 1954].

32 Vgl. Listl, S. 292. Im italienischen Konkordatstext ist weder von den bei Groß angenommenen »institutioni« (S. 155) noch von den bei Buchinger (S. 556) und James (S. 114) vermuteten »instituti« die Rede.

33 Vgl. Listl, S. 292.

34 Bereits 1936 hatte Kardinalstaatssekretär Eugenio Pacelli, der spätere Papst Pius XII., in einer an die Reichsregierung gerichteten Protestnote deutlich gemacht, dass der auch im Reichskonkordat verwendete Begriff »istituti« aus Sicht des Heiligen Stuhls »zu keinerlei Zweifel Anlass geben kann und das Recht der Kirche auf konfessionelle Lehrerbildungsanstalten in unanfechtbarer Weise festlegt«. Der Wortlaut der Protestnote vom 2. August 1936 ist abgedruckt in der Deutschen Tagespost vom 19. Juni 1953.

35 Vgl. Erklärung der vier Koalitionsparteien anlässlich der ersten Lesung des Gesetzes über die Ausbildung für das Lehramt an Volksschulen. AdsD Akten SPD-Landtagsfraktion Bayern, Mappe 897.

36 Zur Einflussnahme des Erzbischofs von München und Freising und Vorsitzenden der Bayerischen Bischofskonferenz auf die bayerische Politik vgl.

Karl-Ulrich Gelberg: Kardinal Wendel und die bayerische Politik, in: Beiträge zur altbayerischen Kirchengeschichte 46 (2001), S. 209-233.

37 Protokoll KA vom 14. Februar 1955, S. 1.

38 Note der Apostolischen Nuntiatur an die Bayerische Staatsregierung vom 8. März 1955, zit. nach Protokoll MR vom 11. März 1955, S. 2 f. (S. 2).

39 Note der Bayerischen Staatsregierung an die Apostolische Nuntiatur vom 11. März 1955, zit. nach Protokoll MR vom 11. März 1955, S. 4 f. (S. 4).

40 Stellungnahme der bayerischen Bischöfe zu dem Entwurf eines Gesetzes über die Ausbildung für das Lehramt an Volksschulen. AdsD Akten SPD-Landtagsfraktion Bayern, Mappe 714.

41 Vgl. Protokoll MR vom 3. Mai 1955, S. 23 f. Zum Wortlaut der Erklärung des Ministerrats vgl. Protokoll MR vom 10. Mai 1955, S. 5-7.

42 Note der Apostolischen Nuntiatur an die Bayerische Staatsregierung vom 20. Oktober 1955, zit. nach Buchinger, S. 587.

43 Vgl. Brief Joseph Baumgartners an Wilhelm Hoegner vom 8. August 1956. BayHStA Bestand BP, Mappe 238.

44 Durch ihre Verweigerungshaltung hatte sich die Katholische Kirche nach Auffassung Hoegners »nicht nur moralisch, sondern auch juristisch ins Unrecht« (Wilhelm Hoegner: Drei Jahre Regierungsarbeit in Bayern. Rede des Bayerischen Ministerpräsidenten Dr. Wilhelm Hoegner in Nürnberg am 27. September 1957, S. 2) gesetzt. Nicht korrekt ist die Darstellung Lanzinners: »Hoegner resignierte und schloss sich der Rechtsauffassung der Kirche an« (S. 380 f.).

45 Die BP erwies sich bei der Auseinandersetzung um die Lehrerbildungsreform als »Bremsklotz« (Wolf, S. 94) und »Gefangene ihres eigenen ›christlichen Anspruchs‹ und ihrer widerspruchsvollen Taktik« (ebd.). Bildungspolitik war nicht ihr ureigenstes Anliegen, und die Frage der Konfessionalität des bayeri-

schen Schulwesens war vor allem für ihren Vorsitzenden mehr Verhandlungsmasse denn Gegenstand manifestierter Prinzipientreue (vgl. Mitteilung von Max Klotz). Wie bereits dargestellt, hatte die BP der CSU schon einmal, im Vorfeld der Landtagswahl 1954, eine Neugestaltung der Lehrerbildung in umfassend konfessioneller Form angeboten. Dieses Angebot wiederholte sie in ihrem Landtagswahlprogramm 1958, in dem sie sich der mittlerweile wieder regierenden CSU mit der Forderung, an der Bekenntnisschule »darf in Bayern nicht gerüttelt werden« (Politische Richtlinien für die Wahl zum Bayerischen Landtag am 23. November 1958, in: Dokumente zur parteipolitischen Entwicklung, S. 239-243 [S. 243]), als Koalitionspartner empfahl.

46 Protokoll KA vom 23. Januar 1956, S. 1.
47 Hoegner 1959, S. 322.
48 Glück, S. 147.
49 Vgl. Sacher, S. 229, und Adolf Strehler: Fünfzig Jahre Bildungsarbeit im Bayerischen Lehrer- und Lehrerinnen-Verein. Ein Beitrag zum Bildungsgeschehen der letzten Jahrzehnte, München 1959, S. 101 f.
50 Buchinger, S. 598 f.
51 Wolf, S. 94.
52 Zorn, S. 662.
53 Vgl. Buchinger, S. 143-159 und S. 600-637, sowie Lanzinner, S. 395 f.
54 Zit. nach Buchinger, S. 675.
55 Vgl. Kock 1991, S. 197.
56 Der neugefasste Art. 135 BV lautete: »Die öffentlichen Volksschulen sind gemeinsame Schulen für alle volksschulpflichtigen Kinder. In ihnen werden die Schüler nach den Grundsätzen der christlichen Bekenntnisse unterrichtet und erzogen. Das Nähere bestimmt das Volksschulgesetz.«
57 Zu Vorgeschichte und Ausgang des Volksentscheids vgl. Huber, S. 89-110.
58 Vgl. Heinrich Wackerbauer: 40 Jahre Bayerische Landeszentrale für politische Bildungsarbeit, in: BLZ-Report 11/1995, S. 7-11. Mit der Verordnung vom 9. April 1964 wurde die Einrichtung rückwirkend zum 1. April 1964 in Bayerische Landeszentrale für politische Bildungsarbeit umbenannt und mit der Verordnung vom 28. November 1995 rückwirkend zum 15. November 1995 in den Zuständigkeitsbereich des Bayerischen Staatsministeriums für Unterricht, Kultus, Wissenschaft und Kunst überführt (vgl. Mitteilung der Bayerischen Landeszentrale für politische Bildungsarbeit vom 22. April 1997).
59 § 2 Abs. 1 VO über die Errichtung einer Bayerischen Landeszentrale für Heimatdienst vom 11. November 1955. BayGVBl vom 30. November 1955, S. 263 f.
60 Der Historiker und Jurist Thomas Ellwein (1927-1998) wurde am 1. Dezember 1955 zum Direktor der Bayerischen Landeszentrale für Heimatdienst berufen und leitete diese bis zum Amtsantritt des Kabinetts Seidel am 16. Oktober 1957. Von 1961 bis 1970 war Ellwein Professor in Frankfurt, anschließend Direktor des Sozialwissenschaftlichen Instituts der Bundeswehr in München und von 1973 bis 1976 Präsident der Hochschule der Bundeswehr in Hamburg. Von 1976 bis zu seiner Emeritierung 1989 hatte er einen Lehrauftrag für Politik- und Verwaltungswissenschaften an der Universität Konstanz inne. (Vgl. Munzinger-Archiv).
61 Vgl. LTStenBer, 3. WP, Bd. 2, 53. Sitzung vom 29. Februar 1956, S. 1671-1676.
62 Vgl. SPD-Fraktionsvorstandsprotokoll vom 8. Dezember 1954, o.S., und Mitteilung von Wilhelm Ebert.
63 Becher, S. 228. Vgl. auch James, S. 148-150.
64 Grußwort des Bayerischen Ministerpräsidenten Alfons Goppel anlässlich des Festakts zur Feier des zehnjährigen Bestehens der Akademie für Politische Bildung am 26. November 1968, in: Akademie für Politische Bildung (Hg.): 25 Jahre Akademie für Politische Bildung, [Tutzing 1982], S. 44-46 (S. 44).

65 Begrüßungsansprache des Direktors der Akademie, Felix Messerschmid, anlässlich des Festakts zur Feier des zehnjährigen Bestehens der Akademie für Politische Bildung am 26. November 1968, in: ebd., S. 38-43 (S. 41).

66 Ebd.

67 LTStenBer, 3. WP, Bd. 2, 46. Sitzung vom 17. Januar 1956, S. 1442.

68 Vgl. Mitteilung von Hans-Jochen Vogel.

69 Vgl. LTStenBer, 3. WP, Bd. 3, 59. Sitzung vom 24. April 1956, S. 1903-1905.

70 Ebd., S. 1905.

71 Vgl. ebd., S. 1905-1907.

72 Vgl. MM vom 25. September 1956; SZ vom 26. September 1956 und vom 14. November 1956.

73 Vgl. Lanzinner, S. 377, und LTStenBer, 3. WP, Bd. 4, 88. Sitzung vom 30. Januar 1957, S. 3061-3079.

74 Vgl. LTStenBer, 3. WP, Bd. 4, 100. Sitzung vom 17. Mai 1957, S. 3530-3534. Dem durch Volksentscheid vom 8. Februar 1998 aufgelösten Bayerischen Senat kam gemäß Art. 41 BV eine gutachterliche Stellung bei den vom Landtag verabschiedeten Gesetzen zu. Diese mussten ihm noch vor der Veröffentlichung vorgelegt werden (Abs. 1). Er konnte dann begründete Einwendungen erheben, die der Landtag jedoch verwerfen konnte (Abs. 2).

75 Vgl. Akademie für Politische Bildung, S. 9-31.

76 August Rucker scheint die Ausarbeitung eines Bedarfsplans, der weitgehend durch den »Montagskreis« angeregt worden sein dürfte, zunächst mit Skepsis betrachtet zu haben (vgl. Hamm-Brücher, S. 135; Mitteilung von Wilhelm Ebert).

77 Vgl. LTStenBer, 3. WP, Bd. 2, 52. Sitzung vom 28. Februar 1956, S. 1665.

78 Vgl. LTStenBer, 3. WP, Bd. 2, 57. Sitzung vom 22. März 1956, S. 1844-1851.

79 Ebd., S. 1847.

80 Ebd., S. 1856.

81 Vgl. LTStenBer, 3. WP, Bd. 3, 61. Sitzung vom 26. April 1956, S. 1981-2038.

82 Vgl. LTStenBer, 3. WP, Bd. 3, 69. Sitzung vom 5. Juli 1956, S. 2362-2379.

83 Vgl. LTStenBer, 3. WP, Bd. 3, 81. Sitzung vom 8. November 1956, S. 2744-2747 und S. 2763-2777. In einer vom Kultusministerium verbreiteten Broschüre hieß es zur Intention des »Ruckerplans«: »Große Aufgaben können nie erledigt werden, indem man die wahllos eingehenden Einzelanforderungen erledigt. Man muss den Mut zu einem Gesamtplan aufbringen; den Mut, vielleicht erschreckend hohe Zahlen zu nennen, die Dringlichkeiten sinnvoll abzuwägen, um den echten Bedürfnissen gerecht zu werden.« (Was will der Rucker-Plan?, hg. vom Bayerischen Staatsministerium für Unterricht und Kultus, [München 1956], S. 3).

84 Vgl. LTStenBer, 3. WP, Bd. 3, 81. Sitzung vom 8. November 1956, S. 2748-2751.

85 LTStenBer, 3. WP, Bd. 3, 69. Sitzung vom 5. Juli 1956, S. 2380.

86 Vgl. LTStenBer, 3. WP, Bd. 3, 61. Sitzung vom 26. April 1956, S. 2038 f.

87 Vgl. LTStenBer, 3. WP, Bd. 3, 84. Sitzung vom 6. Dezember 1956, S. 2910.

88 Buchinger, S. 164.

89 Lanzinner, S. 381.

90 Vgl. LTStenBer, 3. WP, Bd. 4, 88. Sitzung vom 30. Januar 1957, S. 3056.

91 Vgl. LTStenBer, 3. WP, Bd. 2, 57. Sitzung vom 22. März 1956, S. 1850.

92 Hoegner 1959, S. 331.

93 Vgl. Wilhelm Hoegner: Fundament und Profil für Bayern, in: Karl Hnilicka (Hg.): Aus Bayerns Staat und Gesellschaft 1945-1972, München 1974, S. 35-60 (S. 57), und LTStenBer, 3. WP, Bd. 3, 64. Sitzung vom 24. Mai 1956, S. 2116 f.

94 Vgl. Bruno Friedrich: Waldemar von Knoeringen (1906-1971), in: Peter Glotz und Wolfgang R. Langenbucher (Hgg.): Vorbilder für Deutsche. Ein Lesebuch, überarbeitete und gekürzte Neuausgabe, München 1986, S. 259-281 (S. 277).

95 Vgl. Deuerlein und Gruner, S. 632; Hoegner 1959, S. 331 f.; Lanzinner, S. 382.

96 Vgl. Ansprache von Bundeskanzler Konrad Adenauer anlässlich der Unterzeichnung des Verwaltungsabkommens am 5. September 1957, in: Wissenschaftsrat (Hg.): Wissenschaftsrat 1957-1982, Köln 1983, S. 5 f. (S. 6).

97 Ebd., S. 5.

98 Buchinger, S. 164.

99 Ansprache des Vorsitzenden des Wissenschaftsrates, Hans-Jürgen Engell, anlässlich des Festakts zur Feier des 25-jährigen Bestehens des Wissenschaftsrates am 27. Januar 1983, in: Wissenschaftsrat, S. 20-26 (S. 20).

100 Ansprache von Bundespräsident Theodor Heuss anlässlich der feierlichen Konstituierung des Wissenschaftsrates am 6. Februar 1958, in: Wissenschaftsrat, S. 7-13 (S. 11).

101 Hoegner 1959, S. 332.

102 Vgl. Lanzinner, S. 378 f.

103 Vgl. Kritzer, S. 337, und LTStenBer, Bd. 4, 89. Sitzung vom 31. Januar 1957, S. 3086.

104 Vgl. Protokoll MR vom 11. Juli 1955, S. 18-20.

105 Vgl. Protokoll MR vom 28. Juni 1955, S. 12-14.

106 Lanzinner irrt, wenn er schreibt, Hoegner habe Heisenberg »sehr spontan und ohne lang in Kabinett und Verwaltung nachzufragen« (S. 378) die Anschaffung eines Lehrreaktors zugesagt. Hoegner hatte die Errichtung einer Reaktoranlage mehrfach im Ministerrat thematisiert und dabei stets die Zustimmung der Kabinettsmitglieder gefunden (vgl. Protokolle MR vom 22. März 1955, S. 19 f., vom 28. März 1955, S. 17-19, vom 19. April 1955, S. 15-18, und vom 16. August 1955, S. 15-17).

107 Vgl. Hoegner 1959, S. 330 f.; Kritzer, S. 338; Protokoll MR vom 30. August 1955, S. 17-19.

108 Vgl. Lanzinner, S. 378.

109 Vgl. Protokoll MR vom 27. Dezember 1955, S. 8-12. Der vom Bund letztlich geleistete Anteil an den Gesamtkosten in Höhe von 11,5 Millionen Mark fiel mit 1,9 Millionen Mark allerdings verhältnismäßig bescheiden aus (vgl. LTStenBer, Bd. 4, 97. Sitzung vom 14. Mai 1957, S. 3414).

110 Vgl. Protokoll MR vom 12. Juni 1956, S. 21-23.

111 Emil Werner (Hg.): Begegnungen mit Wilhelm Hoegner, München 1967, S. 16.

112 Becher, S. 229.

113 Vgl. Protokoll MR vom 7. Juni 1956, S. 3.

114 Protokoll MR vom 4. Juli 1957, S. 4.

115 Vgl. ebd., S. 2-4.

116 Vgl. LTStenBer, Bd. 4, 105. Sitzung vom 9. Juli 1957, S. 3665 und S. 3701-3704.

117 Vgl. Kock 1991, S. 119 f.

118 BTStenBer, 13. WP, 83. Sitzung vom 1. Februar 1996, S. 7309.

119 Hoegner 1959, S. 321.

120 Lanzinner, S. 352.

121 Zu diesem Zweck hatte Knoeringen 1948 die Georg-von-Vollmar-Schule ins Leben gerufen und die Gründung einer Arbeitsgemeinschaft sozialdemokratischer Akademiker angeregt, die 1952 erfolgte. Diese entfaltete unter dem Vorsitz von Fritz Koch und dem geschäftsführenden Vorsitz von Hans-Jochen Vogel eine Vielzahl von Aktivitäten, als deren wichtigste die von renommierten Wissenschaftlern bestrittenen Vortragsreihen über »Das Weltbild unserer Zeit« (1954) oder die »Weltmacht Atom« (1955) zu nennen sind. (Vgl. Mehringer 1989, S. 378-380; Ostermann, S. 131 f.; Werner 1981, S. 26-29; dens. 1982, 135 f.). Gerade die Arbeitsgemeinschaft spielte in den fünfziger Jahren »eine ganz zentrale aufklärerische und propagandistische Rolle« (Mehringer 1989, S. 378 f.) und unterstrich »den politisch-konzeptionellen Führungsanspruch der SPD« (Ostermann, S. 132).

122 Hamm-Brücher, S. 134.

123 Ebd.

124 Laudatio von Hildegard Hamm-Brücher anlässlich der Verleihung des Wilhelm-Hoegner-Preises an Wilhelm Ebert am 28. September 1993, in: Bayerische Schule 13/1993, S. 7-10 (S. 9).

125 Vgl. Hamm-Brücher, S. 134; Mitteilungen von Wilhelm Ebert und Hans-Jochen Vogel.

126 Hamm-Brücher, S. 134.

127 Mitteilung von Wilhelm Ebert.

128 Laudatio von Hildegard Hamm-Brücher anlässlich der Verleihung des Wilhelm-Hoegner-Preises an Wilhelm Ebert am 28. September 1993, in: Bayerische Schule 13/1993, S. 7-10 (S. 9).

129 Vgl. zum Folgenden Deuerlein und Gruner, S. 629 f.; Kock 1991, S. 108; Lanzinner, S. 388 f.

130 Zit. nach Gelberg 1995, S. 642.

131 Hoegner 1959, S. 329.

132 Vgl. LTStenBer, 3. WP, Bd. 1, 24. Sitzung vom 12. Juli 1955, S. 696 f.

133 Vgl. zum Folgenden neben den in der Einleitung genannten grundlegenden Aufsätzen von Gelberg und Fenske auch dens.: Um die Neugliederung am Oberrhein. Die Pfalz im Schnittpunkt der Interessen (1948-1956), in: Pfälzer Heimat 42 (1991), S. 25-31, und Vier bewegte Jahrzehnte. Bayern und die Pfalz 1918-1956, in: ZBLG 61 (1998) 2, S. 407-425; ferner Baer, S. 183-191; Deuerlein und Gruner, S. 630-632; Hoegner 1959, S. 329 f.; Kock 1994, S. 431 f.; Kritzer, S. 302-305; Lanzinner, S. 385-388; Zorn, S. 650 f. Vgl. auch Mitteilung von Max Seither vom 14. November 1996.

134 Die linksrheinische Pfalz, die mit Bayern dynastisch seit 1214 und staatsrechtlich seit 1816 verbunden gewesen war, umfasste 1920 ein Gebiet von rund fünfeinhalbtausend Quadratkilometern, nachdem mit dem Inkrafttreten des Versailler Vertrags die Saarpfalz, ein Gebiet von mehr als 400 Quadratkilometern und mit rund 80.000 Einwohnern, abgetrennt worden war. Die Pfalz war damit der kleinste der acht bayerischen Kreise, übertraf jedoch mit rund 932.000 Einwohnern (1931) außer Oberbayern und Mittelfranken alle anderen an der Bevölkerungszahl. Sitz der Kreisregierung war Speyer. Die größte und wirtschaftlich bedeutendste Stadt war Ludwigshafen, gefolgt von Kaiserslautern. 55 Prozent der Bevölkerung gehörten dem protestantischen, 42 Prozent dem katholischen Glauben an. Wichtigste Erwerbszweige waren die chemische Industrie, der Maschinenbau und die Lederwarenindustrie, ferner die Landwirtschaft, insbesondere der Weinbau. (Vgl. Gelberg 1995, S. 639).

135 Allerdings hatte Bayern bei den Verfassungsberatungen im Parlamentarischen Rat darauf verzichtet, für die Pfalz eine Sonderregelung zu schaffen, wie sie für Baden, Württemberg-Baden und Württemberg-Hohenzollern in Art. 118 GG herbeigeführt worden war. Fenske und Gelberg führen dies übereinstimmend auf die Bereitschaft Ehards zurück, die bayerischen Ansprüche auf die Pfalz der raschen Verabschiedung einer föderalistischen Verfassung unterzuordnen (vgl. Fenske 1998, S. 422, und Gelberg 1995, S. 644 f.).

136 Vgl. LTStenBer, 1. WP, Bd. 3, 83. Sitzung vom 30. Juli 1948, S. 1828-1833. In seiner Rede führte Ehard pathetisch aus: »Wir fühlen uns innerlich ärmer, wenn diese gesegnete Erde nicht mehr zu Bayern gehören soll, denn wir waren stolz auf dieses reichbegabte Volk.« (S. 1833). Zwar sei die Entscheidung der Pfälzer über ihre künftige Zugehörigkeit zu respektieren, »wie immer sie ausfallen mag, aber ein Tag hoher Freude soll es für uns sein, wenn sie dann nach Bayern heimkehren« (ebd.).

137 Gelberg 1995, S. 653.

138 SZ vom 19. Oktober 1953.

139 Vgl. Peter Jakob Kock: In den Pfalz-Fahrten des Landtags sah die Mainzer Regierung »Übergriffe«. Der Ausschuss Bayern-Pfalz sollte der Pflege der alten Verbindungen dienen, in: Maximilianeum 2 (1990) 2, S. 20.

140 Vgl. Fenske 1998, S. 423.

141 Protokoll über die Gründung eines Ausschusses Bayern-Pfalz vom 3. November

1948, abgedruckt bei: Gelberg 1995, S. 666 f. (S. 666).

142 Der Art. 29 GG, der von den Alliierten zunächst suspendiert worden war und erst mit der Aufhebung des Besatzungsstatuts am 5. Mai 1955 vollzogen werden konnte, regelt in Abs. 1 die Neugliederung des Bundesgebiets durch Volksentscheid unter Berücksichtigung der landsmannschaftlichen Verbundenheit, der geschichtlichen und kulturellen Zusammenhänge, der wirtschaftlichen Zweckmäßigkeit sowie des sozialen Gefüges.

143 Luther stand als Stellvertreter der Staatsrechtler und ehemalige rheinland-pfälzische Minister Adolf Süsterhenn (CDU) zur Seite. Als Repräsentanten Bayerns gehörten dem Ausschuss der ehemalige niederbayerische Bezirksvorsitzende der BP, Freiherr Anton von Aretin, Oberfinanzpräsident a.D. Rolf Grabower, Staatsminister a.D. Alois Hundhammer, der Präsident des Bayerischen Verwaltungsgerichtshofs, Jakob Kratzer, Ministerialdirektor i.R. Hans Menzel, Staatsminister a.D. Hanns Seidel und der freidemokratische Bundestagsabgeordnete Hans Wellhausen an. (Vgl. Die Neugliederung des Bundesgebietes. Gutachten des von der Bundesregierung eingesetzten Sachverständigenausschusses, Bonn - Köln - Berlin 1955 [im Folgenden zit.: Die Neugliederung des Bundesgebietes], S. 13 f.).

144 Bayern im Rahmen der Neugliederung des Bundesgebietes. Denkschrift der Bayerischen Staatsregierung, [München 1954]. Rheinland-Pfalz im Rahmen der Neugliederung des Bundesgebietes. Denkschrift der Landesregierung Rheinland-Pfalz, Mainz 1954.

145 Die Neugliederung des Bundesgebietes, S. 95. Vgl. auch ebd., S. 90-95.

146 Ebd., S. 116.

147 Ebd.

148 Vgl. LTStenBer, 3. WP, Bd. 1, 17. Sitzung vom 10. Mai 1955, S. 402 f.

149 Gelberg 1995, S. 655.

150 Vgl. Karl-Ulrich Gelberg: Der Appell »Bayern ruft die Pfalz« fand nicht mehr genügend Echo. Erinnerung an das »Pfalz-Manifest« des Landtags vom 31. Januar 1956, in: Maximilianeum 7 (1995) 10, S. 112.

151 Vgl. LTStenBer, 3. WP, Bd. 2, 49. Sitzung vom 31. Januar 1956, S. 1491 f.

152 Vgl. SZ vom 24. April 1956. Eine detaillierte Übersicht zu den Ergebnissen der fünf Volksbegehren in Rheinland-Pfalz findet sich bei Fenske 1986, S. 123 und S. 128 f.

153 Zit. nach ebd., S. 122.

154 Der Spiegel vom 2. Mai 1955.

155 So wurde beispielsweise ein anonymer »Brief aus der Pfalz« an Ministerpräsident Hoegner veröffentlicht, in dem das Scheitern des Volksbegehrens der Viererkoalition und insbesondere der SPD angelastet wurde: »Sie machen also neben der Regierung von Rheinland-Pfalz, die verständlicher- und billigerweise für die Erhaltung ihres Landes kämpfte, wie Sie für die Erweiterung des Ihren, auch den Bischof von Speyer und die pfälzische Geistlichkeit für den Schiffbruch verantwortlich, den Ihr Viermaster in der Pfalz erlitten hat. Sie sollten nicht vergessen, dass es an der Takelung des Schiffes lag, wenn es nicht ans Ziel kam. Im übrigen auch an der Flagge. Die rote Gösch, die Ihr weiß-blaues Rautenbanner seit 1954 trägt, hätte uns nicht so sehr gestört; dass der rote Fleck aber immer noch wächst und wächst und dass bald von den weißen und blauen Rauten nichts mehr übrig sein wird, das hat uns stutzig gemacht und uns zögern lassen.« Der Wortlaut des Briefes ist abgedruckt in der Deutschen Tagespost vom 4. Mai 1956.

156 Vgl. LTStenBer, 3. WP, Bd. 3, 59. Sitzung vom 24. April 1956, S. 1895.

157 Lanzinner, S. 388.

158 Vgl. Deuerlein und Gruner, S. 554 f., und Feierstunde aus Anlass des 80. Geburtstages des Ersten Vizepräsidenten des Bayerischen Landtags, Herrn Minister-

präsidenten a.D. Prof. Dr. Wilhelm Hoegner, [München 1967] (im Folgenden zit.: Feierstunde), S. 11.

159 Vgl. Heinrich Küppers: Staatsaufbau zwischen Bruch und Tradition. Geschichte des Landes Rheinland-Pfalz 1946-1955, Mainz 1990, S. 160-168.

160 Baer, S. 191.

161 Die Pfälzer Weinstube in der Münchner Residenz, gegründet 1950 in einer Zeit, »in der die Münchner noch Zucker in ihren Wein schütteten« (Mitteilung von Franz Sackmann), sollte ebenso wie die durch den Bund Bayern und Pfalz vermittelten Weinpatenschaften bayerischer Städte den Absatz pfälzischen Weins in Bayern erhöhen (vgl. Die Zeit vom 7. April 1955).

162 Mitteilung der Bayerischen Staatskanzlei vom 31. Januar 1997.

163 Vgl. zum folgenden Deuerlein und Gruner, S. 630; Hoegner 1959, S. 329; dens. 1974, S. 54 f.

164 LTStenBer, 3. WP, Bd. 4, 87. Sitzung vom 29. Januar 1957, S. 3014.

165 Hoegner 1959, S. 329. Bereits einmal hatte Hoegner territoriale Gelüste Österreichs abzuwehren gehabt, als zu Beginn des Jahres 1946 Bestrebungen des Salzburger Landeshauptmanns Josef Rehrl bekannt geworden waren, das Berchtesgadener Land und den Rupertiwinkel, historisch dem fürstbischöflichen Stuhl von Salzburg ebenso verbunden wie dem Hause Wittelsbach, durch den Einmarsch bewaffneter Einheiten zu annektieren. Wenn es sein müsse, so Hoegner damals wenig diplomatisch, »werden unsere bayerischen Bauern ihr Land mit Mistgabeln und Sensen verteidigen« (ebd., S. 275).

166 Vgl. Programm der BP (1948), in: Dokumente zur parteipolitischen Entwicklung, S. 238 f. (S. 238).

167 Die Bayerische Verfassung spricht in Art. 6 von der bayerischen Staatsangehörigkeit, die durch Geburt, durch Legitimation, durch Eheschließung und durch Einbürgerung erworben wird

(Abs. 1) und nicht aberkannt werden kann (Abs. 2), und führt aus: »Das Nähere regelt ein Gesetz über die Staatsangehörigkeit.« (Abs. 3).

168 Vgl. Kock 1991, S. 89.

169 Vgl. SZ vom 21. Juni 1956.

170 Im Ministerrat hatten sich mit Wilhelm Hoegner, Fritz Koch, Walter Stain, Otto Bezold und Albrecht Haas Kabinettsmitglieder aller drei Regierungspartner der BP gegen ein bayerisches Staatsangehörigkeitsgesetz ausgesprochen und den Antrag abgelehnt (vgl. Protokoll MR vom 19. Juni 1956, S. 7-11). Auch der GB/BHE hatte bereits im Vorfeld seine einmütige Ablehnung bekundet (vgl. GB/BHE-Fraktionsprotokoll vom 16. Juli 1956, S. 1 f.).

171 Eine bayerische Staatsangehörigkeit hätte nicht in Widerspruch zum Grundgesetz gestanden. Zwar ordnet dieses dem Bund die ausschließliche Zuständigkeit für »die Staatsangehörigkeit im Bunde« (Art. 73 Abs. 2 GG) zu. Der durch Bundesgesetz am 27. Oktober 1994 aufgehobene Art. 74 Abs. 8 GG sprach die Staatsangehörigkeit in den Bundesländern jedoch der konkurrierenden Gesetzgebung zu. Vgl. auch Roland Bornemann: Die Bayerische Staatsangehörigkeit, in: BayVBl 25 (1979) 24, S. 748-750.

172 Vgl. LTStenBer, 3. WP, Bd. 3, 73. Sitzung vom 19. Juli 1956, S. 2562-2567.

173 Vgl. BP-Fraktionsprotokoll vom 12. September 1956, S. 1-4.

174 Vgl. BayVBl 23 (1977) 5, S. 142.

175 Vgl. Gerd Schermutzki: Verwaltungsvereinfachung in den Ländern. Bayern, in: Thomas Ellwein und Joachim Jens Hesse (Hgg.): Verwaltungsvereinfachung und Verwaltungspolitik, Baden-Baden 1985, S. 37-46 (S. 37).

176 Vgl. Lanzinner, S. 383-385.

177 Hoegner 1959, S. 315.

178 Vgl. Deuerlein und Gruner, S. 625; Hoegner 1959, S. 315-317; Kritzer, S. 310-313; Lanzinner, S. 322-330.

179 Protokoll MR vom 7. Mai 1957, S. 7 f.

180 MM vom 27. August 1955. Knoeringen hatte bereits das erste Teilgutachten als »in wesentlichen Punkten nicht akzeptabel« (SPD-Fraktionsprotokoll vom 13. Juli 1955, S. 1) verworfen, und Hoegner hatte in einer Sitzung der Fraktion bedauert, »dass auch viele Genossen den Pferdefuß des Kollmann-Ausschusses nicht erkannt hätten, der darin besteht, dass die Macht der Bürokratie gestärkt werden und der Parlamentarismus zurückgedrängt werden sollte« (SPD-Fraktionsprotokoll vom 21. Juni 1956, S. 1).

181 Zorn, S. 649.

182 Vgl. Kock 1991, S. 118 f.

183 Art. 185 BV: »Die alten Kreise (Regierungsbezirke) mit ihren Regierungssitzen werden ehestens wiederhergestellt.«

184 Vgl. Kock 1991, S. 47.

185 Vgl. Protokolle MR vom 19. April 1955, S. 31 f., vom 26. April 1955, S. 16-19, vom 24. Mai 1955, S. 9-15, vom 6. September 1955, S. 15-17, und vom 22. November 1955, S. 2-5.

186 Vgl. Landshuter Zeitung vom 27. Juni 1996.

187 GB/BHE-Fraktionsprotokoll vom 23. November 1955, S. 2. Ob der Passauer Verleger Hans Kapfinger bei der Rückkehr der Regierung von Niederbayern nach Landshut seinen nicht unerheblichen Einfluss auf die BP geltend gemacht und die von seinem langjährigen Landtagskorrespondenten Oskar Hatz vermutete wesentliche Rolle gespielt hat (vgl. PNP vom 3. Februar 1996), kann abschließend nicht geklärt werden. Positiv auf die Entscheidung der Staatsregierung mag sich gewiss ausgewirkt haben, dass im Bezirkstag von Niederbayern die 14 Mandatsträger von SPD, BP, GB/BHE und FDP unter Bezirkstagspräsident Dr. Wilhelm Schönhuber (BP) eine Koalition nach landespolitischem Vorbild eingegangen waren und die elf Bezirksräte der CSU in die Opposition gezwungen hatten.

188 Protokoll MR vom 7. Mai 1957, S. 3.

189 Vgl. LTStenBer, 3. WP, Bd. 3, 60. Sitzung vom 25. April 1956, S. 1964-1968.

190 Vgl. LTStenBer, 3. WP, Bd. 4, 105. Sitzung vom 9. Juli 1957, S. 3683 f.

191 Hoegner 1959, S. 334.

192 Vgl. Deuerlein und Gruner, S. 633; Hoegner 1959, S. 333 f.; Kock 1991, S. 120; Lanzinner, S. 389; Mitteilung von Hans-Jochen Vogel.

193 Vgl. zum folgenden Werner Buchner: 25 Jahre Landesplanungsgesetzgebung in Bayern, in: BayVBl 28 (1982) 23, S. 705-708, und Winfried Terhalle: Die Landesplanung im Bayerischen Staatsministerium für Wirtschaft und Verkehr 1945-1970, in: Akademie für Raumforschung und Landesplanung (Hg.): Beiträge zur Entwicklung der Landesplanung in Bayern, Hannover 1988, S. 11-56.

194 Die Zuständigkeit für die Landesplanung übernahm mit Gesetz vom 19. Februar 1971 das von Ministerpräsident Alfons Goppel (CSU) am 8. Dezember 1970 neugeschaffene Staatsministerium für Landesentwicklung und Umweltfragen (vgl. ebd., S. 54).

195 Vgl. Koalitionsabmachungen zwischen CSU, SPD und BHE, undatiert. AdsD NL Werner, ohne Signatur.

196 »Aufstellung von klaren Richtlinien zur Raumordnung und engste Zusammenarbeit des Wirtschafts-, Finanz- und Arbeitsministeriums zur Durchführung der Landesentwicklung.« (Koalitionsvereinbarung zwischen SPD, BP, GB/BHE und FDP vom 10. Dezember 1954. BayHStA NL Becher, Mappe 196).

197 Zusatzprotokoll zur Koalitionsvereinbarung vom 10. Dezember 1954. BayHStA NL Becher, Mappe 196.

198 Buchner, S. 705.

199 Aufgaben und Arbeitsergebnisse der Landesplanung in Bayern. Denkschrift im Auftrag des Herrn Ministerpräsidenten erstellt vom Bayerischen Staatsministerium für Wirtschaft und Verkehr, [München 1955].

200 Vgl. Protokoll MR vom 15. Mai 1956, S. 19.

201 Vgl. Protokoll MR vom 12. Juni 1956, S. 15-17.

202 Vgl. SZ vom 28. Juni 1957.

203 Vgl. LTStenBer, 3. WP, Bd. 4, 108. Sitzung vom 12. Juli 1957, S. 3817-3820.

204 Vgl. LTStenBer, 3. WP, Bd. 5, 116. Sitzung vom 18. Dezember 1957, S. 4014.

205 Becher, S. 218. Vgl. auch Willi Guthsmuths: Die Eingliederung als Gegenstand der Landesplanung in Bayern, in: Raumforschung und Raumordnung 16 (1958) 3, S. 129-139.

206 Vgl. zum Folgenden die ausführlichen Darstellungen bei Senfft, S. 81-282, und Wolf, S. 205-243. Vgl. ferner Gabert, S. 199-205; Kock 1994, S. 436-438; Kritzer, S. 339-341; Lanzinner, S. 369-371; Mut zur Freiheit, S. 57-61; Unger, S. 192-194; Werner 1982, S. 147-151.

207 Am 27. September 1950 war ein entsprechender Antrag der FDP mit 71 gegen 56 Stimmen bei 17 Enthaltungen abgelehnt worden. Mit einer deutlichen Mehrheit von 105 gegen 63 Stimmen bei zehn Enthaltungen hatte der Landtag am 30. Mai 1951 beschlossen, die Staatsregierung zu ersuchen, Anträgen auf Errichtung von Spielbanken künftig nicht mehr grundsätzlich ablehnend gegenüberzustehen. Folgerichtig war am 22. Juni 1951 mit 89 gegen 69 Stimmen bei acht Enthaltungen einer Gesetzesinitiative der Regierung entsprochen worden, Konzessionen an Bad Kissingen, Bad Reichenhall, Bad Wiessee, Garmisch-Partenkirchen, Oberstorf und Starnberg zu vergeben. Überraschend hatte der Landtag dann allerdings am 7. September 1951 mit 83 gegen 76 Stimmen bei elf Enthaltungen einem Einwand des Senats Rechnung getragen, der die Errichtung von Spielbanken grundsätzlich abgelehnt hatte. Ein dritter Vorstoß war am 23. Juli 1952 gescheitert, als ein Antrag von BP, GB/BHE und FDP bei Stimmengleichheit - jeweils 74 Stimmen bei 17 Enthaltungen - abgelehnt worden war.

(Vgl. Gabert, S. 199-202, und Wolf, S. 207-210).

208 In den Fraktionsakten der SPD finden sich die ausführlich begründeten Eingaben Bad Kissingens, Bad Reichenhalls, Garmisch-Partenkirchens, Starnbergs und Tegernsees, aber auch eine Denkschrift der Bayerischen Landesstelle gegen die Suchtgefahren, in der »in ernster Sorge und in Mitverantwortung für die leibseelische Volksgesundheit« vor »volksgefährdenden Kompromissen« in der Spielbankenfrage gewarnt wird. AdsD Akten SPD-Landtagsfraktion Bayern, Mappe 611.

209 Vgl. LTStenBer, 3. WP, Bd. 1, 15. Sitzung vom 21. April 1955, S. 356-364.

210 Ebd., S. 363.

211 Der Gesetzesantrag der Koalition wurde mit 92 gegen 79 Stimmen bei 16 Enthaltungen verabschiedet. Da die CSU namentliche Abstimmung beantragt hatte, kann anhand des Protokolls das uneinheitliche Stimmungsbild in den Koalitionsparteien nachgezeichnet werden. Neben den Kabinettsmitgliedern Hoegner und Guthsmuths votierten auch die Abgeordneten Gerda Laufer, Christian Müller und Günter Wolff (alle SPD) gegen das Gesetz. Zusammen mit vier CSU-Abgeordneten enthielten sich zudem zwölf Vertreter aller Koalitionsparteien der Stimme. (Vgl. ebd. S. 364). Zum Meinungsbild in den Koalitionsparteien bezüglich der Errichtung von Spielbanken vgl. Wolf, S. 210 und S. 298 Anm. 685.

212 LTStenBer, 3. WP, Bd. 1, 15. Sitzung vom 21. April 1955, S. 362.

213 Hoegner 1959, S. 321.

214 Kritzer, S. 339.

215 LTStenBer, 3. WP, Bd. 1, 15. Sitzung vom 21. April 1955, S. 359.

216 Vgl. Protokoll MR vom 14. Juni 1955, S. 16 f.

217 Vgl. LTStenBer, 3. WP, Bd. 1, 22. Sitzung vom 15. Juni 1955, S. 558-561.

218 Die formal nicht zu beanstandende Streichung der Widerspruchsklauseln

hatte allerdings nicht nur die Kritik der Opposition, sondern auch die zahlreicher Kabinettsmitglieder hervorgerufen (vgl. Protokolle MR vom 11. Juli 1955, S. 12-15 und vom 1. August 1955, S. 3-10). Vor allem Finanzminister Friedrich Zietsch zeigte sich über die Vorgehensweise Geislhöringers verärgert, da dieser entgegen einer im Ministerrat getroffenen Vereinbarung auf eine Abklärung der Konzessionsvergabe mit dem Finanzressort verzichtet hatte. Der Freistaat Bayern, so seine Befürchtung, werde »unter Umständen eines Tages erhebliche Entschädigungsansprüche befriedigen« (Protokoll MR vom 11. Juli 1955, S. 13) müssen.

219 Vgl. LTStenBer, 3. WP, Bd. 2, 36. Sitzung vom 6. Oktober 1955, S. 1150-1158.

220 Ebd., S. 1158.

221 Vgl. LTStenBer, 3. WP, Bd. 2, 37. Sitzung vom 25. Oktober 1955, S. 1177 f.

222 Detaillierte Darstellung bei Jürgen Plöhn: Untersuchungsausschüsse der Landesparlamente als Instrumente der Politik, Opladen 1991, S. 301-312.

223 Vgl. LTStenBer, 3. WP, Bd. 2, 39. Sitzung vom 27. Oktober 1955, S. 1206-1209.

224 Vgl. LTStenBer, 3. WP, Bd. 2, 42. Sitzung vom 24. November 1955, S. 1364-1369. Am 14. Februar 1956 teilte Hoegner dem Kabinett mit, dass im Untersuchungsausschuss wiederholt Eid gegen Eid gestanden habe und dass somit mit einigen Meineidsverfahren zu rechnen sei (vgl. Protokoll MR vom 14. Februar 1956, S. 2-5).

225 So stellte das Kabinett im Kommunalwahlkampf Strafanzeige gegen die CSU-Politiker Rudolf Hanauer und Richard Jaeger. Hanauer hatte behauptet, der Kaufmann Karl Freisehner habe der BP 29.000 Mark zugewendet, was dieser als »von A bis Z erlogen« (SZ vom 13. März 1956) zurückwies, und Jaeger hatte Geislhöringer als »Staatsminister zur Errichtung von Spielbanken und zur Förderung der Korruption« (SZ vom 14. März 1956) bezeichnet.

226 Plöhn, S. 310.

227 Vgl. Der Spiegel vom 12. Oktober 1955.

228 Vgl. SZ vom 19. April 1956.

229 SZ vom 11. April 1956.

230 Werner 1982, S. 150.

231 Vgl. Auszug aus dem Urteil der 2. Strafkammer des Landgerichts München I vom 8. August 1959, abgedruckt bei: Lohmeier, S. 166-181. Demnach wurde Klotz zu einer Zuchthausstrafe von zwei Jahren und neun Monaten verurteilt. Baumgartner und Michel erhielten Zuchthausstrafen von jeweils zwei Jahren. Freisehner wurde zu einer Gefängnisstrafe von 22 Monaten, Geislhöringer zu 15 Monaten Gefängnis verurteilt.

232 Plöhn, S. 308.

233 Vgl. Auszug aus dem Protokoll der 7. Sitzung des Parlamentarischen Untersuchungsausschusses zur Überprüfung der Vorgänge um die Erteilung der Spielbank-Konzessionen vom 5. Dezember 1955. Vernehmung des Zeugen Dr. Baumgartner, abgedruckt bei: Lohmeier, S. 158-166.

234 Vgl. Quick vom 5. September 1959.

235 Auszug aus dem Urteil der 2. Strafkammer des Landgerichts München I vom 8. August 1959, abgedruckt bei: Lohmeier, S. 179.

236 Wolf, S. 234.

237 Zit. nach ebd., S. 232.

238 Auszug aus dem Revisionsurteil des Bundesgerichtshofs vom 19. Februar 1960, abgedruckt bei: Lohmeier, S. 185-188.

239 Der Revisionsprozess endete am 14. Dezember 1960 mit Gefängnisstrafen für Geislhöringer, Klotz und Michel, wobei das Gericht das Urteil gegen Geislhöringer zur Bewährung aussetzte. Freisehner hatte seine Revision bereits im September 1959 zurückgezogen. (Vgl. ebd.).

240 Stern vom 3. September 1970.

241 Vgl. Kock 1991, S. 138 f. und S. 159 f.

242 Vgl. Wolf, S. 282 f. Anm. 434.

243 LTStenBer, 3. WP, Bd. 4, 86. Sitzung vom 17. Januar 1957, S. 2953. Vgl. auch

LTStenBer, 3. WP, Bd. 1, 3. Sitzung vom 11. Januar 1955, S. 37 f., und Bd. 2, 46. Sitzung vom 17. Januar 1956, S. 1434 f.

244 Vgl. Gelberg 1992, S. 524.

245 SPD-Fraktionsprotokoll vom 25. Januar 1956, S. 2.

246 Vgl. Die Jahresarbeit der Bayerischen Staatsregierung. Aus den Tätigkeitsberichten der Ministerien für das Jahr 1955, hg. vom Presse- und Informationsamt der Bayerischen Staatskanzlei, München [1956], S. 19, und Wolf, S. 138 f.

247 Vgl. Protokoll MR vom 15. März 1955, S. 1-8.

248 Vgl. BRStenBer, 133. Sitzung vom 18. März 1955, S. 372.

249 Entgegen bayerischen Wünschen war der Vorsitz im Auswärtigen Ausschuss des Bundesrats, den Bayern seit 1949 innegehabt hatte, in der Bundesratssitzung vom 22. Juli 1955 Nordrhein-Westfalen zuerkannt worden. Hoegner hatte dies als Kränkung empfunden und zunächst »wenig Neigung« (Protokoll MR vom 26. Juli 1955, S. 9) verspürt, den angebotenen Vorsitz im Verteidigungsausschuss einzunehmen. Den Mitgliedern seines Kabinetts war es aber gelungen, ihn zur Annahme zu bewegen (vgl. ebd., S. 8-15).

250 LTStenBer, 3. WP, Bd. 2, 46. Sitzung vom 17. Januar 1956, S. 1441.

251 Vgl. LTStenBer, 3. WP, Bd. 1, 13. Sitzung vom 19. April 1955, S. 283 f.

252 Hans-Peter Schwarz: Die Ära Adenauer. Gründerjahre der Republik. 1949-1957, Stuttgart - Wiesbaden 1991 (Geschichte der Bundesrepublik Deutschland, Bd. 2), S. 297.

253 Hoegner 1959, S. 323 f.

254 Vgl. Schwarz, S. 287-302.

255 Vgl. Wolf, S. 151-153; SZ vom 16. Januar 1956; Der Spiegel vom 15. Februar 1956.

256 Vgl. Protokoll MR vom 10. Juli 1956, S. 2-8.

257 Vgl. GB/BHE-Fraktionsprotokoll vom 2. Mai 1956, S. 10 f.

258 Vgl. SZ vom 21. Juli 1956.

259 Vgl. BRStenBer, 162. Sitzung vom 20. Juli 1956, S. 251-260.

III. Das Scheitern der Viererkoalition

1 Während die CSU ihren Stimmenanteil auf 35,1 Prozent (+ 8,7 Prozent) verbessern und auch die SPD zulegen konnte und auf 29,5 Prozent (+ 3,4 Prozent) kam, mussten die BP mit 7,9 Prozent (- 2,5 Prozent) und auch der GB/BHE mit 8 Prozent (- 1,8 Prozent) Verluste hinnehmen. Die FDP konnte mit 3,7 Prozent ihr Ergebnis von 1952 halten. (Vgl. SZ vom 21. März 1956).

2 Zusatzprotokoll zur Koalitionsvereinbarung zwischen SPD, BP, GB/BHE und FDP vom 10. Dezember 1954. BayHStA NL Becher, Mappe 196.

3 Bei der Wahl zum Münchner Stadtrat waren auf die SPD 28, auf die CSU 16, auf die BP und den bürgerlichen Münchner Block jeweils vier, auf GB/BHE, FDP und KPD jeweils zwei Räte und auf die Parteifreie Wählerschaft sowie die Vereinigung der Flieger- und Kriegsgeschädigten und Entrechteten des BP-Landtagsabgeordneten Karl Brentano-Hommeyer je ein Vertreter entfallen (vgl. SZ vom 26. März 1956). Im neuen Stadtrat bildeten BP, GB/BHE, FDP und Brentano-Hommeyer eine Arbeitsgemeinschaft, die mit der SPD eine Koalition einging (vgl. SZ vom 13. April 1956). Als Kandidat der Münchner Viererkoalition wurde schließlich am 3. Mai 1956 Adolf Hieber (BP) mit 37 gegen 20 Stimmen zum zweiten Bürgermeister gewählt (vgl. SZ vom 4. Mai 1956).

4 Vgl. Helmut M. Hanko: Thomas Wimmer 1887-1964. Entwicklung und Weg eines sozialdemokratischen Kommunalpolitikers, München 1977, S. 178-180.

5 SPD-Fraktionsprotokoll vom 10. Dezember 1954, S. 2.

6 Vgl. James, S. 155 f.

7 SPD-Fraktionsprotokoll vom 23. April 1956, S. 1.

8 Das Scheitern seiner Bemühungen um eine verstärkte Zusammenarbeit der Regierungsparteien in den Gemeinden und Landkreisen kommentierte Waldemar von Knoeringen resigniert: »Die Erscheinungen auf kommunalpolitischer Ebene, wie sie sich in den letzten Tagen in Bamberg, Bayreuth und anderwärts gezeigt haben, würden in ihrer letzten Auswirkung den Bestand der Koalition gefährden, und es sei bedauerlich, dass die betr[effenden] Genossen, aus welchen Gründen auch immer, eine solche Politik gemacht haben. Es entsteht der Eindruck, dass man vielerorts die Dinge und Auswirkungen nicht begreift und dass wir, das Große außer Acht lassend, an Kleinigkeiten scheitern.« (SPD-Fraktionsprotokoll vom 2. Mai 1956, S. 1).

9 Groß, S. 168.

10 Die CSU scheint nicht nur durch verbale Überzeugungsarbeit, sondern auch auf weniger honorablem Weg versucht zu haben, Abgeordnete der BP zu einem Parteiwechsel zu bewegen. In den Fraktionsakten der BP findet sich eine Aktennotiz vom 12. September 1956 über eine Mitteilung des Abgeordneten Josef Lechner: »Während der Parlamentsferien seien bei ihm zwei Agenten der CSU erschienen, die ihm DM 15 000,-- angeboten haben, wenn er bereit ist, zur CSU überzutreten. Außerdem würde ihm eine monatliche Zuwendung von DM 300,-- laufend bezahlt werden. Die beiden Agenten hätten ihm ausgearbeitete Verträge vorgelegt, die er unterzeichnen sollte.«

11 Vgl. Groß, S. 168 f.

12 BP-Fraktionsprotokoll vom 25. April 1956, S. 1.

13 Vgl. BP-Fraktionsprotokoll vom 14. Dezember 1955, S. 7.

14 Vgl. BP-Fraktionsprotokoll vom 30. Oktober 1956, S. 4-11.

15 Vgl. BP-Fraktionsprotokoll vom 28. März 1957, S. 1. In einem undatierten Schreiben an die Abgeordneten der BP, das den Fraktionsakten beiliegt, kündigte Lacherbauer seinen Rücktritt mit bitteren Worten an: »Glaubt wirklich jemand, dass der Fraktionsvorsitzende sich in dieser Art und Weise diffamieren lässt, ohne dass er aus einer solchen Erledigung keine Konsequenzen zöge? [...] In der BP-Fraktion soll mir nun der Hinauswurf aus dem Ausschuss bereitet werden, dem ich seit elf Jahren angehöre, dem ich eine erhebliche Zeit vorgesessen bin und zu dessen Schriftführer ich heute noch zähle. [...] Wer glaubt wirklich, dass ich mir als aktiver Politiker eine derartige Hinrichtung gefallen lasse?«

16 Vgl. BP-Fraktionsprotokoll vom 19. Juni 1957, S. 1-4.

17 An dem Gespräch nahmen für den GB/BHE Walter Becher, Wolfgang Lindenblatt, Karl Schreiner und Walter Stain, für die CSU Alfons Goppel, Franz Heubl und Hanns Seidel sowie für die Katholische Kirche Hubert Fischer und Karl Köhler teil (vgl. Becher, S. 227, und GB/BHE-Fraktionsprotokoll vom 3. Januar 1956, S. 4).

18 Protokoll KA vom 9. Januar 1956, S. 1.

19 Vgl. GB/BHE-Fraktionsprotokoll vom 3. Januar 1956, S. 4 f.

20 Protokoll KA vom 9. Januar 1956, S. 1.

21 Ebd.

22 Mitteilung von Walter Becher.

23 Vgl. Becher, S. 227 f.

24 Vgl. u.a. GB/BHE-Fraktionsprotokolle vom 9. November 1955, S. 1-3, vom 9. Dezember 1955, S. 1 f., und vom 9. April 1956, S. 6.

25 Nürnberger Zeitung vom 8. April 1957.

26 Vgl. Peter Jakob Kock: Vor 30 Jahren gestorben: »Der stärkste Mann des Katholizismus in Deutschland«, in: Maximilianeum 3 (1991) 8, S. 96. Aus der Tatsache, dass Augustinus Rösch als Mittelsmann der CSU zu Hoegner fungierte, leitet Franz Sackmann die Vermutung ab, hinter der Kontaktaufnahme habe Josef Müller gesteckt, dessen enger

Vertrauter Rösch zu dieser Zeit gewesen sei (vgl. Mitteilung von Franz Sackmann).

27 Vgl. Hoegner 1959, S. 322 f., und Kritzer, S. 352. Auf der Abschrift eines diesbezüglichen Aktenvermerks Baumgartners vom 9. Januar 1956 hat Emil Werner den 10. Dezember 1955 als vermutlichen Termin des Gesprächs zwischen Hoegner und Rösch eingetragen (AdsD NL Werner, ohne Signatur).

28 Vgl. Mitteilungen von Volkmar Gabert und Harald Hoegner.

29 Vgl. Groß, S. 168.

30 Reitzner, S. 147.

31 Bei der Wahl zum zweiten Deutschen Bundestag am 6. September 1953 waren auf die Unionsparteien 45,2 Prozent und 243 Mandate, auf die SPD 28,8 Prozent und 151 Mandate, auf die FDP 9,5 Prozent und 48 Mandate, auf den GB/BHE 5,9 Prozent und 27 Mandate, auf die DP 3,3 Prozent und 15 Mandate und auf die DZP 0,8 Prozent und - dank einer Wahlabsprache mit der CDU in Nordrhein-Westfalen - drei Mandate entfallen, wobei der auf der Liste des Zentrums gewählte Abgeordnete Martin Heix Mitglied der CDU war und sich unmittelbar nach der Wahl der Unionsfraktion anschloss. Die BP hatte mit nur 1,7 Prozent den Wiedereinzug in das Parlament deutlich verpasst. (Vgl. Schwarz, S. 480).

32 Vgl. Der Spiegel vom 17. Mai 1954.

33 Vgl. SZ vom 16. März 1955.

34 Vgl. Heinz Hund: Die Paradoxien des BHE, in: Die Gegenwart 10 (1955) 16, S. 496-498, und Neumann, S. 137-167.

35 Vgl. SZ vom 11. März 1955.

36 Allerdings kehrten zwei seiner Bundestagsabgeordneten, Reinhold Bender und Walter Eckhardt, der Partei den Rücken (vgl. SZ vom 13. Juli 1955). Der seit der Gründung des bayerischen BHE im Jahre 1950 amtierende Landesvorsitzende Theodor Oberländer hatte bereits vor seinem Parteiaustritt den Vorsitz zur Verfügung gestellt. Zu

seinem Nachfolger war am 19. Juni 1955 der bis dahin geschäftsführende Landesvorsitzende, Staatssekretär Willi Guthsmuths, gewählt worden. (Vgl. SZ vom 20. Juni 1955).

37 Zit. nach MM vom 26. Juli 1955.

38 Ebd.

39 Vgl. Uwe W. Kitzinger: Wahlkampf in Westdeutschland. Eine Analyse der Bundestagswahl 1957, Göttingen 1960, S. 145-149.

40 Schwarz, S. 303.

41 Nach dem von CDU/CSU und DP vorgeschlagenen »Grabenwahlsystem« sollten 60 Prozent der Abgeordneten des Deutschen Bundestags direkt und 40 Prozent auf Listen nach dem Verhältniswahlrecht gewählt werden. Eine Anrechnung der Direktmandate auf die Listenmandate wie beim personalisierten Verhältniswahlrecht sah der Vorschlag nicht vor. Mehrheitswahl und Listenwahl waren demnach miteinander verbunden, aber nicht vermischt. Das »Grabenwahlsystem« hätte damit Parteien begünstigt, die bei der Bundestagswahl 1957 damit rechnen durften, eine große Anzahl von Direktmandaten erringen zu können. (Vgl. Schwarz, S. 307).

42 Eine interessante Marginalie ist das Verhalten des Viererkoalitionärs Otto Bezold, der sich in der Sitzung des Bundesvorstands der FDP vom 3. Februar 1956 gegen einen Koalitionsbruch in Düsseldorf aussprach und für die Fortsetzung des Regierungsbündnisses mit CDU und DZP plädierte (vgl. Gutscher, S. 177).

43 Detlef Rilling: Thomas Dehler. Eine politische Biographie. Ein Leben in Deutschland, Diss. Augsburg 1988, S. 261.

44 Vgl. Gutscher, S. 172-188; Friedrich Henning: Thomas Dehler (1897-1967), in: Alfred Wendehorst und Gerhard Pfeiffer (Hgg.): Fränkische Lebensbilder. Neue Folge der Lebensläufe aus Franken, Bd. 10, Neustadt/Aisch 1982,

S. 239-257 (S. 250 f.); Rilling, S. 258-263 und S. 277-284; Schwarz, S. 303-312.

45 Zu seinem Nachfolger war am 8. Juli 1956 Staatssekretär Albrecht Haas gewählt worden. Mit 183 von 301 Stimmen hatte sich Haas auf der Landesversammlung in Bayreuth überraschend gegen Otto Bezold durchsetzen können, für den 113 Delegierte votiert hatten. (Vgl. SZ vom 9. Juli 1956).

46 SZ vom 20. Mai 1957.

47 Vgl. Kitzinger, S. 118-136.

48 Vgl. zum Folgenden Unger, S. 195-200, und Wolf, S. 192-199.

49 MM vom 26. Juli 1956.

50 Als unmittelbare Reaktion auf die sich ankündigende Wahlabsprache trat die Fraktion der BP im Passauer Stadtrat ohne Fühlungnahme mit ihrem düpierten Oberbürgermeister Stephan Billinger, der zugleich für die BP im Bayerischen Landtag saß, geschlossen zur CSU über (vgl. SZ vom 20. Juli 1956).

51 Zit. nach SZ vom 28. Juli 1956.

52 Vgl. Protokoll KA vom 9. Juli 1956, S. 1 f. Vgl. auch SPD-Fraktionsvorstandsprotokoll vom 2. Juli 1956, o.S. Die FDP ließ zudem ihre Bereitschaft erkennen, Kandidaten der BP auf ihrer Landesliste zu nominieren (vgl. SZ vom 9. Februar 1957). Vgl. dazu auch den Brief von Albrecht Haas an Heinrich Seltmann vom 12. September 1956. Nachlasssplitter Baumgartner bei Taubenberger, ohne Signatur.

53 Protokoll KA vom 25. Januar 1957, S. 1.

54 SPD-Fraktionsvorstandsprotokoll vom 21. Januar 1957, o.S.

55 Die Diskussion in der Landtagsfraktion legt Zeugnis ab für den zerfahrenen Zustand der BP. Parteivorsitzender Baumgartner sprach sich zusammen mit fünf weiteren Abgeordneten für ein Abkommen mit der DP aus. Drei Fraktionsmitglieder plädierten für und zwei gegen ein Bündnis mit der CSU. Parteigründer Lallinger schließlich forderte einen Alleingang. (Vgl. BP-Fraktionsprotokoll vom 6. Februar 1957, S. 1-10).

Es verwundert nicht, dass die SPD die Entwicklung mit Skepsis betrachtete: »Verhandlungen BP - CSU können gefährlich werden.« (SPD-Fraktionsvorstandsprotokoll vom 18. Februar 1957, o.S.).

56 Aktenvermerk vom 21. Februar 1957. Nachlasssplitter Baumgartner bei Taubenberger, ohne Signatur. An dem Gespräch hatten für die CSU Fritz von Haniel-Niethammer, Alois Hundhammer und Gerhard Wacher sowie für die BP Georg Bantele, Konrad Frühwald und ein nicht näher bezeichneter »Direktor Plöckl - Augsburg« teilgenommen (vgl. Schwäbische Landeszeitung vom 22. Februar 1957).

57 Vgl. Groß, S. 171 f.

58 Vgl. Der Spiegel vom 13. Februar 1957.

59 Vgl. Mintzel, 1983/84a, S. 449 f.

60 BP und DZP waren bereits im ersten Deutschen Bundestag zeitweilig Partner gewesen. Um dem drohenden Verlust des Fraktionsstatus zu entgehen, hatten sie am 22. Dezember 1951 eine Fraktionsgemeinschaft gebildet, die schon damals als Föderalistische Union firmiert hatte. (Vgl. Mut zur Freiheit, S. 39).

61 Vgl. BP-Fraktionsprotokoll vom 8. Mai 1957, S. 1.

62 Zit. nach SZ vom 10. Mai 1957.

63 Vgl. Mintzel, 1983/84a, S. 417 f. und S. 442 f.; Joseph Nietfeld: Die Zentrumspartei. Geschichte und Struktur 1945-1958, Diss. Braunschweig 1985, S. 203; Ute Schmidt: Die Deutsche Zentrums-Partei, in: Parteien-Handbuch, S. 1192-1242 (S. 1218 f.).

64 Die frankophile CVP, der in der 1955 gegründeten Christlich-Demokratischen Union Saar (CDU-S) ein mächtiger Wettbewerber um die Stimmen der bürgerlich-christlichen Wähler erwachsen war und die demnach nicht damit rechnen konnte, aus eigener Kraft die Hürden für einen Einzug in den Deutschen Bundestag überwinden zu können, war ihrerseits auf der Suche nach Bündnispartnern für die Bundestagswahl 1957. Sie

war dabei zunächst auf die DZP gestoßen, mit der sie am 22. Juli 1956 zur Christlichen Volkspartei - Zentrum (CVP-Z) fusionierte. Die Allianz entsprang vorwiegend der taktischen Erwägung der CVP, Druck auf die Unionsparteien auszuüben. Die Bestätigung der Sperrklausel durch das Bundesverfassungsgericht nahm sie am 3. April 1957 zum Vorwand, das Bündnis mit dem Zentrum wieder zu lösen. Um die Stimmen der CVP für die Unionsparteien zu sichern, erkannte schließlich die CSU am 6. Juli 1957 die CVP als saarländischen Landesverband an. Es dauerte dann noch zwei Jahre, ehe die Christlich-Soziale Union, Landesverband Saar (CSU/CVP) am 19. April 1959 in der CDU aufging. (Vgl. Frank Dingel: Die Christliche Volkspartei des Saarlands, in: Parteien-Handbuch, S. 719-766).

65 So malte er ein düsteres Bild über die Erfolgsaussichten der FU : »Wir können uns nicht dazu hergeben, das christliche und bürgerliche Lager noch weiter aufzuspalten. [...] Wir können mit der FU nichts machen. Sang- und klanglos werden wir untergehen. Wir geraten in den schwarz-roten Fleischwolf.« (BP-Fraktionsprotokoll vom 8. Juli 1957, S. 1).

66 BP-Fraktionsprotokoll vom 11. Juli 1957, S. 1.

67 Vgl. ebd., S. 1-7.

68 Vgl. Grundsatzprogramm der Föderalistischen Union (1957), in: Dokumente zur parteipolitischen Entwicklung, S. 266 f.

69 Mintzel, 1983/84a, S. 418.

70 Weidlich nutzten die Wahlkampfstrategen der CSU jede Möglichkeit, die Hilfestellung der SPD für die BP als Bemühen um »Handlanger und Steigbügelhalter für die Machtergreifung nach der Bundestagswahl« (Bayernkurier vom 9. Februar 1957) zu diskreditieren.

71 Vgl. Kitzinger, S. 152-154.

72 Im dritten Deutschen Bundestag waren auf CDU und CSU 270 Mandate entfallen. Durch Wahlabsprachen hatte die Union zudem der DP mit 17 Abgeordneten erneut ins Parlament verholfen, in das sie mit nur 3,4 Prozent ansonsten nicht mehr zurückgekehrt wäre. Die oppositionelle SPD hatte sich auf 31,8 Prozent (169 Mandate) verbessert, während die durch Spaltung geschwächte FDP auf 7,7 Prozent (41 Mandate) abgesunken war. Der GB/BHE (4,6 Prozent) und mit der FU (0,9 Prozent) das Zentrum hatten den Wiedereinzug in den Bundestag verfehlt. (Vgl. Schwarz, S. 484).

73 Vgl. Wahlen in Bayern, S. 20 f.

74 Dementsprechend kommentierte auch der Sprecher der CSU-Landtagsfraktion, Hanns Seidel, den Ausgang der Wahl: »Ich bin der Meinung, dass sich der bayerische Ministerpräsident überlegen sollte, ob er nach diesem Wahlergebnis noch eine tragfähige Grundlage für seine Koalition besitzt. Die CSU drängt ein Jahr vor der Landtagswahl nicht nach der Regierungsverantwortung, sie ist aber der Ansicht, dass man nicht die Augen vor den Realitäten dieses Wahlergebnisses verschließen darf.« (Zit. nach MM vom 16. September 1957).

75 In ihren Hochburgen Niederbayern und Oberbayern, wo sie bei der Bundestagswahl 1949 mit 33,9 Prozent bzw. 26,7 Prozent zur stärksten Partei geworden war, kam die BP noch auf 5,6 Prozent bzw. 5,2 Prozent. In allen anderen Regierungsbezirken sank sie zur Splitterpartei herab, so in Schwaben (2,8 Prozent), in der Oberpfalz (2,4 Prozent), in Oberfranken (1,8 Prozent), in Unterfranken (1,2 Prozent) und in Mittelfranken (0,9 Prozent). (Vgl. Wahlen in Bayern, S. 23-35).

76 Vgl. Unger, S. 200, und Wolf, S. 199 f. Geradezu demütigend war das persönliche Ergebnis Joseph Baumgartners, der sich im Bundestagswahlkreis Altötting um ein Mandat beworben hatte. Schon im Vorfeld hatte Albert Weggartner, Landrat von Mühldorf im Wahlkreis

Altötting und Landtagsabgeordneter der BP, jede Unterstützung für die FU und damit für seinen Parteivorsitzenden abgelehnt. Trotz des Verzichts von SPD und FDP auf eigene Kandidaten kam Baumgartner schließlich nur auf 21 Prozent der Erststimmen, während der vergleichsweise unbekannte Kandidat der CSU mit 62,1 Prozent obsiegte. (Vgl. ebd.). Baumgartner hatte sich in Altötting anstelle des zunächst für diesen Wahlkreis vorgesehenen Joseph Panholzer beworben, obwohl er mit seinem damaligen Stellvertreter im Landesvorsitz der BP, dem späteren Landwirtschaftsminister Simon Nüssel, vereinbart hatte, keine Kandidatur für die FU anzunehmen (vgl. Mitteilung von Simon Nüssel vom 6. Dezember 1996).

77 Das Ende der Viererkoalition ist an verschiedener Stelle detailliert beschrieben. Vgl. zum folgenden Deuerlein und Gruner, S. 633-635; Groß, S. 174-182; Hoegner 1959, S. 334-338; Unger, S. 200-203; Wolf, S. 200-202. Eine ausführliche, wenngleich auch parteipolitisch motivierte Chronologie der Ereignisse findet sich im Bayern-Dienst vom 15. Oktober 1957.

78 Kock 1991, S. 121.

79 SZ vom 10. Oktober 1957.

80 Zit. nach SZ vom 1. Oktober 1957. Erst 1959 griff der bayerische GB/BHE unter dem Druck der fortschreitenden Erosion seines Wählerfundaments das Konzept einer Sammlung der kleinen Rechtsparteien erneut auf und gründete als Dachverband die National-Demokratische Union (NDU). Dem ehrgeizigen Projekt war jedoch aufgrund des mangelnden Interesses der avisierten Partner und der fehlenden Unterstützung durch die anderen Landesverbände des GB/BHE kein dauerhafter Erfolg beschieden. (Vgl. Neumann, S. 221-228, und Mitteilung von Josef Ertl vom 21. Juni 1996).

81 Zit. nach SZ vom 30. Oktober 1957.

82 Vgl. Mintzel, 1983/84a, S. 479 f. Unter den übergetretenen Mitgliedern der BP befanden sich drei Kreisvorsitzende, ein Landrat, ein stellvertretender Landrat, 14 Kreisräte und drei Stadträte (vgl. SZ vom 30. Oktober 1957).

83 Vgl. Mitteilung von Rudolf Widmann vom 11. Juli 1996. Vgl. auch den Brief von Albrecht Haas an die Mitglieder des Vorstands der bayerischen FDP vom 3. Oktober 1957. Nachlasssplitter Baumgartner bei Taubenberger, ohne Signatur.

84 Glück, S. 146.

85 BP-Fraktionsprotokoll vom 2. Oktober 1957, S. 6.

86 Vgl. Mitteilung von Rudolf Wagner.

87 Mitteilung von Volkmar Gabert.

88 Vgl. Mitteilung von Wilhelm Ebert.

89 Vgl. BP-Fraktionsprotokoll vom 18. September 1957, S. 12.

90 Vgl. ebd., S. 1-14.

91 Jakob Fischbacher bezog Stellung gegen ein Ausscheiden aus der Viererkoalition und warnte vor den möglichen Folgen eines solchen Schritts: »Wenn wir noch eine Position haben, dann ist es die, dass wir bis heute nicht ehrlos und nicht treulos geworden sind. Wenn auch Einzelne abgesprungen sind. Ich bin weiterhin der Überzeugung, wenn wir hier nach der anderen Richtung eine Änderung vornehmen wollten, sind wir für die Zukunft erledigt. Denn niemand würde mehr mit so einer Partei einen Pakt schließen, von der er weiß, dass sie sofort umfällt.« (Ebd., S. 4).

92 Ebd., S. 12.

93 Das Fehlen eines offiziellen Handlungsauftrags bekräftigte Baumgartner darüber hinaus in einem Schreiben an Schweiger: »Als Landesvorsitzender der Bayernpartei ersuche ich Sie nochmals, davon Kenntnis zu nehmen, dass Sie von mir als dem rechtmäßig gewählten Landesvorsitzenden der Bayernpartei nicht beauftragt und nicht ermächtigt sind, mit der CSU Koalitionsgespräche zu führen.« (Brief Joseph Baumgartners an Martin Schweiger vom 24. September

1957. BayHStA Bestand BP, Mappe 116).

94 Vorvertrag über die Bildung einer gemeinsamen Regierung aus CSU, BP und GB/BHE vom 27. September 1957. BayHStA Bestand BP, Mappe 116.

95 Mitteilung von Walter Becher.

96 Kritzer, S. 352.

97 Allerdings hatten sich schon unmittelbar nach der Bundestagswahl einzelne Mitglieder der Landtagsfraktion skeptisch über die Zukunftsaussichten der Viererkoalition geäußert. So sagte etwa Karl Weishäupl Knoeringen einen schnellen Abfall der BP voraus und sprach einer Neuorientierung in Richtung eines Regierungsbündnisses mit der CSU das Wort. (Vgl. Brief des Staatssekretärs im Bayerischen Staatsministerium für Arbeit und soziale Fürsorge, Karl Weishäupl, an den Landesvorsitzenden der bayerischen SPD, Waldemar von Knoeringen, vom 16. September 1957. AdsD Akten SPD-Landesverband Bayern, Mappe 148). Zudem mehrten sich die Stimmen von Abgeordneten, die unverhohlen ihre Frustration über die Situation der Koalition artikulierten, die »nicht viel erreicht« (SPD-Fraktionsprotokoll vom 1. Oktober 1957, S. 3) habe und deren Schwierigkeiten »nicht zu übersehen seien« (ebd.).

98 Alle Zitate Protokoll KA vom 30. September 1957, S. 1.

99 Vgl. Becher, S. 233.

100 Im Nachlass Baumgartners findet sich eine Aktennotiz, derzufolge mit Josef Baumgartner (mit dem Vorsitzenden der BP und Bayerischen Staatsminister nicht identisch), Stephan Billinger, Georg Brunner, Max Klotz, Raimund Lang, Ludwig Nerlinger, Karl Reitmeier, Martin Schweiger, Max Strohmayer, Albert Weggartner und Simon Weinhuber elf von 27 Abgeordneten an der Unterredung teilgenommen haben sollen. Die Liste vermerkt als Anwesende zudem Staatssekretär Kurt Eilles

und Pfarrer Johannes Waxenberger, die beide nicht der Fraktion angehörten. (Vgl. Aktennotiz, undatiert. Nachlasssplitter Baumgartner bei Taubenberger, ohne Signatur).

101 Aufgrund der dürftigen Quellenbasis konnte nicht geklärt werden, welche Rolle das angeblich im Besitz der CSU befindliche und die BP »belastende Material aus der Spielbankenaffäre« (Senfft, S. 91) bei den Erwägungen einzelner Abgeordneter der BP spielte. Unter anderem soll Seidel dem stellvertretenden Fraktionsvorsitzenden der BP, Max Klotz, angeboten haben, bei einem Koalitionswechsel das Klotz belastende Material zu vernichten (vgl. ebd., S. 92). Klotz selbst bestätigt die Drohung Seidels: »Er hat in einer ziemlich ungehörigen Weise mit mir gesprochen. Seidel sagte zu mir: ›Klotz, halte Dich gegen uns zurück. Du bist für mich nur noch eine bereits in Verwesung übergegangene Leiche.«‹ (Mitteilung von Max Klotz).

102 Baumgartner vermutete, dass es sich bei den sechs Dissidenten um Josef Baumgartner, Stephan Billinger, Ludwig Nerlinger, Martin Schweiger, Simon Weinhuber sowie Johannes Waxenberger gehandelt habe (vgl. Aktennotiz, undatiert. Nachlasssplitter Baumgartner bei Taubenberger, ohne Signatur).

103 Vgl. BP-Fraktionsprotokoll vom 2. Oktober 1957, S. 1-14.

104 Erklärung der BP-Fraktion vom 2. Oktober 1957, zit. nach Bayern-Dienst vom 15. Oktober 1957.

105 1. Die Bayernpartei bleibt [eine] selbständige, unabhängige Partei (Souveränität).
2. Die Benennung der Kabinettsmitglieder ist Angelegenheit der Fraktion, die sie zu stellen hat.
3. Die Bayernpartei besetzt die Posten der Minister im Innenministerium und im Landwirtschaftsministerium und zwei Staatssekretäre, davon einen in der Staatskanzlei.
4. Die Besetzung wichtiger Posten hat im

Einvernehmen der Koalitionspartner zu erfolgen.

5. Keine Angriffe wegen der bisherigen Koalitionszugehörigkeit.

6. Einstellung des Kampfes gegen die Bayernpartei als nach links tendierend und nicht christlich.

7. Die Koalitionsparteien verpflichten sich, keine Mitglieder der Koalitionsparteien bis zu den Landtagswahlen 1958 in ihren Fraktionen aufzunehmen. (BP-Fraktionsvorstandsprotokoll vom 3. Oktober 1957, S. 1).

106 Vgl. SPD-Fraktionsprotokoll vom 3. Oktober 1957, S. 1.

107 Die weiteren Vertreter der BP waren Georg Bantele, Martin Schweiger und Hans Utz. Für die CSU nahmen Rudolf Eberhard, Joseph Ernst Fürst Fugger von Glött und Otto Schedl an der Unterredung teil. (Vgl. Bayern-Dienst vom 15. Oktober 1957).

108 Vgl. BP-Fraktionsprotokoll vom 4. Oktober 1957, S. 1.

109 Zu der Aussprache waren von Hoegner und Baumgartner auch Waldemar von Knoeringen, Jakob Fischbacher und Albrecht Haas zugezogen worden (vgl. Hoegner 1959, S. 336).

110 Ebd.

111 Die Delegation der CSU bestand nach Mitteilung Franz Sackmanns aus Rudolf Eberhard, Otto Schedl und Hanns Seidel, die des GB/BHE aus Walter Becher, Willi Guthsmuths und Walter Stain. Im Fraktionsvorstand der SPD wurde dagegen neben Eberhard und Schedl Joseph Ernst Fürst Fugger von Glött für die CSU genannt; für den GB/BHE nahmen demnach die Abgeordneten Egon Erzum und Rudolf Wagner sowie Guthsmuths an dem Treffen teil (vgl. SPD-Fraktionsvorstandsprotokoll vom 11. Oktober 1957, o.S.).

112 Vgl. Mitteilung von Franz Sackmann.

113 Bayern-Dienst vom 15. Oktober 1957.

114 Die CSU wurde daneben von Rudolf Eberhard, Joseph Ernst Fürst Fugger von Glött und Otto Schedl, die BP von

Jakob Fischbacher, Martin Schweiger und Hans Utz vertreten. Joseph Baumgartner war von dem Treffen informiert worden, blieb ihm aber unter Angabe dienstlicher Verpflichtungen fern. Den späteren Ausschluss der BP von der Regierungsbildung erklärte Seidel unter anderem dann auch mit dem angeblich mangelnden Interesse, das die BP durch das Fehlen ihres Vorsitzenden dokumentiert habe. (Vgl. Unger, S. 202).

115 Vgl. SZ vom 7. Oktober 1957.

116 Vgl. Notiz über die Besprechung im Bayerischen Staatsministerium für Ernährung, Landwirtschaft und Forsten vom 7. Oktober 1957. BayHStA Bestand BP, Mappe 116. Aus einer Anwesenheitsliste im Nachlass Baumgartners geht hervor, dass außer Carljörg Lacherbauer, Martin Schweiger und Albert Weggartner alle Fraktionsmitglieder der BP geladen und mit Ausnahme von Konrad Frühwald und Karl Reitmeier auch zu der Unterredung erschienen waren. Hinzu waren noch neun Funktionäre und Kommunalpolitiker der BP gekommen. (Vgl. Anwesenheitsliste der Besprechung im Bayerischen Staatsministerium für Ernährung, Landwirtschaft und Forsten vom 7. Oktober 1957. Nachlasssplitter Baumgartner bei Taubenberger, ohne Signatur).

117 Vgl. Brief des Landesgeschäftsführers der BP, Karl Nothegger, an den Staatsminister für Ernährung, Landwirtschaft und Forsten, Prof. Dr. Joseph Baumgartner, vom 7. Oktober 1957. Nachlasssplitter Baumgartner bei Taubenberer, ohne Signatur.

118 Vgl. BP-Fraktionsprotokoll vom 8. Oktober 1957, S. 1-10.

119 Vgl. Erklärung der BP-Fraktion vom 8. Oktober 1957. Nachlasssplitter Baumgartner bei Taubenberger, ohne Signatur.

120 Walter Becher berichtet in seinen Erinnerungen von einem Mitglied der BP, das nach der Entscheidung des GB/BHE, die Viererkoalition aufzukündigen, gesagt haben soll: »Etzat ham wir's doch

derwarten können, dass die Böhm vorausganga san. Ma muaß nur die stärkeren Nerven ham!«(Zit. nach Becher, S. 235).

121 Erklärung der GB/BHE-Fraktion vom 8. Oktober 1957. Nachlasssplitter Baumgartner bei Taubenberger, ohne Signatur.

122 Ebd.

123 Die BP reagierte »mit äußerstem Befremden« auf die Begründung des GB/BHE und verwies darauf, dass »die Bestrebungen gewisser Kreise des GB bekannt sind, in monatelangen Verhandlungen mit der CSU eine Sprengung der bayerischen Koalitionsregierung herbeizuführen«. In der Lesart der BP hatte der GB/BHE »nun offensichtlich die Nerven verloren«. (Alle Zitate aus der Erklärung der BP vom 8. Oktober 1957. Nachlasssplitter Baumgartner bei Taubenberger, ohne Signatur).

124 Die CSU zählte zu diesem Zeitpunkt 83, die SPD 61, die BP 27, der GB/BHE 19 und die FDP 13 Mandate. Zudem gehörte der aus der CSU ausgeschlossene Franz Michel dem Landtag als fraktionsloser Abgeordneter an. Bei seiner Feststellung, die »verbleibende Koalition aus SPD, FDP und BP hätte danach noch über 102 von 204 Mandaten im Landtag verfügt« (S. 391), lässt Lanzinner wohl außer Acht, dass der auf der Liste der BP gewählte Abgeordnete Josef Reichl bereits kurz nach der Bildung der Viererkoalition die Fraktion verlassen und sich der CSU angeschlossen hatte. Dieser Irrtum wiederholt sich unter anderem auch bei Glashauser (vgl. S. 54) und Unger (vgl. S. 202).

125 Art. 44 Abs. 2 BV.

126 Vgl. zum Folgenden Protokoll MR vom 8. Oktober 1957, S. 1-4.

127 Ebd., S. 4.

128 Hoegner 1959, S. 337.

129 Mitteilung von Harald Hoegner.

130 Protokoll MR vom 8. Oktober 1957, S. 4.

131 August Geislhöringer scheint sich zunächst gegen einen Rücktritt gesträubt zu haben. Hoegner gegenüber äußerte er später, »er habe anfänglich seine Unterschrift verweigert und sie erst abgegeben, als ihm seine Parteifreunde zusetzten, dass er dann schuld daran sei, wenn die Bayernpartei nicht in die CSU-Regierung komme« (Hoegner 1959, S. 338).

132 Vgl. Abdruck des Rücktrittschreibens vom 8. Oktober 1957. Nachlasssplitter Baumgartner bei Taubenberger, ohne Signatur.

133 Werner 1967, S. 9.

134 Hoegner 1974, S. 60.

135 Vgl. Glashauser, S. 54. Allerdings scheint noch vor dem endgültigen Bruch der Viererkoalition der GB/BHE an die FDP herangetreten zu sein, um ihr eine gemeinsame Koalition mit der CSU schmackhaft zu machen (vgl. Mitteilung von Klaus Dehler).

136 Lanzinner, S. 392.

137 Auch in ihrer Stellungnahme zum Bruch der Viererkoalition bekundete die SPD ihren Willen, »mit der CSU Verhandlungen um eine Regierungsbeteiligung im positiven Sinne zu führen« (Pressemitteilung der SPD, undatiert. AdsD NL Werner, ohne Signatur).

138 Vgl. SPD-Fraktionsprotokoll vom 9. Oktober 1957, S. 1.

139 BP-Fraktionsprotokoll vom 10. Oktober 1957, S. 3.

140 Dem damaligen Landtagsabgeordneten der BP und späteren Staatsminister Simon Nüssel gegenüber gestand Willi Guthsmuths nach der Konstituierung des Kabinetts Seidel ein, dass Absprachen zwischen CSU und GB/BHE mit dem Ziel, die BP von der Regierungsbildung auszuschließen, bestanden hätten (vgl. Mitteilung von Simon Nüssel vom 14. Juni 1997).

141 Bayern-Dienst vom 15. Oktober 1957. Über die Motivation des GB/BHE, sich einer Aufnahme der BP in die neuzubildende Regierungskoalition kategorisch

zu verschließen, kann nur gemutmaßt werden. Der Seidel-Biograph Hans Ferdinand Groß hält es durchaus für möglich, dass die CSU den GB/BHE in seiner Haltung bestärkt haben könnte. Seidel nämlich habe sich mit Baumgartner in tiefer Antipathie verbunden gefühlt und kaum Interesse daran gehabt, eine in sich gespaltene Partei, deren unaufhaltsamer Niedergang bei der Bundestagswahl deutlich sichtbar geworden sei, in seine Regierung einzubinden. (Vgl. Groß, S. 179).

142 Durch seinen Austritt brach Schweiger ein »unter Händedruck dem Landesvorsitzenden der BP, Dr. Baumgartner, im Beisein von Staatssekretär Panholzer, Staatsminister Geislhöringer, Staatssekretär Eilles, Salzberger, Baier, Kirschhausen« (Aktenvermerk vom 8. Oktober 1957. Nachlasssplitter Baumgartner bei Taubenberger, ohne Signatur) gegebenes Versprechen, nicht zur CSU zu wechseln.

143 Bayern-Dienst vom 15. Oktober 1957.

144 Vgl. ebd.

145 Von den 74 anwesenden Fraktionsmitgliedern stimmten 68 einer Koalitionsbildung mit GB/BHE und FDP zu. Fünf Abgeordnete sprachen sich gegen sie aus, zudem gab es eine Enthaltung. (Vgl. SZ vom 15. Oktober 1957).

146 In einer Erklärung kritisierte die BP heftig die Entscheidung der CSU. Sie habe es vorgezogen, »anstelle der bayerischen christlichen Heimatpartei die kulturpolitisch freisinnige FDP in die Regierungsverantwortung hereinzunehmen« (Bayern-Dienst vom 15. Oktober 1957). Darüber hinaus seien durch die Beteiligung des GB/BHE die »Befürchtungen der BP, dass die Flüchtlinge in Bayern immer mehr die Oberhand bekommen, [...] weit übertroffen worden« (ebd.).

147 Unger, S. 203.

148 Vgl. LTStenBer, 3. WP, Bd. 5, 109. Sitzung vom 19. Oktober 1957, S. 3827. Da von CSU und SPD jeweils drei Ab-

geordnete und von BP und GB/BHE jeweils ein Parlamentarier entschuldigt fehlten (vgl. ebd., S. 3825) und zwei weitere, namentlich nicht bekannte Abgeordnete sich nicht an der Abstimmung beteiligten, scheint Seidel fast alle Stimmen der neuen Koalition erhalten zu haben. Allerdings waren vier weitere Stimmzettel auf Politiker der CSU ausgestellt, drei auf Alois Hundhammer und einer auf Willi Ankermüller. Sollte Hoegner, wie zu vermuten steht, alle Stimmen der SPD erhalten haben, so votierten mindestens 21 Abgeordnete anderer Parteien und damit wohl fast alle Mitglieder der auf 25 Personen geschrumpften BP-Fraktion für ihn.

149 Der Staatssekretär im Staatsministerium für Unterricht und Kultus, Karl Burkhardt (CSU), wurde erst nachträglich am 5. November 1957 berufen (vgl. LTStenBer, 3. WP, Bd. 5, 111. Sitzung vom 5. November 1957, S. 3841 f.).

150 Als weitere Minister stellte die CSU Willi Ankermüller (Justiz) und Alois Hundhammer (Landwirtschaft). Staatssekretärsposten übernahmen Alfons Goppel (Justiz), Heinrich Junker (Inneres) und Karl Strenkert (Arbeit). (Vgl. LTStenBer, 3. WP, Bd. 5, 109. Sitzung vom 19. Oktober 1957, S. 3828).

151 Vgl. ebd., S. 3827 f.

152 Passauer Bistumsblatt vom 19. Dezember 1954.

IV. Zusammenfassung, Ergebnisse und Ausblick

1 Carl Schmöller: Kennen Sie eigentlich die CSU?, Bonn 1964, S. 65.

2 Wolf, S. 200.

3 Ebd.

4 Unger, S. 39.

5 BP-Fraktionsprotokoll vom 10. Oktober 1957, S. 4.

6 Bei der Landtagswahl am 23. November 1958 erhielt die BP 8,1 Prozent und 14 Mandate, bei der Landtagswahl am 25. November 1962 4,8 Prozent und acht

Mandate (vgl. Kock 1994, S. 465, und Wahlen in Bayern, S. 21).

7 Wolf, S. 203.

8 Vgl. Kock 1991, S. 163.

9 Vgl. Wahlen in Bayern, S. 21.

10 Die am 25. September 1967 von den ehemaligen BP-Vorsitzenden Joseph Panholzer (1959-1963) und Helmut Kalkbrenner (1966-1967) gegründete Bayerische Staatspartei (BSP) blieb ebenso wie die am 1. Mai 1976 von Ludwig Volkholz gegründete Christliche Bayerische Volkspartei (C.B.V.) bedeutungslos (vgl. Mintzel 1983/84a, S. 437-440 und S. 443-445). Die C.B.V. schloss sich am 22. November 1987 wieder der BP an (vgl. Mut zur Freiheit, S. 102).

11 Lanzinner, S. 366.

12 Allerdings büßte die FDP, die bei der Landtagswahl am 23. November 1958 nur noch auf 5,6 Prozent (- 1,6 Prozent) kam, einen ihrer beiden Kabinettsposten ein und stellte mit ihrem Landesvorsitzenden Albrecht Haas lediglich noch den Staatsminister für Justiz. Die drei Regierungsmitglieder des GB/BHE, auf den 8,6 Prozent (- 1,6 Prozent) entfallen waren, blieben hingegen im Amt, wobei Walter Stain das Amt des stellvertretenden Ministerpräsidenten an Rudolf Eberhard (CSU) verlor. (Vgl. Kock 1991, S. 353 f., und Wahlen in Bayern, S. 20 f.).

13 GB/BHE und DP hatten sich am 15. April 1961 aufgrund ihrer erodierenden Wählerbasis und im Hinblick auf die Bundestagswahl zur Gesamtdeutschen Partei (GDP) zusammengeschlossen. Nachdem die GDP bei der Bundestagswahl 1961 jedoch nur 2,8 Prozent erreicht hatte, zogen sich rund 80 Prozent der ehemaligen Mitglieder der DP wieder aus ihr zurück, so dass sie wenige Monate nach ihrer Gründung im Kern wieder aus der Mitgliedschaft des vormaligen GB/BHE bestand. Der bayerische Landesverband der GDP nahm daher für die Landtagswahl 1962 den vertrauten Zusatz BHE an. (Vgl.

Alf Mintzel und Heinrich Oberreuter [Hgg.]: Parteien in der Bundesrepublik Deutschland, Bonn 21992, S. 393-395, und Stöss, S. 1437 f.).

14 Vgl. Wahlen in Bayern, S. 21. Bereits vier Jahre später, bei der Landtagswahl 1966, konnte die GDP nur noch 0,1 Prozent erringen (vgl. ebd.).

15 Lanzinner, S. 361.

16 Vgl. Virchow, S. 455.

17 Bereits 1965 war die GDP organisatorisch so geschwächt, dass sie bei der Bundestagswahl auf eine eigenständige Kandidatur verzichtete und nur durch Wahlbündnisse mit der CSU in Bayern und mit der SPD in Hessen und Niedersachsen jeweils zwei Abgeordnete auf den Landeslisten dieser etablierten Parteien in den Deutschen Bundestag entsenden konnte. Der Auflösungsprozess der GDP, die mit sechs Landeslisten und ohne Direktkandidaten bei der Bundestagswahl 1969 gerade noch 45.000 Wähler (0,1 Prozent) an sich binden konnte, verlief demnach auch in Richtung von CDU/CSU und SPD. Teile der Partei spielten nach 1964 beim Aufbau der Nationaldemokratischen Partei Deutschlands (NPD) eine beachtliche Rolle. (Vgl. Mintzel und Oberreuter, S. 395 f.).

18 Zwar entfielen bayernweit 5,1 Prozent auf die FDP. Sie scheiterte aber an der Zehn-Prozent-Hürde, die sie selbst in ihrer Hochburg Mittelfranken mit neun Prozent nicht mehr überwinden konnte. Dieser Wahlkreis war mit 12,4 Prozent zum Epizentrum des Erfolgs der erstmalig zu einer Landtagswahl angetretenen und mit 7,4 Prozent und 15 Abgeordneten auf Anhieb in das Parlament entsandten NPD geworden. (Vgl. Kock 1994, S. 442 f., und Wahlen in Bayern, S. 20 f. und S. 30 f.).

19 Vgl. Kock 1994, S. 465.

20 Vgl. SZ vom 14. September 1998.

21 Vgl. Wahlen in Bayern, S. 20. Das bislang beste Ergebnis ihrer Geschichte erreichte die bayerische SPD mit 35,8 Prozent

bei der Landtagswahl 1966 (vgl. Kock 1991, S. 164 f.).

22 Presseberichte über die enge Verflechtung zwischen CSU-Spitzenpolitikern und der Privatwirtschaft ließen im Frühjahr 1993 eine Führungskrise virulent werden, in deren Zentrum Ministerpräsident Max Streibl stand. Nachdem Streibl Ende Mai 1993 resigniert und seinen Rücktritt erklärt hatte, entbrannte in der CSU zwischen Innenminister Edmund Stoiber und dem Parteivorsitzenden, Bundesfinanzminister Theodor Waigel, ein Führungskampf um die Nachfolge Streibls, »der kurzfristig an Jahrzehnte zurückliegende Zerreißproben gemahnte« (Kock 1994, S. 463) und zugunsten Stoibers entschieden wurde. (Vgl. ebd.).

23 Gegenüber ihrem Ergebnis bei der Landtagswahl am 14. Oktober 1990 hatte die CSU damit nur 2,1 Prozent verloren. Die SPD, die bei den Landtagswahlen 1986 mit 27,5 Prozent und 1990 mit 26 Prozent empfindliche Niederlagen erlitten hatte, konnte 30 Prozent erringen. Auf die 1986 erstmals in den Bayerischen Landtag eingezogenen Grünen entfielen 6,1 Prozent. (Vgl. Wahlen in Bayern, S. 20, und SZ vom 26. September 1994).

24 Bretschneider, S. 1000.

25 Alf Mintzel: Besonderheiten der politischen Kultur Bayerns. Facetten und Etappen einer politisch-kulturellen Homogenisierung, in: Dirk Berg-Schlosser und Jakob Schissler (Hgg.): Politische Kultur in Deutschland. Bilanz und Perspektiven der Forschung, Opladen 1987, S. 295-308 (S. 302 f.).

26 »Erste Säule - Zusammenführung aller politischen Kräfte, die zusammengehören. Deshalb hielt ich die Bayernpartei von Anfang an für überflüssig [...]. Zweite Säule - Entklerikalisierung und Liberalisierung der Partei. Dritte Säule - Identifikation der CSU mit Bayern.« (Strauß, S. 530).

27 Bei der ersten Landtagswahl nach dem Ende der Viererkoalition am 23. November 1958 war die CSU mit 45,6 Prozent und 101 Mandaten nur um zwei Sitze unter der absoluten Mandatsmehrheit geblieben. Diese konnte sie erstmals nach 1946 wieder 1962 erringen, als sie mit 47,5 Prozent 108 der 204 Landtagssitze einnahm. Nach 48,1 Prozent und 110 Mandaten (1966) und 56,4 Prozent und 124 Mandaten (1970) erreichte die CSU bei der Landtagswahl 1974 ihr bis heute bestes Ergebnis. Mit 62,1 Prozent und 132 Abgeordneten war sie nur um vier Mandate unter einer Zweidrittelmehrheit im Bayerischen Landtag geblieben. Seitdem sank ihr Stimmenanteil beständig von 59,1 Prozent (1978), 58,3 Prozent (1982), 55,8 Prozent (1986) und 54,9 Prozent (1990) auf 52,8 Prozent bei der Landtagswahl 1994. (Vgl. Kock 1994, S. 465, und Wahlen in Bayern, S. 20). Bei der Landtagswahl 1998 erhielt die CSU mit 52,9 Prozent 123 Mandate (vgl. SZ vom 14. September 1998).

28 Zit. nach Glück, S. 12.

29 Lediglich CSU und SPD gehören dem Bayerischen Landtag ununterbrochen seit 1946 an. Die FDP war, wie bereits dargestellt, zwischen 1966 und 1970 und zwischen 1982 und 1990 nicht im Parlament vertreten und konnte auch nach 1994 nicht mehr dorthin zurückkehren. Temporäre Erscheinungen von unterschiedlicher Zugehörigkeitsdauer blieben die WAV (1946-1950), die DG (1950-1954), der BHE (1950-1962), die BP (1950-1966) und die NPD (1966-1970). Die Grünen gehören dem Bayerischen Landtag seit 1986 an. Nach 1962 verfügten die kleinen Parteien zusammen nie über mehr als ein Zehntel der Landtagsmandate. (Vgl. Kock 1994, S. 465).

30 Hermann Proebst zur Bildung der Viererkoalition in der Sendereihe »Kommentar der Woche« des Bayerischen

Rundfunks vom 11. Dezember 1954, in: DokGeschBay, S. 193-193 (S. 193).

31 Ebd., S. 196.

32 Lanzinner, S. 376.

33 Buchinger, S. 164.

34 Bretschneider, S. 999.

Kurzbiographien

1 Senfft, S. 39.

2 Interpress vom 15. Dezember 1954.

3 Die Welt vom 19. Februar 1957.

4 Vgl. Amtliches Handbuch des Bayerischen Landtags, München 1955, S. 63; Karl Bosl (Hg.): Bosls Bayerische Biographie, Regensburg 1983 (im Folgenden zit.: Bosls Bayerische Biographie), S. 49; Munzinger-Archiv. Vgl. dazu auch die biographischen Darstellungen von Lohmeier und Vossen.

5 SZ vom 15. Dezember 1954.

6 Lanzinner, S. 355.

7 Augsburger Allgemeine vom 15. November 1984.

8 Vgl. Amtliches Handbuch des Bayerischen Landtags, S. 68; Der bayerische Liberalismus, S. 20; Munzinger-Archiv.

9 Warum Regierung ohne CSU?, S. 24.

10 Vgl. Mitteilung des Bayerischen Staatsministeriums der Justiz vom 5. April 2002.

11 Schwäbische Landeszeitung vom 18. August 1956.

12 Vgl. Amtliches Handbuch des Bayerischen Landtags, S. 111; Munzinger-Archiv; Mut zur Freiheit, S. 45-48.

13 Vgl. Amtliches Handbuch des Bayerischen Landtags, S. 118; Munzinger-Archiv; Neumann, S. 427 f.

14 Lanzinner, S. 355.

15 SZ vom 15. Dezember 1954.

16 Vgl. Amtliches Handbuch des Bayerischen Landtags, S. 119; Der bayerische Liberalismus, S. 22; Munzinger-Archiv.

17 Der Vorwärts vom 19. September 1958.

18 Feierstunde, S. 8

19 Hoegner 1959, S. 305.

20 Kurt Sontheimer: Eine Tradition, die verpflichtet - 90 Jahre bayerische Sozialdemokratie, in: NG/FH 29 (1982) 8, S. 754-761 (S. 759).

21 Ostermann, S. 163.

22 Vgl. Amtliches Handbuch des Bayerischen Landtags, S. 134; Bosls Bayerische Biographie, S. 356 f.; Munzinger-Archiv; Ostermann, S. 163-166. Vgl. dazu auch die Lebenserinnerungen Hoegners und die biographische Studie Kritzers.

23 SZ vom 15. Dezember 1954.

24 Vgl. Munzinger-Archiv.

25 Vgl. ebd.

26 Peter Jakob Kock: München - Paris - München: Eine bayerische Exilantenmission. Vor hundert Jahren wurde Joseph Panholzer geboren, in: Maximilianeum 7 (1995) 2, S. 19.

27 Vgl. Munzinger-Archiv und Warum Regierung ohne CSU?, S. 25.

28 Vgl. Munzinger-Archiv.

29 Vgl. Amtliches Handbuch des Bayerischen Landtags, S. 223, und Munzinger-Archiv.

30 Der Spiegel vom 24. Juni 1959.

31 Vgl. Amtliches Handbuch des Bayerischen Landtags, S. 227, und Neumann, S. 431.

32 Vgl. Mitteilung des Landrats des Kreises Pfaffenhofen a.d. Ilm vom 23. Juni 1997 und Mitteilung des Bayerischen Staatsministeriums der Finanzen vom 4. September 1997.

33 Mitteilung von Hans-Jochen Vogel.

34 Vgl. Amtliches Handbuch des Bayerischen Landtags, S. 245, und Mitteilung des Bayerischen Landtags vom 26. Februar 1997.

35 Vgl. Amtliches Handbuch des Bayerischen Landtags, S. 257, und Munzinger-Archiv.

36 Becher, S. 303.

37 Vgl. Amtliches Handbuch des Bayerischen Landtags, S. 65; Munzinger-Archiv; Neumann, S. 135 f. Anm. 565. Vgl. dazu auch die Autobiographie Bechers.

38 Vgl. Amtliches Handbuch des Bayerischen Landtags, S. 84, und Mitteilung des Bayerischen Landtags.

39 Vgl. Amtliches Handbuch des Bayeri-
    schen Landtags, S. 99; Mintzel 1983/84a,
    S. 397 Anm. 6; Munzinger-Archiv.
40 Ostermann, S. 166.
41 Peter Jakob Kock: Autodidakt, Biblio-
    thekar, Vordenker der bayerischen So-
    zialdemokratie. Vor 25 Jahren starb Wal-
    demar von Knoeringen, in: Maximilia-
    neum 8 (1996) 5, S. 56.
42 NZZ vom 18. Dezember 1954.
43 Kronawitter, S. 80.
44 Werner 1981, S. 55.
45 Vgl. Amtliches Handbuch des Bayeri-
    schen Landtags, S. 148; Bosls Bayerische
    Biographie, S. 428; Munzinger-Archiv;
    Ostermann, S. 166-168. Vgl. auch die
    Teilbiographie von Mehringer und die
    biographischen Skizzen von Friedrich
    und Werner. Vgl. ferner Hans-Jochen
    Vogel: Waldemar von Knoeringen und
    die bayerische Sozialdemokratie. An-
    sprache im Rahmen einer Gedenkver-
    anstaltung der Georg-von-Vollmar-Aka-
    demie anlässlich des 90. Geburtstages
    von Waldemar von Knoeringen am
    5. Oktober 1996 in München.
46 Mintzel 1983/84a, S. 479.
47 Vgl. Amtliches Handbuch des Bayeri-
    schen Landtags, S. 158; Munzinger-Ar-
    chiv; Warum Regierung ohne CSU?,
    S. 14 f.

Quellen- und Literaturverzeichnis

1. Quellen

a) Unveröffentlichte Quellen

Archiv der sozialen Demokratie der Friedrich-Ebert-Stiftung, Bonn

Akten der bayerischen SPD 1950-1958
Akten der Fraktion der SPD im Bayerischen Landtag 1950-1958
Nachlass Emil Werner

Bayerisches Hauptstaatsarchiv, München

Bestand BP 1950-1958
Nachlass Walter Becher

Bayerische Staatsbibliothek, München

Nachlass Karl Schwend

Bayerische Staatskanzlei, München

Sitzungsprotokolle des Bayerischen Ministerrats II. Kabinett Wilhelm Hoegner 1954-1957

Bundesrat, Bonn

Sitzungsprotokolle des Ausschusses für Fragen der europäischen Sicherheit 1955-1957

Sammlung Bernhard Taubenberger, München

Nachlasssplitter Joseph Baumgartner
Sitzungsprotokolle der Fraktion der SPD im Bayerischen Landtag 1954-1957 (Abschriften)
Sitzungsprotokolle des Fraktionsvorstands der SPD im Bayerischen Landtag 1954-1957 (Abschriften)

b) Gedruckte Quellen

Memoiren und Selbstzeugnisse

Becher, Walter: Zeitzeuge. Ein Lebensbericht, München 1990.
Hamm-Brücher, Hildegard: Freiheit ist mehr als ein Wort. Eine Lebensbilanz 1921-1996, Köln 1996.

Hoegner, Wilhelm: Der schwierige Außenseiter. Erinnerungen eines Abgeordneten, Emigranten und Ministerpräsidenten, München 1959.
Ders.: Fundament und Profil für Bayern, in: Karl Hnilicka (Hg.): Aus Bayerns Staat und Gesellschaft 1945-1972, München 1974, S. 35-60.
Huber, Ludwig: Schulreform aus erster Hand. Von der Bekenntnisschule zu einer modernen Schulstruktur, in: Karl Böck (Hg.): Was nicht in den Akten steht... Für Ludwig Huber zum 65. Geburtstag, Passau 1995, S. 89-110.
Hundhammer, Alois: Mein Beitrag zur bayerischen Politik 1945-1965, München 1965.
Kronawitter, Hildegard: Ein politisches Leben. Gespräche mit Volkmar Gabert, München 1996.
Reitzner, Almar: Das Paradies lässt auf sich warten. Erinnerungen eines Sozialdemokraten, München - Wien 1984.
Strauß, Franz Josef: Die Erinnerungen, Berlin [2]1989.

Biographische Hilfsmittel

Bosl, Karl (Hg.): Bosls Bayerische Biographie, Regensburg 1983.
Amtliches Handbuch des Bayerischen Landtags, München 1955.
Munzinger-Archiv. Internationales Biographisches Archiv.
Schumacher, Martin (Hg.): M.d.B. Volksvertretung im Wiederaufbau 1946-1961. Bundestagskandidaten und Mitglieder der westzonalen Vorparlamente. Eine biographische Dokumentation, Düsseldorf 1995.

Dokumentationen, Gesetzestexte, Parlamentsberichte

Akademie für Politische Bildung (Hg.): 25 Jahre Akademie für Politische Bildung, [Tutzing 1982].

»Das schönste Amt der Welt«. Die bayerischen Ministerpräsidenten von 1945 bis 1993. Eine Ausstellung des Bayerischen Hauptstaatsarchivs und des Archivs für Christlich-Soziale Politik der Hanns-Seidel-Stiftung mit Unterstützung der Historischen Kommission bei der Bayerischen Akademie der Wissenschaften, München 1999.

Aufgaben und Arbeitsergebnisse der Landesplanung in Bayern. Denkschrift im Auftrag des Herrn Ministerpräsidenten erstellt vom Bayerischen Staatsministerium für Wirtschaft und Verkehr, [München 1955].

Bayern im Rahmen der Neugliederung des Bundesgebietes. Denkschrift der Bayerischen Staatsregierung, [München 1954].

Für Bayerns Zukunft. Richtlinien der Politik der Bayerischen Staatsregierung vorgetragen von Ministerpräsident Dr. Wilhelm Hoegner vor dem Bayerischen Landtag am 17. Januar 1957, hg. vom Presse- und Informationsamt der Bayerischen Staatskanzlei, München [1957].

Bosl, Karl (Hg.): Dokumente zur Geschichte von Staat und Gesellschaft in Bayern, Abt. III: Bayern im 19. und 20. Jahrhundert, Bd. 9: Die Regierungen 1945-1962, bearb. von Fritz Baer, München 1976.

Die CSU-Fraktion berichtet (1950-1954), hg. von der CSU-Fraktion im Bayerischen Landtag, München 1954.

Dokumente zur parteipolitischen Entwicklung in Deutschland seit 1945, bearb. und hg. von Ossip K. Flechtheim, Bd. 2: Programmatik der deutschen Parteien, 2 Teilbde., Berlin 1963.

Drucksachen des Bayerischen Landtags. 3. Wahlperiode 1954-1958.

Drucksachen des Bundesrats, 1955-1957.

Die Entwicklung des bayerischen Schulwesens von 1945/46 bis 1959/60, hg. vom Bayerischen Landesamt für Statistik und Datenverarbeitung, [München 1960].

Die Jahresarbeit der Bayerischen Staatsregierung. Aus den Tätigkeitsberichten der Ministerien für das Jahr 1955, hg. vom Presse- und Informationsamt der Bayerischen Staatskanzlei, München [1956].

Feierstunde aus Anlass des 80. Geburtstages des Ersten Vizepräsidenten des Bayerischen Landtags, Herrn Ministerpräsidenten a.D. Prof. Dr. Wilhelm Hoegner, [München 1967].

Grundgesetz für die Bundesrepublik Deutschland, bearb. von Konrad Stollreither, München [1996].

Im Brennpunkt der Bildungspolitik. Für Wilhelm Ebert zum 75. Geburtstag, hg. vom Bayerischen Lehrer- und Lehrerinnenverband, bearb. von Christian Lankes und Irmgard Schmieder, Trostberg 1998.

Keesing's Archiv der Gegenwart, 1954-1957.

Knoeringen, Waldemar von: Kulturpolitik als Staatspolitik, in: Karl Forster (Hg.): Christentum und demokratischer Sozialismus, München 1958, S. 167-195.

Vor den Landtagswahlen. Bericht über Bevölkerungs-Umfragen in Hessen und Bayern. Durchgeführt durch das Institut für Demoskopie-Gesellschaft zum Studium der öffentlichen Meinung mbH, Allensbach 1954.

Listl, Joseph: Die Konkordate und Kirchenverträge in der Bundesrepublik Deutschland, Bd. 1, Berlin 1987.

Die Neugliederung des Bundesgebietes. Gutachten des von der Bundesregierung eingesetzten Sachverständigenausschusses, Bonn - Köln - Berlin 1955.

Rede des bayerischen Ministerpräsidenten Dr. Hanns Seidel anlässlich der Landesversammlung 1958 der Christlich-Sozialen Union am Samstag, den 11. Oktober 1958, in Würzburg, in: CSU-Landesparteitag am 11./12. Oktober 1958 in Würzburg, [München 1958], S. 35-52.

Warum Regierung ohne CSU? Die Bayernpartei zur Regierungsbildung im Dezember 1954. Ein Beitrag zur geschichtlichen Wahrheit, [München 1955].

Rheinland-Pfalz im Rahmen der Neugliederung des Bundesgebietes. Denkschrift der Landesregierung Rheinland-Pfalz, Mainz 1954.

Was will der Rucker-Plan?, hg. vom Bayerischen Staatsministerium für Unterricht und Kultus, [München 1956].

Verfassung des Freistaates Bayern. Text-
ausgabe, bearb. von Konrad Stollreither,
München [1996].

Verhandlungen des Bayerischen Landtags.
Stenographische Berichte. 3. Wahlperiode
1954-1958.

Verhandlungen des Bundesrats. Stenographische Berichte 1955-1957.

Voraussetzungen der Landtagswahlen 1954 in
Bayern. Eine Spezialstudie im Auftrage der
Landesgeschäftsführung der CSU Bayern.
Durchgeführt durch das Emnid-Institut
für Meinungsforschung, Bielefeld 1954.

Wahlen in Bayern 1945 bis 1990. Ergebnisse
der Landtags-, Bundestags- und Euro-
pawahlen nach kreisfreien Städten, Landkreisen, Stimmkreisen und Wahlkreisen
sowie Verzeichnisse der Abgeordneten
des Bayerischen Landtags, hg. vom Bayerischen Landesamt für Statistik und Datenverarbeitung, München 1993.

Werner, Emil (Hg.): Waldemar von Knoeringen. Reden und Aufsätze, München
1981.

Wissenschaftsrat (Hg.): Wissenschaftsrat
1957-1982, Köln 1983.

Zeitungen, Zeitschriften, Informationsdienste

Zeitungsarchiv des Bayerischen Rundfunks,
München.

Zeitungsarchiv des Deutschen Bundestags,
Bonn.

Zeitungsarchiv Wilhelm Ebert, München.

Bayerische Staatszeitung, 1954-1957.

Bayern-Dienst. Informationen und Nach-
richten der Bayernpartei, 1954-1957.

CSU-Correspondenz, 1954-1957.

Das Parlament, 1954-1957.

Der Spiegel, 1954-1957.

Münchner Merkur, 1954-1957.

Sozialdemokratische Presse-Korrespondenz,
1954-1957.

Süddeutsche Zeitung, 1954-1957.

2. Mitteilungen

a) Mündliche Mitteilungen

Bauer, Georg (1. August 1996).

Dehler, Klaus (3. September 1996).

Ebert, Wilhelm (29. August 1996).

Gabert, Volkmar (3. September 1996).

Hoegner, Harald (19. August 1996).

Klotz, Max (31. August 1996).

Sackmann, Franz (6. August 1996).

Vogel, Hans-Jochen (13. August 1996).

b) Schriftliche Mitteilungen

Bayerische Landeszentrale für politische Bildungsarbeit (22. April 1997).

Bayerischer Landtag (26. Februar 1997).

Bayerische Staatskanzlei (31. Januar 1997).

Bayerisches Staatsministerium der Finanzen
(4. September 1997).

Bayerisches Staatsministerium der Justiz
(5. April 2002).

Becher, Walter (27. November 1996).

Ertl, Josef (21. Juni 1996).

Hamm-Brücher, Hildegard (4. Dezember
1996).

Landrat des Kreises Pfaffenhofen a.d. Ilm
(23. Juni 1997).

Nüssel, Simon (6. Dezember 1996 und 14. Juni 1997).

Seither, Max (14. November 1996).

Wagner, Rudolf (15. November 1996).

Widmann, Rudolf (11. Juli 1996).

Zimmermann, Friedrich (2. Dezember 1996).

3. Literatur

Anonym veröffentlichte Studien sind alphabetisch unter dem erstgenannten Substantiv ihres Titels eingeordnet. Mehrfachnennungen eines Autors sind chronologisch nach dem Erscheinungsjahr der jeweiligen Studie gegliedert.

Albrecht, Dieter: Hans Ehard (1887-1980), in: Jürgen Aretz, Rudolf Morsey und Anton Rauscher (Hgg.): Zeitgeschichte in Lebensbildern. Aus dem deutschen Katholizismus des 19. und 20. Jahrhunderts, Bd. 5, Mainz 1982, S. 266-280.

Baer, Fritz: Die Ministerpräsidenten Bayerns 1945-1962. Dokumentation und Analyse, in: ZBLG, Beiheft (Reihe B) 3, München 1971.

Balke, Hilde: Sie waren die ersten... Frauen im Bayerischen Landtag nach 1945, München 1996.

Dies.: Die Präsidenten des Bayerischen Landtags. Von 1946 bis 1994, München 2001.

Bauer, Arnold: Die Bayernpartei als föderalistische Landespartei, in: Parteien in der Bundesrepublik, S. 468-482.

Baumgärtner, Franz Josef: Wilhelm Hoegner, München - Köln 1957.

Bayer, Alfred und Manfred Baumgärtl (Hgg.): Weltanschauung und politisches Handeln. Hanns Seidel zum 100. Geburtstag, München 2001.

Behr, Wolfgang: Sozialdemokratie und Konservatismus. Ein empirischer und theoretischer Beitrag zur regionalen Parteianalyse am Beispiel der Geschichte und Nachkriegsentwicklung Bayerns, Hannover 1969.

Berberich, Walter: 10 Jahre Christlich-Soziale Union in Bayern. Arbeit, Kampf, Verantwortung und Erfolge, [München 1955].

Ders.: Die CSU als neue interkonfessionell-christliche und föderalistische Mehrheitspartei, in: Politisches Jahrbuch der CSU 1955, [München 1956], S. 33-53.

Ders.: Die historische Entwicklung der Christlich-Sozialen Union in Bayern bis zum Eintritt in die Bundesrepublik, Diss. Würzburg 1965.

Bickerich, Wolfram: Franz Josef Strauß. Die Biographie, Düsseldorf 1996.

Bosl, Karl: Bayerische Geschichte, München [7]1990.

Bretschneider, Heike: Die Bildung der Viererkoalition. Die parteipolitische Konstellation in Bayern in der ersten Hälfte der fünfziger Jahre, in: ZBLG 41 (1978) 2/3, S. 999-1038.

Buchinger, Hubert: Volksschule und Lehrerbildung im Spannungsfeld politischer Entscheidungen 1945-1970, München 1975.

Buchner, Werner: 25 Jahre Landesplanungsgesetzgebung in Bayern, in: BayVBl 28 (1982) 23, S. 705-708.

Burger, Werner: Die CDU in Baden-Württemberg und die CSU in Bayern. Eine vergleichende Analyse, Diss. Berlin 1984.

Dalberg, Thomas: Franz Josef Strauß. Porträt eines Politikers, Gütersloh 1968.

Deuerlein, Ernst: CDU/CSU 1945-1957. Beiträge zur Zeitgeschichte, Köln 1957.

Ders. und Wolf Dieter Gruner: Die politische Entwicklung Bayerns 1945 bis 1972, in: Max Spindler (Hg.): Handbuch der bayerischen Geschichte, Bd. 4: Das Neue Bayern. 1800-1970, München [2]1979, S. 538-644.

Dingel, Frank: Die Christliche Volkspartei des Saarlandes, in: Parteien-Handbuch, S. 719-766.

Ellwein, Thomas: Klerikalismus in der deutschen Politik, München 1955.

Fait, Barbara: Die Anfänge der CSU 1945-1948. Der holprige Weg zur Erfolgspartei, München 1995.

Fenske, Hans: Rheinland-Pfalz und die Neugliederung der Bundesrepublik, in: Peter Haungs (Hg.): Vierzig Jahre Rheinland-Pfalz. Eine politische Landeskunde, Mainz 1986, S. 103-130.

Ders.: Um die Neugliederung am Oberrhein. Die Pfalz im Schnittpunkt der Interessen (1948-1956), in: Pfälzer Heimat 42 (1991), S. 25-31.

Ders.: Vier bewegte Jahrzehnte. Bayern und die Pfalz 1918-1956, in: ZBLG 61 (1998) 2, S. 407-425.

Friedrich, Bruno: Waldemar von Knoeringen (1906-1971), in: Peter Glotz und Wolfgang R. Langenbucher (Hgg.): Vorbilder für Deutsche. Ein Lesebuch, überarbeitete und gekürzte Neuausgabe, München 1986, S. 259-281.

Gabert, Volkmar: Die Bedeutung der Viererkoalition und des Spielbankenuntersuchungsausschusses für die Entwicklung der politischen Verhältnisse in Bayern, in: Hans-Jochen Vogel, Helmut Simon und Adalbert Podlech (Hgg.): Die Freiheit des Anderen. Festschrift für Martin Hirsch, Baden-Baden 1981, S. 187-206.

Gelberg, Karl-Ulrich: Hans Ehard. Die föderalistische Politik des bayerischen Ministerpräsidenten 1946-1954, Düsseldorf 1992.

Ders.: Die bayerische Pfalzpolitik 1945-1956 mit einem Quellenanhang, in: ZBLG 58 (1995) 3, S. 637-672.

Ders.: Kardinal Wendel und die bayerische Politik 1952-1960, in: Beiträge zur altbayerischen Kirchengeschichte 46 (2001), S. 209-333.

Gerhardt, Wolfgang: Die bildungspolitische Diskussion in der FDP von 1945 bis 1951, Diss. Marburg/Lahn 1971.

Geschichte einer Volkspartei. 50 Jahre CSU 1945-1995, hg. von der Hanns-Seidel-Stiftung, München 1995.

Glashauser, Fritz: Die Bildungs- und Kulturpolitik der bayerischen FDP. Programmpolitik zwischen öffentlicher Darstellung und parteiinterner Willensbildung, München 1988.

Glück, Alois (Hg.): In Verantwortung für Bayern. 50 Jahre CSU-Fraktion im Bayerischen Landtag 1946-1996, [München 1996].

Groß, Hans Ferdinand: Hanns Seidel 1901-1961. Eine politische Biographie, München 1992.

Guthsmuths, Willi: Die Eingliederung als Gegenstand der Landesplanung in Bayern, in: Raumforschung und Raumordnung 16 (1958) 3, S. 129-139.

Gutscher, Jörg Michael: Die Entwicklung der FDP von ihren Anfängen bis 1961, überarbeitete und erweiterte Neuausgabe, Königstein/Taunus 1984.

Hanko, Helmut M.: Thomas Wimmer 1887-1964. Entwicklung und Weg eines sozialdemokratischen Kommunalpolitikers, München 1977.

Hartmann, Peter Claus: Bayerns Weg in die Gegenwart. Vom Stammesherzogtum zum Freistaat heute, Regensburg 1989.

Henning, Friedrich: Thomas Dehler (1897-1967), in: Alfred Wendehorst und Gerhard Pfeiffer (Hgg.): Fränkische Lebensbilder. Neue Folge der Lebensläufe aus Franken, Bd. 10, Neustadt/Aisch 1982, S. 239-257.

Hubensteiner, Benno: Bayerische Geschichte, München [11]1989.

Huelsz, Isa: Schulpolitik in Bayern. Zwischen Demokratisierung und Restauration in den Jahren 1945-1950, Hamburg 1970.

Hund, Heinz: Die Paradoxien des BHE, in: Die Gegenwart 10 (1955) 16, S. 496-498.

Hussarek, Paul: Hundhammer. Weg des Menschen und Staatsmannes, München [1950].

James, Peter David: Liberalism and West German Coalition Politics. The case of the Bavarian Coalition of Four, Diss. Newcastle 1985.

Kirchmann, Josef: Die Bedeutung christlicher Werte in Programm und Praxis der CSU, St. Ottilien 1985.

Kitzinger, Uwe W.: Wahlkampf in Westdeutschland. Eine Analyse der Bundestagswahl 1957, Göttingen 1960.

Kock, Peter Jakob: Bayerns Weg in die Bundesrepublik, Stuttgart [2]1988.

Ders.: Der Bayerische Landtag. Eine Chronik, Bamberg 1991.

Ders.: Bayern nach dem Zweiten Weltkrieg, in: Manfred Treml (Hg.): Geschichte des modernen Bayern. Königreich und Freistaat, München 1994, S. 375-497.

Kraus, Andreas: Geschichte Bayerns. Von den Anfängen bis zur Gegenwart, München 1983.

Krieger, Wolfgang: Franz Josef Strauß. Der barocke Demokrat aus Bayern, Göttingen - Zürich 1995.

Kritzer, Peter: Wilhelm Hoegner. Politische Biographie eines bayerischen Sozialdemokraten, München 1979.

Küppers, Heinrich: Staatsaufbau zwischen Bruch und Tradition. Geschichte des Landes Rheinland-Pfalz 1946-1955, Mainz 1990.

Lange, Max Gustav (Hg.): Parteien in der Bundesrepublik. Studien zur Entwicklung der deutschen Parteien bis zur Bundestagswahl 1953, Stuttgart - Düsseldorf 1955. (Zit.: Parteien in der Bundesrepublik)

Langner, Albrecht (Hg.): Katholizismus im politischen System der Bundesrepublik 1949-1963, Paderborn - München - Wien - Zürich 1978.

Lanzinner, Maximilian: Zwischen Sternenbanner und Bundesadler. Bayern im Wiederaufbau 1945-1958, Regensburg 1996.

Der bayerische Liberalismus nach 1945, hg. vom Thomas-Dehler-Institut, München 1986.

Liedtke, Max (Hg.): Handbuch der Geschichte des bayerischen Bildungswesens, Bd. 3: Geschichte der Schule in Bayern von 1918 bis 1990, Bad Heilbrunn 1997.

Lohmeier, Georg: Joseph Baumgartner. Biographie eines bayerischen Patrioten aus Sulzemoos, München 1974.

Mauch, Berthold: Die bayerische FDP. Porträt einer Landespartei 1945-1949, Diss. Erlangen-Nürnberg 1965.

Mayer, Josef: Der Wiederaufbau des bayerischen Volksschulwesens. Darstellung im Lichte katholischer Schulpolitik, Passau 1965.

Mehringer, Hartmut: Waldemar von Knoeringen. Eine politische Biographie. Der Weg vom revolutionären Sozialismus zur sozialen Demokratie, München - London - New York - Paris 1989.

Ders. (Hg.): Von der Klassenbewegung zur Volkspartei. Wegmarken der bayerischen Sozialdemokratie 1892-1992, München - London - New York - Paris 1992.

Miller, Susanne und Heinrich Potthoff: Kleine Geschichte der SPD. Darstellung und Dokumentation 1848-1990, 7. überarbeitete und erweiterte Neuauflage, Bonn 1991.

Mintzel, Alf: Die CSU in Bayern. Phasen ihrer organisationspolitischen Entwicklung, in: PVS 13 (1972) 2, S. 205-243.

Ders.: Strukturwandel und Rolle der CSU, in: Ossip K. Flechtheim (Hg.): Die Parteien der Bundesrepublik Deutschland, Hamburg 1973, S. 116-128.

Ders.: Die CSU. Anatomie einer konservativen Partei 1945-1972, Opladen [2]1975.

Ders.: Volkstümliche Technokraten. Das Management der CSU, in: Wahlforschung. Sonden im politischen Markt, Opladen 1976, S. 107-120.

Ders.: Geschichte der CSU. Ein Überblick, Opladen 1977.

Ders.: Die Bayernpartei, in: Parteien-Handbuch, S. 395-489.

Ders.: Die Christlich-Soziale Union in Bayern e.V., in: Parteien-Handbuch, S. 661-718.

Ders.: Besonderheiten der politischen Kultur Bayerns. Facetten und Etappen einer politisch-kulturellen Homogenisierung, in: Dirk Berg-Schlosser und Jakob Schissler (Hgg.): Politische Kultur in Deutschland. Bilanz und Perspektiven der Forschung, Opladen 1987, S. 295-308.

Ders.: Die CSU-Hegemonie in Bayern. Strategie und Erfolg. Gewinner und Verlierer, Passau 1998.

Ders. und Heinrich Oberreuter (Hgg.): Parteien in der Bundesrepublik Deutschland, Bonn [2]1992

Möckl, Karl: Die Struktur der Christlich-Sozialen Union in Bayern in den ersten Jahren ihrer Gründung, in: ZBLG 36 (1973) 3, S. 719-753.

Montgelas, Albrecht Graf von und Carl Nützel: Wilhelm Hoegner. Eine Lebensbeschreibung, München 1957.

Morsey, Rudolf: Hans Ehard (1887-1980), in: Dr. Hans Ehard. 1887-1980. Eine Ausstellung des Bayerischen Hauptstaatsarchivs aus dem Nachlass des bayerischen Ministerpräsidenten anlässlich seines 100. Geburtstages, München 1987, S. 7-23.

Moser, Eva: Bayerns Arbeitgeberverbände im Wiederaufbau. Der Verein der Bayerischen Metallindustrie 1947-1962, Stuttgart 1990.

Müller, Winfried: Schulpolitik in Bayern im Spannungsfeld von Kultusbürokratie und Besatzungsmacht 1945-1949, München 1995.

Mut zur Freiheit. 50 Jahre Bayernpartei 1946-1996, bearb. von Max Zierl, München 1996.

Namuth, Michaela: Vom »Bayernstreik« zum »Recht auf Arbeit« - Bayerns Gewerkschaften zwischen 1950 und 1980, in: »Mit uns zieht die neue Zeit«. Kleine Geschichte der bayerischen Gewerkschaftsbewegung, Marburg 1990, S. 113-136.

Neumann, Franz: Der Block der Heimatvertriebenen und Entrechteten 1950-1960. Ein Beitrag zur Geschichte und Struktur einer politischen Interessenpartei, Meisenheim am Glan 1968.

Nietfeld, Joseph: Die Zentrumspartei. Geschichte und Struktur 1945-1958, Diss. Braunschweig 1985.

Ostermann, Rainer (Hg.): Freiheit für den Freistaat. Kleine Geschichte der bayerischen SPD, Essen 1994.

Plöhn, Jürgen: Untersuchungsausschüsse der Landesparlamente als Instrumente der Politik, Opladen 1991.

Proebst, Hermann: Bayernpartei, in: Staatslexikon. Recht - Wirtschaft - Gesellschaft, Bd. 1, Freiburg [6]1957, Sp. 954-956.

Richter, Jana: Eine Schule für Bayern. Die schulpolitischen Auseinandersetzungen um die Einführung der Christlichen Gemeinschaftsschule in Bayern nach 1945, München 1997.

Rilling, Detlef: Thomas Dehler. Eine politische Biographie. Ein Leben in Deutschland, Diss. Augsburg 1988.

Sacher, Werner: Die zweite Phase in der Lehrerbildung. Ihre Entwicklung seit 1800 aufgezeigt am Beispiel Bayerns, Bad Heilbrunn 1974.

Scharnagl, Anton: Geschichte und Recht der Bekenntnisschule in Bayern, [Eichstätt 1954].

Schermutzki, Gerd: Verwaltungsvereinfachung in den Ländern. Bayern, in: Thomas Ellwein und Joachim Jens Hesse (Hgg.): Verwaltungsvereinfachung und Verwaltungspolitik, Baden-Baden 1985, S. 37-46.

Schlemmer, Thomas: Aufbruch und Krise. Die Christlich-Soziale Union unter dem Landesvorsitz von Josef Müller und Hans Ehard (1945-1954), Diss. München 1996.

Ders.: Aufbruch, Krise und Erneuerung. Die Christlich-Soziale Union 1945 bis 1995, München 1998.

Schmidt, Rudi: Der Streik in der bayerischen Metallindustrie von 1954. Lehrstück eines sozialen Konflikts, Frankfurt am Main 1995.

Schmidt, Ute: Die Deutsche Zentrums-Partei, in: Parteien-Handbuch, S. 1192-1242.

Schmöller, Carl: Kennen Sie eigentlich die CSU?, Bonn 1964.

Schwarz, Hans-Peter: Die Ära Adenauer. Gründerjahre der Republik. 1949-1957, Stuttgart - Wiesbaden 1981 (Geschichte der Bundesrepublik Deutschland, Bd. 2).

Senfft, Heinrich: Glück ist machbar. Der bayerische Spielbankenprozess, die CSU und der unaufhaltsame Aufstieg des Doktor Friedrich Zimmermann. Ein politisches Lehrstück, Köln 1988.

Sonnenberger, Franz: Schulkampf in Bayern. Der Streit um die Konfessionalität der Volksschule 1804-1950, Diss. München 1980.

Ders.: Der neue »Kulturkampf«. Die Gemeinschaftsschule und ihre historischen Voraussetzungen, in: Martin Broszat, Elke Fröhlich und Anton Grossmann (Hgg.): Bayern in der NS-Zeit, Bd. 3: Herrschaft und Gesellschaft im Konflikt, Teil B, München - Wien 1981, S. 235-327.

Ders.: Die Rekonfessionalisierung der bayerischen Volksschule 1945-1950, in: ZBLG 45 (1982) 1, S. 87-155.

Sontheimer, Kurt: Eine Tradition, die verpflichtet - 90 Jahre bayerische Sozialdemokratie, in: NG/FH 29 (1982) 8, S. 754-761.

Stadtmüller, Georg: Hanns Seidel. Leben - Denken - Werk - Persönlichkeit, in: Politische Studien, Sonderheft 1 (1977): Hanns Seidel und die Stiftung, S. 8-14.

Stationen. Wilhelm Ebert, [München 1988].

Stöss, Richard (Hg.): Parteien-Handbuch. Die Parteien der Bundesrepublik Deutschland 1945-1980, 2 Teilbde., Opladen 1983/84. (Zit.: Parteien-Handbuch)

Ders.: Der Gesamtdeutsche Block/BHE, in: Parteien-Handbuch, S. 1424-1459.

Storbeck, Anna Christine: Die Regierungen des Bundes und der Länder seit 1945, München - Wien 1970.

Strehler, Adolf: Fünfzig Jahre Bildungsarbeit im Bayerischen Lehrer- und Lehrerinnen-Verein. Ein Beitrag zum Bildungsgeschehen der letzten Jahrzehnte, München 1959.

Taubenberger, Bernhard: Die Viererkoalition in Bayern (1954-1957), unveröffentlichte Magisterarbeit, Bonn 1997.

Terhalle, Winfried: Die Landesplanung im Bayerischen Staatsministerium für Wirtschaft und Verkehr 1945-1970, in: Akademie für Raumforschung und Landesplanung (Hg.): Beiträge zur Entwicklung der Landesplanung in Bayern, Hannover 1988, S. 11-56.

Thränhardt, Dietrich: Wahlen und politische Strukturen in Bayern 1848-1953. Historisch-soziologische Untersuchungen zum Entstehen und zur Neuerrichtung eines Parteiensystems, Düsseldorf 1973.

Treml, Manfred: Politische Geschichte Bayerns, München 1992.

Unger, Ilse: Die Bayernpartei. Geschichte und Struktur 1945-1957, Stuttgart 1979.

Virchow, Martin: Der GB/BHE - Ein neuer Parteientyp?, in: Parteien in der Bundesrepublik, S. 450-467.

Vogt, Siegfried Adolf: The Bayernpartei. A Minor German Party in Transition, Diss. Washington 1972.

Vorndran, Wilhelm: Person und Wirken Hans Ehards als Landtagspräsident, in: ZBLG 56 (1993) 3, S. 777-780.

Vossen, Regina: »Föderalistisch leben oder asiatisch sterben«. Joseph Baumgartner und die bayerische Politik 1945-1953, unveröffentlichte Zulassungsarbeit, München 1993.

Wackerbauer, Heinrich: 40 Jahre Bayerische Landeszentrale für politische Bildungsarbeit, in: BLZ-Report (1995) 11, S. 7-11.

Wasner, Barbara: Der Politische Aschermittwoch seit 1919, Passau 1998.

Wengst, Udo: Adenauers erste Koalitions- und Regierungsbildung im Spätsommer 1949, in: APuZ 35 (1985) B 18, S. 3-14.

Werner, Emil (Hg.): Begegnungen mit Wilhelm Hoegner, München 1967.

Ders.: Waldemar von Knoeringen, München [1981].

Ders.: Im Dienst der Demokratie. Die bayerische Sozialdemokratie nach der Wiedergründung 1945, München 1982.

Wolf, Konstanze: CSU und Bayernpartei. Ein besonderes Konkurrenzverhältnis 1948-1960, Köln 1982.

Zinkl, Johannes: Die Neuordnung der Lehrerbildung in Bayern und das Konkordat. Juristische Beilage zu Klerusblatt Nr. 5 vom 1. März 1953 (Sonderdruck).

Zittel, Bernhard: Alois Hundhammer (1900-1974), in: Jürgen Aretz, Rudolf Morsey und Anton Rauscher (Hgg.): Zeitgeschichte in Lebensbildern. Aus dem deutschen Katholizismus des 19. und 20. Jahrhunderts, Bd. 5, Mainz 1982, S. 253-265.

Zorn, Wolfgang: Bayerns Geschichte im 20. Jahrhundert. Von der Monarchie zum Bundesland, München 1986.

Abkürzungsverzeichnis

a.D.	außer Dienst	bzw.	beziehungsweise
Abs.	Absatz		
Abt.	Abteilung	CDU	Christlich-Demokratische
ACSP	Archiv für Christlich-Soziale		Union
	Politik der Hanns-Seidel-	CSU	Christlich-Soziale Union
	Stiftung	CVP	Christliche Volkspartei
AdL	Archiv des Liberalismus		des Saarlandes
AdsD	Archiv der sozialen Demo-		
	kratie der Friedrich-Ebert-	dens.	denselben
	Stiftung	ders.	derselbe
Anm.	Anmerkung	DG	Deutsche Gemeinschaft
APuZ	Aus Politik und Zeitge-	DGB	Deutscher Gewerkschafts-
	schichte		bund
Art.	Artikel	DHP	Deutsch-Hannoversche
			Partei
BayGVBl	Bayerisches Gesetz-und	dies.	dieselbe
	Verordnungsblatt	Diss.	Dissertation
BayVBl	Bayerische Verwaltungs-	DokGeschBay	Dokumente zur Geschichte
	blätter		von Staat und Gesellschaft
BBV	Bayerischer Bauernverband		in Bayern
Bd.	Band	DP	Deutsche Partei
bearb.	bearbeitet	DZP	Deutsche Zentrums-Partei
BHE	Block der Heimatver-		
	triebenen und Entrechteten	ebd.	ebenda
	(ab 1952 Gesamtdeutscher	f.	folgende
	Block/BHE)	FAZ	Frankfurter Allgemeine
BHE-DG	Deutscher Gemeinschafts-		Zeitung
	block der Heimatvertrie-	FDP	Freie Demokratische Partei
	benen und Entrechteten	FR	Frankfurter Rundschau
BayHStA	Bayerisches Hauptstaats-	FU	Föderalistische Union
	archiv		
BLLV	Bayerischer Lehrer- und	GDP	Gesamtdeutsche Partei
	Lehrerinnenverein	GG	Grundgesetz
	(bis 1951 Bayerischer Lehrer-	Hg., Hgg.	Herausgeber
	verein)	hg.	herausgegeben
BP	Bayernpartei	i.R.	im Ruhestand
BRStenBer	Verhandlungen des Bundes-	IfZ	Institut für Zeitgeschichte
	rats,		
	Stenographische Berichte	KA	Koalitionsausschuss
BayStabi	Bayerische Staatsbibliothek	KPD	Kommunistische Partei
BayStK	Bayerische Staatskanzlei		Deutschlands
BTStenBer	Verhandlungen des		
	Deutschen Bundestags,	LTStenBer	Verhandlungen des
	Stenographische Berichte		Bayerischen Landtags,
			Stenographische Berichte
BV	Bayerische Verfassung	Mfr.	Mittelfranken
BVP	Bayerische Volkspartei	MM	Münchner Merkur

MPG	Max-Planck-Gesellschaft	SHLP	Schleswig-Holsteinische
MR	Ministerrat		Landespartei
Ndb.	Niederbayern	Sp.	Spalte
NG/FH	Neue Gesellschaft/	SPD	Sozialdemokratische
	Frankfurter Hefte		Partei Deutschlands
NL	Nachlass	SPK	Sozialdemokratische
NPD	Nationaldemokratische		Presse-Korrespondenz
	Partei Deutschlands	SZ	Süddeutsche Zeitung
Nr.	Nummer	u.a.	unter anderem
NSDAP	Nationalsozialistische	VdK	Verband der Kriegsopfer
	Deutsche Arbeiterpartei	Verf.	Verfasser
NZZ	Neue Zürcher Zeitung	verf.	verfasst
o.S.	ohne Seitenangabe	vgl.	vergleiche
ÖVP	Österreichische Volkspartei	VO	Verordnung
Obb.	Oberbayern	WAV	Wirtschaftliche Aufbau-
Ofr.	Oberfranken		Vereinigung
PNP	Passauer Neue Presse	WP	Wahlperiode
PVS	Politische Vierteljahres-	ZBLG	Zeitschrift für bayerische
	schrift		Landesgeschichte
Schw.	Schwaben	zit.	zitiert

Bildnachweis

Archiv der sozialen Demokratie
   30-38
Archiv für Christlich-Soziale Politik
   17 (oben)
Bayerischer Landtag
   14, 43 (oben), 79, 115-127
Bayerisches Hauptstaatsarchiv
   17 (unten), 19 (unten)
Bilderdienst Süddeutscher Verlag
   39, 43 (unten)
Paulaner Brauerei
   87 (unten)
Sammlung Wilhelm Ebert
   56
Sammlung Harald Hoegner
   64, 66, 76, 87 (oben, Mitte), 88, 107

Sammlung Bernhard Taubenberger
   49, 58, 96, 104
Stadtarchiv München
   18, 19 (oben)

Das Titelbild zeigt Mitglieder des Kabinetts im Sommer 1956 in Wilhelm Hoegners Urlaubsdomizil im österreichischen Hintersee. Von links: Hans Meinzolt, Albrecht Haas, Otto Bezold, Kurt Eilles, Wilhelm Hoegner, Joseph Panholzer, August Geislhöringer, Friedrich Zietsch, Joseph Baumgartner, Karl Weishäupl, Willi Guthsmuths. (Sammlung Harald Hoegner).

Personenregister

Danksagung

Die vorliegende Studie ist die grundlegend überarbeitete Fassung meiner Magisterarbeit, die ich im Sommersemester 1997 bei der Philosophischen Fakultät der Rheinischen Friedrich-Wilhelms-Universität zu Bonn eingereicht habe. Prof. Dr. Klaus Hildebrand hat die Arbeit engagiert und umfassend betreut und hätte sie gerne zur Promotion ausgebaut gesehen. Ihm und dem Verfasser des Zweitgutachtens, Prof. Dr. Karlheinz Niclauß, gilt mein herzlicher Dank.

Danken möchte ich auch all denen, die zum Entstehen dieses Buches beigetragen haben. Eine von Dr. Heike Bretschneider zur Auswertung überlassene Dokumentensammlung erwies sich als reicher Fundquell zur Geschichte der Viererkoalition. Dr. Wilhelm Ebert habe ich für interessante Gespräche und wertvolle Anregungen, vor allem aber für seine Großzügigkeit und Liebenswürdigkeit zu danken. Alwine und Harald Hoegner haben mir viel Zeit gewidmet und umfangreiches Illustrationsmaterial zur Verfügung gestellt. Mein Vater Reinfried und mein Onkel Hermann Taubenberger wollten sich meiner Bitte um Korrektur des Buchmanuskripts nicht entziehen. Hans-Jochen Vogel war so freundlich, ein Vorwort für die vorliegende Publikation zu verfassen. Herzlichen Dank schulde ich Tillmann Roeder, der sich für die Viererkoalition begeistern ließ und mein Buch in das Programm des Buchendorfer Verlages aufgenommen hat. Mein besonderer Dank gilt schließlich der Friedrich-Ebert-Stiftung, die mich durch die Vergabe eines Herbert-Wehner-Stipendiums großzügig gefördert hat, und der bayerischen SPD für ihre Unterstützung.

Meinen Eltern verdanke ich eine unbeschwerte Kindkeit und eine Jugend in Geborgenheit. Ihnen ist dieses Buch gewidmet.